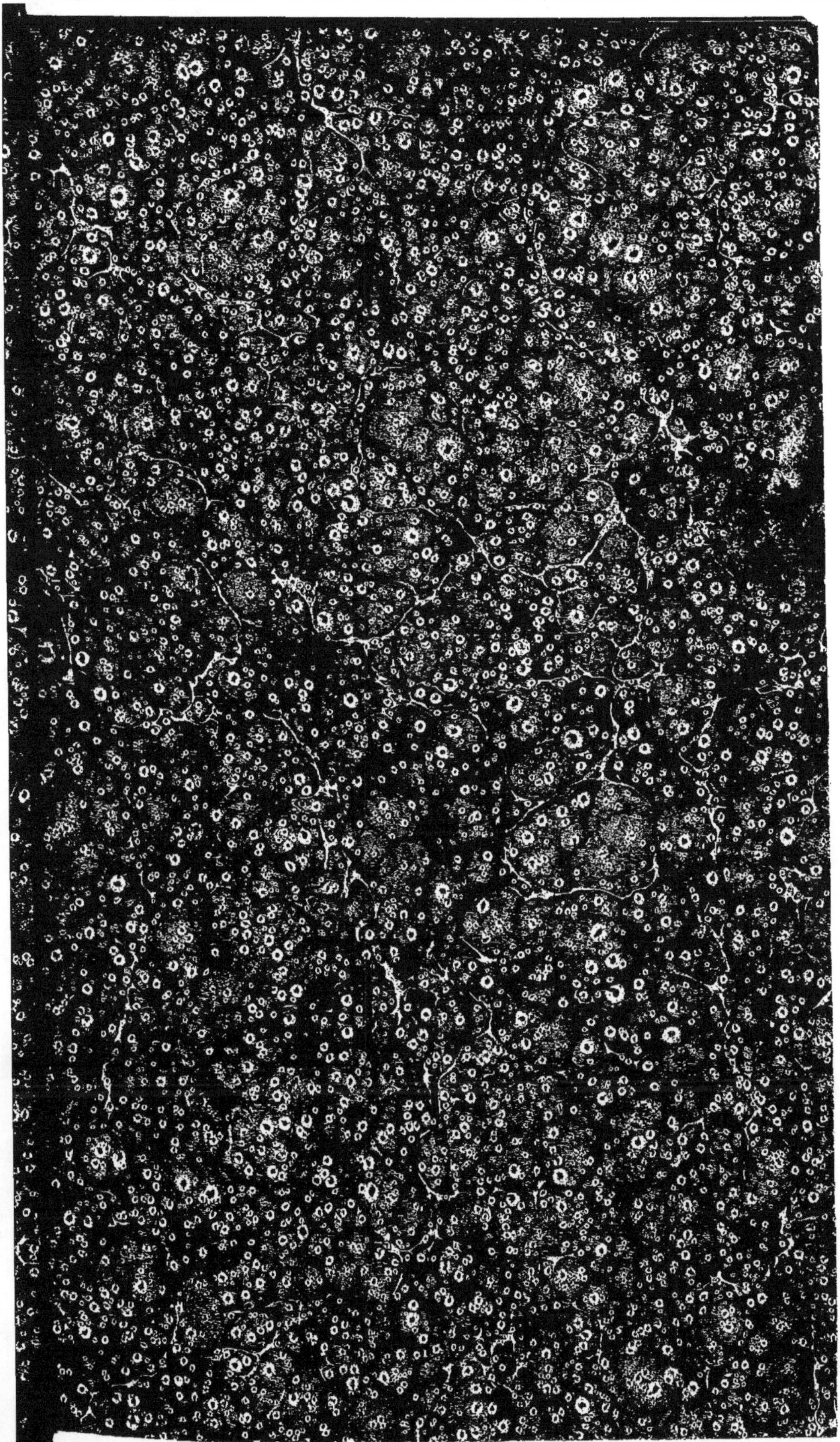

TRAITÉ

DU

PRÊT SUR HYPOTHÈQUE.

AVIS.

L'auteur, après avoir exercé les fonctions de notaire pendant dix ans et depuis celles de maire, vient d'ouvrir à Paris, rue Monthabor, 42, un cabinet de — Consultations et gestions d'affaires en matière civile et administrative ;— Correspondance avec MM. les notaires des départemens ;— Ventes et achats d'offices de notaires ;—Emprunts et placemens des fonds sur hypothèque.

TRAITÉ

DU

PRÊT SUR HYPOTHÈQUE

SUIVI

DE L'EXAMEN DU RÉGIME HYPOTHÉCAIRE,

RENFERMANT

LE MODE DE PRÊT PAR VOIE DE VENTE A RÉMÉRÉ, ET CONTENANT LES FORMULES DE TOUTES LES ESPÈCES D'ACTES EN MATIÈRE DE PRÊT SUR IMMEUBLE.

OUVRAGE DESTINÉ

Aux Notaires et Bailleurs de fonds;

PAR M. DELAMONTRE,

ANCIEN NOTAIRE.

PARIS,

VIDECOQ, LIBRAIRE, ÉDITEUR,

PLACE DU PANTHÉON, 6, PRÈS DE L'ÉCOLE DE DROIT.

1835

PARIS, IMPRIMERIE DE PAUL DUPONT ET COMP.,
rue de Grenelle-St-Honoré, n. 55.

Au Notariat.

Après avoir suivi pendant vingt années la carrière honorable du notariat, après lui avoir encore consacré des veilles depuis ma retraite, je viens aujourd'hui lui dédier le fruit de quelques travaux qui, s'ils peuvent lui être utiles, rempliront l'objet que je me suis proposé.

A la fois dépositaire et juge amiable des intérêts privés des familles, le corps des notaires a encore une tâche non moins délicate à remplir au milieu de la société, celle de se trouver tous les jours le dispensateur d'une partie des capitaux qui l'alimentent et satisfont ses besoins. Mais si cette tâche est belle, si elle augmente les attributs du mandat distingué que la société a confié à ce corps laborieux et honoré, elle fait peser sur lui une responsabilité qui, si elle n'est que morale le plus souvent, n'en est pas moins grave. Tous les jours elle environne de dangers l'honneur et la considération dont il jouit, dont il aime à jouir et qui sont nécessaires à son existence. Dans cette tâche difficile il lui faut plus que dans toute autre avoir à résister à la mauvaise foi, à la ruse, aux manœuvres et jusqu'à la flatterie de la cupidité, cette soif du siècle, qui cherche à tout dévorer.

Imbu de toutes ces considérations, animé de l'amour de l'étude et de la science, et encore plus pénétré d'un sentiment de dévouement au corps dont j'ai eu l'honneur de faire partie, je me suis occupé de présenter dans un traité tous les élémens de jurisprudence et de pratique en matière de prêt sur hypothèque. Aujourd'hui je viens en faire hommage au notariat et lui demander son patronage bienveillant et ses auspices tutélaires pour le fruit de mes travaux.

A LA COMPAGNIE DES NOTAIRES

DE L'ARRONDISSEMENT DE CORBEIL.

S'il est venu à mon esprit de dédier le fruit de mes veilles, le produit de quelques travaux au corps du notariat, il est entré dans mon cœur de le vouer plus particulièrement à la compagnie des anciens confrères et camarades au milieu desquels j'ai trouvé pendant des années aussi laborieuses qu'honorables la compensation bien douce des fatigues et travaux de mon état.

Je leur en fais donc un hommage plus particulier, et, si je peux le dire, un don d'amitié. Je les prie de vouloir bien l'agréer à ce titre, ce sera la plus belle récompense pour

LEUR ANCIEN CAMARADE,

Delamontre.

INTRODUCTION.

Depuis quelque temps le régime hypothécaire est devenu l'objet d'attaques très vives et très sérieuse . Ces critiques, fondées sur quelques points, ont été poussées trop loin à nos yeux. Ce régime renferme, il est vrai, quelques défauts, mais ils ont été exagérés, et après un mûr examen ou arrive à cette conclusion, que la loi n'est pas à refaire, mais qu'on voudrait en elle une amélioration qu'on peut y ajouter.

Le prêt sur hypothèque s'est donc ressenti de ces attaques que l'on cherche tous les jours à répéter; et pourtant ce genre de prêt vient tous les jours au secours du commerce, de l'agriculture et de la propriété; il les alimente, les féconde, et les fait prospérer, en les *délivrant des serres avides de l'usure*. Il tendrait à se propager encore plus sans les procès et les contestations dont il *se voit* quelquefois entouré, et dont le plus souvent on attribue la source au régime hypothécaire. Avec cela on est injuste, on exagère le mal, sans en rechercher la cause véritable; on parle de déchéances d'hypothèques, mais on ne dit pas que bien rarement elles viennent des défauts reprochés à la loi hypothécaire; on va jusqu'à rejeter sur elle les lenteurs de la procédure; enfin on pousse l'injustice jusqu'à vouloir qu'une matière qui traite d'autant d'intérêts divergens ne soit pas en butte à la chicane. On voudrait exiger ce qu'aucune loi humaine ne peut prévenir.

Il importe donc de protéger une institution aussi utile que le prêt sur hypothèque, non seulement pour maintenir et assurer son existence et sa propagation, mais encore afin de lui donner un essor plus grand, s'il est possible; pour arriver à ce but, le moyen le plus puissant est de faire connaître les principes de son organisation et le mode de leur application, en un mot mettre à même de joindre la pratique à la théorie.

Toutes ces considérations nous ont engagé à nous occuper de rassembler et mettre en ordre tous les élémens de jurisprudence et de pratique sur cette partie du droit, élémens que notre profession nous a d'ailleurs mis à même d'acquérir et de recueillir depuis plusieurs années. En le faisant nous sommes encore occupé de tracer la marche à suivre dans cette voie délicate où la vigilance et la connaissance de la matière sont indispensables. Nous nous sommes surtout appliqué à faire ressortir la jurisprudence des arrêts qui servent à expliquer et interpréter d'une manière définitive ce qu'il peut y avoir encore de vague dans cette partie de notre législation. Tout ce travail formera la première partie de notre ouvrage.

Enfin nous nous sommes livré à un examen mûr et approfondi de la loi sur le régime hypothécaire, et après l'avoir passée en revue, nous présentons un projet d'amélioration sur son organisation, amélioration qui a pour but d'étendre ses effets en favorisant la publicité sans détruire les principes actuels de la loi; c'est ce qui formera la deuxième partie de notre ouvrage.

n'avoir encore de vague dans cette partie de notre législation. Tout ce travail formera la première partie de notre ouvrage.

Enfin nous nous sommes livré à un examen utile et approfondi de la loi sur le régime hypothécaire, et après l'avoir passée en revue, nous présentons un projet d'amélioration sur son organisation; amélioration qui a pour but d'étendre ses effets en favorisant la publicité sans détruire les principes actuels de la loi; c'est ce qui formera la deuxième partie de notre ouvrage.

TRAITÉ
DU
PRÊT SUR HYPOTHÈQUE
SUIVI
DE L'EXAMEN
DU RÉGIME HYPOTHÉCAIRE.

PREMIÈRE PARTIE.

DU PRÊT SUR HYPOTHÈQUE.

§ 1.

DÉFINITION DE L'HYPOTHÈQUE.

L'article 2114 du Code civil porte : « l'hypothèque est « un droit réel sur les immeubles affectés à l'acquitte- « ment d'une obligation. »

L'hypothèque est donc un droit réel, ou inhérent à la chose, et tellement inhérent que l'article 2114 ajoute (paragraphe III) que ce droit suit les immeubles dans quelques mains qu'ils passent.

Ce droit ne peut frapper que sur les immeubles, c'est-à-dire ce qu'on appelle communément fonds de terre ou bâtimens, plus leurs accessoires, ainsi que les objets que la loi détermine comme immeubles, et que nous ferons connaître au paragraphe cinquième ci-après; autrement si ce droit frappait sur un meuble, il n'aurait plus la nature et l'essence de l'hypothèque; ce ne serait plus qu'un gage, dont la nature et l'effet sont déterminés par les articles 2072 et 2073 du Code civil.

Du reste l'hypothèque ne donne pas le droit de propriété à l'immeuble, mais seulement celui de le faire vendre à défaut de paiement, et de se faire colloquer sur le prix pour ce qui est dû. Par ce dernier motif, c'est plutôt *jus ad rem* que *jus in re*, ce dernier droit nous paraissant plutôt applicable à celui de propriété.

Le deuxième paragraphe de l'article 2114 porte : « l'hypothèque est de sa nature indivisible, et subsiste « en entier sur tous les immeubles affectés, sur cha« cun et sur chaque portion de ces immeubles. » Ainsi chaque portion de l'immeuble hypothéqué se trouve grevée de la totalité de la créance conservée par l'hypothèque, en sorte que le créancier peut exercer son droit pour l'intégralité de ce qui lui est dû sur une seule partie, dans le cas où les autres viendraient à périr ou à échapper à son action par une cause quelconque, même celle venant de son fait et de sa volonté.

Il existe plusieurs sortes d'hypothèques. Le Code civil en détermine trois : celle légale, celle judiciaire, celle conventionnelle.

L'hypothèque légale est celle qui résulte de la loi.

Les droits et créances auxquels l'hypothèque légale est attribuée sont : ceux des femmes mariées sur les biens de leurs maris ; ceux des mineurs et interdits sur les biens de leurs tuteurs; ceux de l'état des communes et des établissemens publics sur les biens des receveurs et administrateurs comptables.

Le créancier qui a une hypothèque légale peut exercer son droit sur tous les immeubles appartenant à son débiteur et ceux qui pourront lui appartenir dans la suite.

L'hypothèque judiciaire résulte des jugemens, soit contradictoires, soit par défaut, définitifs ou provisoires, en faveur de celui qui les a obtenus. Elle résulte aussi des reconnaissances ou vérifications, faites en justice, des signatures apposées à un acte obligatoire, sous seing privé. Elle peut s'exercer sur les immeubles actuels du débiteur et sur ceux qu'il pourra acquérir, sauf l'effet de l'action ouverte au débiteur par l'article 2161, à fin de réduction à une proportion convenable.

Les décisions arbitrales n'emportent hypothèque judiciaire qu'autant qu'elles sont revêtues de l'ordonnance judiciaire d'exécution.

Enfin l'hypothèque conventionnelle est celle qui dépend des conventions et de la forme extérieure des actes et des contrats.

Le prêt par hypothèque ne reposant que sur celle de cette dernière nature, nous n'aurons besoin de parler spécialement que de l'hypothèque conventionnelle, dans les paragraphes qui vont suivre; et il n'y aura lieu pour nous de parler des autres que pour faire connaître leur effet relativement à l'hypothèque conventionnelle, ou lorsqu'elles viendront également concourir à la garantie du prêt.

§ II.

DES PRIVILÉGES SUR IMMEUBLES.

D'après l'article 2095, le privilége est un droit que la qualité de la créance donne à un créancier d'être préféré aux autres créanciers, même hypothécaires.

Le privilége sur immeuble est donc un droit, dont la nature ou l'effet, participant de celle de l'hypothèque, se trouve avoir un degré au dessus. Ce degré, c'est la préférence qui lui est accordée, ainsi que la loi le détermine, par suite de la cause qui produit cette préférence.

Les lois romaines donnent une définition aussi exacte que concise de la différence du privilége d'avec l'hypothèque. A l'égard du privilége, elle disent : *privilegia non ex tempore æstimantur, sed ex causâ*; et à l'égard de l'hypothèque : *qui potior est tempore, potior est jure*. Du reste il est incontestable que, sous l'empire de notre droit, le privilége se trouve participer de la nature de l'hypothèque ; la preuve en résulte très positivement de l'article 2113, qui porte que toutes créances privilégiées soumises à la formalité de l'inscription, et à l'égard desquelles les conditions prescrites pour conserver le privilége n'auront pas été accomplies, ne cessent pas néanmoins d'être hypothécaires.

L'article 2103 du Code civil distingue plusieurs sortes de créanciers privilégiés sur immeubles :

1° Le vendeur sur l'immeuble vendu, pour le paiement du prix;

S'il y a plusieurs ventes successives dont le prix soit dû en tout ou en partie, le premier vendeur est préféré au second, le deuxième au troisième, et ainsi de suite;

2° Ceux qui ont fourni les deniers pour l'acquisition d'un immeuble, pourvu qu'il soit authentiquement constaté, par l'acte d'emprunt, que la somme était destinée à cet emploi, et, par la quittance du vendeur, que ce paiement a été fait des deniers empruntés;

3° Les cohéritiers, sur les immeubles de la succession pour la garantie des partages faits entre eux, et des soultes ou retours de lots;

4° Les architectes, entrepreneurs, maçons et autres ouvriers employés pour édifier, reconstruire ou réparer des bâtimens, canaux ou autres ouvrages quelconques, pourvu néanmoins que, par un expert nommé d'office par le tribunal de première instance dans le ressort duquel les bâtimens sont situés, il ait été dressé préalablement un procès-verbal, à l'effet de constater l'état des lieux relativement aux ouvrages que le propriétaire déclarera avoir le dessein de faire, et que les ouvrages aient été, dans les six mois au plus de leur perfection, reçus par un expert également nommé d'office;

Mais le montant du privilége ne peut excéder les valeurs constatées par le second procès-verbal, et il se réduit à la plus-value existante, à l'époque de l'aliénation de l'immeuble et résultant des travaux qui y ont été faits;

5° Ceux qui ont prêté les deniers pour payer ou rembourser les ouvriers jouissent du même privilége, pourvu que cet emploi soit authentiquement constaté par l'acte d'emprunt, et par la quittance des ouvriers, ainsi qu'il a été dit ci-dessus pour ceux qui ont prêté les deniers pour l'acquisition d'un immeuble.

6° Il est encore une autre espèce de privilége qui, s'étendant de préférence et d'abord sur les meubles, s'étend encore et subsidiairement sur les immeubles, lorsque le mobilier n'est pas suffisant pour y faire face. Ce privilége a lieu pour raison des créances énoncées en l'article 2101 du Code civil et ci-après exprimées: savoir 1° les frais de justice; 2° les frais funéraires; 3° les frais quelconques de la dernière maladie, concurremment entre ceux à qui ils sont dus; 4° les salaires des gens de service, pour l'année échue, et ce qui est dû sur l'année courante; 5° les fournitures des subsistances faites au débiteur et à sa famille; savoir, pendant les six derniers mois, par les marchands en détail, tels que boulangers, bouchers et autres, et pendant la dernière année par les maîtres de pension et marchands en gros.

Le privilége de cette dernière nature s'exerce par préférence à ceux énoncés sous les cinq articles ci-dessus, mais, comme nous venons de le dire, seulement à défaut du mobilier ou de son insuffisance, conformément aux dispositions de l'article 2105 du Code civil.

§ III.

DE L'EFFET DE L'HYPOTHÈQUE ET DU PRIVILÉGE.

Sous le huitième paragraphe, et en traitant de l'inscription, nous parlerons spécialement des effets particuliers des diverses espèces de priviléges et l'hypothèques. Nous nous bornerons ici à parler de leur effet, en général.

L'article 2093 du Code civil porte que les biens du débiteur sont le gage commun de ses créanciers, et que le prix s'en distribue entre eux par contribution, à moins qu'il n'y ait entre les créanciers des causes légitimes de préférence. L'article 2094 porte que les causes légitimes de préférence sont les priviléges et hypothèques.

D'après l'article 2166, les créanciers ayant privilége ou hypothèque inscrite sur un immeuble le suivent en quelques mains qu'il passe, pour être colloqués et payés suivant l'ordre de leurs créances ou inscriptions.

Suivant l'article 2134, entre les créanciers l'hypothèque soit légale, soit judiciaire, soit conventionnelle n'a de rang que du jour de l'inscription prise par le créancier, sur les registres du conservateur, et l'article 2135 dispense seulement de l'inscription les femmes, les mineurs et les interdits.

Enfin de la combinaison des articles 2113, 2134 et 2135 du Code civil et de la jurisprudence qui s'en est suivie, il résulte que l'hypothèque (sauf celle des femmes, des mineurs et des interdits) n'a de date et effet que du jour de l'inscription, en sorte qu'un créancier ayant une hypothèque non inscrite n'a point de préférence à exercer vis-à-vis d'un simple créancier chirographaire. C'est ce que nous aurons lieu de prouver plus amplement au paragraphe concernant l'inscription.

Nous traiterons, sous le même paragraphe, des effets des diverses sortes de priviléges dont nous venons de parler dans le paragraphe qui précède, et des termes et délais dans lesquels doit être effectuée leur inscription, qui devient également nécessaire pour leur donner force et vertu, comme et de même que pour l'hypothèque conventionnelle.

§ IV.

DES PERSONNES QUI ONT CAPACITÉ OU NON POUR DONNER HYPOTHÈQUE.

Nous observons que cette capacité embrasse celle d'emprunter, car l'hypothèque ayant pour cause une dette, la capacité pour conférer hypothèque emporte avec elle celle de reconnaître la dette, et c'est ici le cas de dire : *qui veut la fin, veut les moyens* : et c'est encore le cas de dire : *qui peut plus peut moins* : car la constitution de l'hypothèque, qui est un commencement d'aliénation en droit, exige encore plus de capacité que la reconnaissance de la dette, qui ne constitue qu'un simple acte d'administration. Par suite, nous nous abstiendrons de traiter de cette dernière capacité, qui se trouve renfermée dans la première.

D'après l'article 2124 du Code civil, ne peuvent consentir hypothèque que ceux qui ont la capacité d'aliéner les immeubles qu'ils y soumettent. Il faut donc être propriétaire pour donner hypothèque, et ceux qui ne sont qu'administrateurs ne peuvent par suite conférer hypothèque. La qualité de propriétaire n'est même pas suffisante pour certaines personnes que nous allons faire connaître, et auxquelles la loi a ôté la capacité d'aliéner et hypothéquer, par suite de l'état dans lequel elles se trouvent.

En refusant ce droit aux administrateurs et aux autres personnes dont nous venons de parler, le législateur n'a cependant pas voulu les priver d'avoir recours à des emprunts sur hypothèque, lorsque l'intérêt des personnes pour lesquelles ils agissent se trouve l'exiger; mais il a prescrit des formalités particulières, que nous allons faire connaître.

Des administrateurs.

De tous ceux auxquels la loi confère une administration, le mari est sans contredit celui en la personne duquel elle se trouve le plus étendue peut-être, et comme cette administration lui donne en certains cas le droit d'aliénation, nous allons l'examiner sous les deux rapports distincts et principaux auxquels elle nous paraît s'appliquer.

Relativement aux biens de la communauté, le droit du mari se trouve absolu. En effet, l'article 1421 du Code civil porte : « le mari administre seul les biens de « la communauté ; il peut les vendre, aliéner et hypo- « théquer sans le concours de la femme. » Du reste, ce droit ne peut nuire à celui qu'a la femme sur ces mêmes biens, lorsqu'elle se trouve créancière du mari ou de la communauté ; et c'est le motif pour lequel elle concourt le plus souvent aux actes d'emprunt sur hypothèque qui sont passés par le mari. Nous aurons lieu de parler ci-après de cette intervention de sa part.

Relativement aux biens personnels de la femme, plusieurs cas se présentent :

Sous le régime de la communauté et celui de la non-communauté, le mari ne peut consentir hypothèque sans le concours de la femme.

Sous le régime dotal, il ne peut, même avec ce concours, conférer d'hypothèque sur les immeubles constitués en dot et déclarés dotaux, si ce n'est avec permission de la justice, conformément à l'article 1558 du Code civil, et seulement pour l'établissement des enfans de la femme : ou, pour tirer le mari de prison ; pour fournir des alimens à la famille ; pour payer les dettes de la femme ou de ceux qui ont constitué la dot, lorsque ces dettes ont une date certaine, antérieure au contrat de mariage ; pour faire de grosses réparations indispensables pour la conservation de l'immeuble dotal. Il le peut encore, lorsque le droit d'hypothéquer cet immeuble a été conféré par le contrat de mariage.

Sous le régime de la séparation de biens, comme sous celui dotal, relativement aux biens paraphernaux, il n'y a pas lieu à examiner les droits du mari, attendu que la loi dans ces deux cas ne lui donne aucune administration, et que cette administration est, pour ces cas, conférée à la femme, dont nous aurons à examiner ci-après les droits, sous le rapport de sa capacité pour consentir hypothèque.

Le tuteur, même le père ou la mère, ne peut emprunter pour le mineur et hypothéquer le bien appartenant à ce dernier, sans y être autorisé par conseil de famille. Cette autorisation, d'après l'article 457 du Code civil, ne doit être accordée que pour cause d'une nécessité absolue ou d'un avantage évident. De plus, la délibération de famille doit être homologuée par le tribunal de première instance, aux termes de l'article 458.

Le tuteur, à l'interdiction d'un individu, est astreint aux mêmes formalités que le tuteur du mineur.

Nous pensons qu'il doit en être de même à l'égard du curateur à l'absence d'un militaire, dont la curatelle lui aurait été dévolue, par délibération de famille, en vertu de la loi du 11 ventose an 2, qui ne paraît pas avoir été abrogée par le Code civil.

Quant au curateur à l'absence de tout autre individu qu'un militaire, comme sa qualité lui est conférée par justice, il n'a le droit d'hypothéquer qu'autant que le jugement qui l'aurait nommé ou tout autre ultérieur, le lui aurait attribué.

Il doit en être de même de tous autres administrateurs quelconques, nommés par justice, comme aussi de ceux qui ont obtenu l'envoi en possession provisoire des biens d'un absent, ainsi qu'il résulte, à l'égard de ces derniers, de la disposition de l'article 2126 du Code civil.

Quant aux administrateurs de tous établissemens publics quelconques et de communes, ils n'ont le droit de consentir hypothèque que lorsque ce droit leur est accordé et seulement pour un objet spécial, par une loi rendue, sur la demande qui en est faite et portée devant les chambres.

Enfin, il ne nous reste plus à parler que de l'administrateur par suite du mandat. D'après l'article 1988 du Code civil, le mandat conçu en termes généraux n'embrasse que les actes d'administration. Il ajoute que s'il s'agit d'aliéner ou d'hypothéquer, le mandat doit être spécial.

Cette spécialité, du reste, peut être déterminée et précisée, dans une procuration contenant à la fois des pouvoirs généraux ou d'autres pouvoirs; mais il serait à propos que le montant des emprunts fût déterminé, et on ne pourrait admettre un mandat contenant le pouvoir de faire tous emprunts; ce serait ici le cas de dire que le mandat se trouve conçu en termes généraux et de faire l'application de l'article 1988.

De la femme mariée.

La capacité de la femme mariée, relativement au droit de conférer hypothèque, n'est absolue que dans un seul cas : celui où elle est marchande publique, et encore ce cas souffre-t-il une exception (c'est celui où elle est mariée sous le régime dotal, à l'égard duquel nous allons parler ci-après).

Ce droit absolu résulte de l'article 7 du Code de commerce. Du reste, d'après l'article 4 du même Code, la femme ne peut être marchande publique sans le consentement de son mari. La loi ne paraît pas exiger que ce consentement soit exprès ; il peut n'être que tacite, et il suffit que le mari ait connaissance de l'état que sa femme exerce et ne s'y oppose pas. Cependant lorsque cet état de choses n'est pas susceptible d'être affirmé par la notoriété publique, ceux qui traiteront avec la femme marchande publique feront bien d'exiger le consentement de son mari.

Il est bon d'observer ici que, d'après l'article 220 du Code civil et l'article 5 du Code de commerce, la femme, lorsqu'elle est marchande publique, peut, sans l'autorisation de son mari, s'obliger pour ce qui concerne son négoce, et en ce cas elle oblige aussi son mari s'il y a communauté entre eux. Mais, d'après le même article 220, elle n'est pas réputée marchande publique, si elle ne fait que détailler les marchandises du commerce de son mari, mais seulement quand elle fait un commerce séparé.

Hors le cas ci-dessus, la femme même non commune

ou séparée de biens, ne peut aliéner ou hypothéquer, sans le concours du mari, dans l'acte, ou son consentement par écrit : c'est ce qui résulte de l'article 217 du Code civil.

D'après l'article 219, si le mari refuse d'autoriser sa femme à passer un acte, elle peut le faire citer directement devant le tribunal de première instance de l'arrondissement du domicile commun, qui peut donner ou refuser son autorisation, après que le mari aura été entendu ou dûment appelé.

D'après l'article 221, lorsque le mari est frappé d'une condamnation emportant peine afflictive ou infamante, encore qu'elle n'ait été prononcée que par contumace, la femme même majeure ne peut, pendant la durée de la peine, ester en jugement ni contracter qu'après s'être fait autoriser par le juge, qui peut, en ce cas, donner l'autorisation sans que le mari ait été entendu ou appelé. Si le mari est interdit ou absent, le juge peut, en connaissance de cause, autoriser la femme pour contracter, d'après la disposition qui lui en est accordée par l'article 222 du Code civil.

Si donc la femme justifie qu'il est de son intérêt d'avoir recours à un emprunt sur hypothèque, et qu'elle ne puisse obtenir l'autorisation de son mari, soit par suite de refus, soit par suite d'empêchement venant d'une condamnation, d'interdiction ou d'absence, ou toute autre cause quelconque, elle est habile à obtenir de la justice l'autorisation nécessaire à cet effet.

L'autorisation, lorsqu'elle est donnée par le mari, est soumise à certaines conditions que nous allons faire connaître.

Aux termes de l'article 223 du Code civil, toute autorisation générale, même stipulée par contrat de mariage, n'est valable que quant à l'administration des biens de la femme, et d'après l'article 1538 toute autorisation générale d'aliéner ses immeubles (et par suite d'hypothéquer) donnée à la femme, soit par contrat de mariage, soit postérieurement, est nulle. Enfin si le mari est mineur, l'autorisation du juge est nécessaire à la femme pour contracter : ainsi le veut l'article 224.

Il est une circonstance où la femme ne peut aliéner ou hypothéquer ses immeubles, avec le consentement même de son mari, et où elle ne peut requérir l'autorisation de la justice à cet effet : c'est lorsqu'elle est mariée sous le régime dotal, et lorsque les immeubles lui ont été constitués en dot, sous ce régime. Cette prohibition résulte de l'article 1554 du Code civil, et du reste ne doit frapper que sur les immeubles qui ont été déclarés dotaux, en sorte que ceux qui n'ont pas été frappés de cette stipulation, c'est-à-dire ceux paraphernaux et dont elle conserve l'administration, aux termes de l'article 1576, peuvent être par elle aliénés ou hypothéqués, mais toujours avec l'autorisation de son mari ou de la justice.

La prohibition portée par l'article 1554 à l'égard des biens dotaux, reçoit exception pour les cas dont nous avons parlé au titre de l'administration du mari, c'est-à-dire lorsqu'il s'agit de l'établissement des enfans de la femme, et autres motifs exprimés en l'article 1558, ou encore lorsque, par le contrat de mariage, l'aliénation de l'immeuble dotal a été permise en vertu de la faculté réservée par l'article 1557.

Nous faisons cependant observer que d'après l'article 1558, que nous venons de citer, et pour les cas y exprimés, l'immeuble dotal peut être aliéné avec permission de la justice et aux enchères après trois affiches. Nous sommes donc portés à penser que, par analogie, l'immeuble dotal ne peut être hypothéqué dans les mêmes cas qu'avec la permission du juge, et que par suite la femme ne peut être habile à faire et contracter un emprunt et conférer hypothèque sur un immeuble dotal avec la simple autorisation de son mari, encore bien que les fonds provenant de l'emprunt fussent employés soit à tirer le mari de prison, soit à établir ses enfans, ou pour tous autres motifs ci-dessus rapportés et prévus par l'article 1558.

Du mineur.

Aux termes de l'article 1124 du Code civil le mineur non émancipé est incapable de contracter. Sous le titre des administrateurs nous avons indiqué les formalités à remplir par le tuteur, lorsqu'il est de l'intérêt du mineur de recourir à un emprunt sur hypothèque. Toutefois cette incapacité n'est pas absolue à l'égard du mineur émancipé, qui est habile à faire tous les actes qui ne sont que de pure administration ; c'est ce que décide l'article 481 du Code civil.

D'après l'article 483, le mineur émancipé ne peut faire d'emprunt, sans une délibération de conseil de famille, homologuée par le tribunal. Aux termes de l'article 484, il ne peut vendre ni aliéner ses immeubles, ni faire aucun acte autre que ceux de pure administration, sans observer les formes prescrites au mineur non émancipé.

Mais d'après l'article 6 du Code de commerce, le mineur émancipé, lorsqu'il est marchand, peut engager et hypothéquer ses immeubles. Cet article déroge au grand principe que pour hypothéquer il faut avoir le droit d'aliéner, car en accordant celui d'hypothéquer il ajoute, dans le deuxième paragraphe, que le mineur émancipé et marchand ne peut aliéner qu'en suivant les formalités prescrites pour les biens du mineur non émancipé.

Pour que le mineur émancipé puisse être réputé marchand, il faut : 1° qu'il soit âgé de dix-huit ans accomplis; 2° qu'il ait été préalablement autorisé par son père, ou par la mère en cas de décès, interdiction ou absence du père, à défaut du père et de la mère, par suite de décès ou autrement, par une délibération du conseil de famille, homologuée par le tribunal; 3° et que l'acte d'autorisation ait été enregistré et affiché au tribunal de commerce du lieu où le mineur veut établir son domicile.

Le droit en faveur du mineur émancipé et marchand d'engager et hypothéquer ses immeubles semble devoir être restreint aux faits et actes relatifs à son commerce, en sorte que pour la validité de l'acte d'emprunt qui serait par lui passé et encore de l'hypothèque qui en serait la conséquence, il est à propos de constater que les deniers ont été employés dans le commerce du mineur, et nous pensons même qu'une simple déclaration qui serait faite par ce dernier dans l'acte d'emprunt ne serait pas suffisante.

Des interdits et pourvus de conseils judiciaires.

Aux termes de l'article 509 du Code civil, l'interdit est assimilé au mineur, pour sa personne et pour ses biens; et les lois sur la tutelle des mineurs s'appliquent à la tutelle des interdits. Nous reconnaissons deux espèces d'interdictions : celle légale et celle judiciaire.

L'interdiction légale est celle qui résulte de la seule disposition de la loi, à l'égard de celui qui se trouve dans un des cas prévus par elle.

L'interdiction en matière correctionnelle, c'est-à-dire par suite d'une condamnation à une peine d'emprisonnement, n'emporte pas la prohibition de la disposition ou aliénation des biens et par suite du droit d'hypothèque, mais seulement de quelques droits de citoyen et autres civiques et de famille, déterminés en l'article 42 du Code pénal.

L'interdiction en matière criminelle se trouve déterminée par l'article 29 du Code pénal, qui porte : quiconque aura été condamné à la peine des travaux forcés à temps ou de la réclusion, sera, pendant la durée de sa peine, en état d'interdiction légale; il lui sera nommé un curateur pour gérer et administrer ses biens, dans les formes prescrites pour la nomination des tuteurs aux interdits. Il demeure donc constant que l'interdiction en matière criminelle emporte la prohibition d'hypothéquer.

L'interdiction judiciaire est celle qui résulte d'un jugement rendu après les formalités préalables prescrites par les articles 492 et suivans du Code civil; cette interdiction est absolue ou relative. Il y a interdiction absolue lorsqu'elle est prononcée purement et simplement. Alors l'interdit d'après l'article 509 du Code civil est assimilé au mineur pour sa personne et pour ses biens, et les lois sur la tutelle des mineurs lui sont applicables.

L'interdiction n'est que relative, lorsque le tribunal ordonne que l'individu contre lequel l'interdiction provoquée n'est pas admise, ne pourra désormais plaider, transiger, emprunter, recevoir un capital mobilier, ni en donner décharge, aliéner, ni grever ses biens d'hypothèque, sans l'assistance d'un conseil qui lui est nommé par le jugement même. Cette interdiction n'étant que relative peut être plus ou moins restreinte, d'après la capacité morale de l'individu.

D'après l'article 502 du Code civil, l'interdiction ou la nomination d'un conseil aura son effet du jour du jugement. Tous actes passés postérieurement par l'interdit, ou sans l'assistance de son conseil, sont nuls de droit.

De diverses incapacités légales.

Nous ne parlerons de ces incapacités que sous le rapport du droit d'aliéner et par suite d'hypothéquer.

Se trouvent frappés de cette incapacité :

1° L'individu qui a perdu la qualité de Français et qui par suite a encouru la privation des droits civils (art. 17 du Code civil) ;

2° Celui qui, par suite de condamnations judiciaires, est privé de participation aux droits civils, ou mort civilement (art. 22 du Code civil) ;

3° L'étranger non admis à jouir, en France, des droits civils; du reste, il peut jouir de ces droits, s'ils lui sont accordés par le traité fait entre la France et la nation à laquelle il appartient (art. 11 du Code civil), ou encore s'il a été autorisé par le roi des Français à établir son domicile en France, et seulement pendant le temps qu'il y réside (art. 13 du Code civil) ;

4° Enfin, le failli à l'égard duquel nous renvoyons au paragraphe ci-après concernant l'inscription.

§ V.

DES BIENS SUSCEPTIBLES D'HYPOTHÈQUE.

D'après l'article 2118 du Code civil, sont seuls susceptibles d'hypothèque: 1° les biens immobiliers qui sont dans le commerce et leurs accessoires réputés immeubles; 2° l'usufruit des mêmes biens et accessoires pendant le temps de sa durée.

Il faut donc deux conditions pour que les biens soient susceptibles d'hypothèque. D'abord qu'ils soient immeubles, ensuite qu'ils soient dans le commerce.

Avant de faire connaître quels sont les biens réputés immeubles, ce qui nous demandera quelques détails, nous allons indiquer en quelques mots quels sont ceux que l'on doit regarder comme étant dans le commerce.

Tous les biens qui ne dépendent pas du domaine public ou d'une commune, ou établissement public, tous ceux enfin qui appartiennent aux particuliers, peuvent être considérés comme étant dans le commerce. Telle est la règle générale qui doit être posée et à laquelle se trouvent les exceptions que nous allons faire connaître.

En effet, l'article 537 du Code civil porte que les particuliers ont la libre disposition de leurs biens, sous les modifications établies par les lois.

D'après l'article 1554, les immeubles constitués en dot, sous le régime dotal, ne peuvent être aliénés, ni hypothéqués pendant le mariage, ni par le mari ni par la femme, ni par les deux conjointement, sauf les exceptions que nous avons fait connaître, sous le paragraphe IV, au titre des administrateurs.

D'après l'article 41 et suivans du décret du 1er mars 1808, sur les majorats, les biens affectés aux majorats ne peuvent être aliénés ni frappés de priviléges et hypothèques; mais cette loi est sur le point d'être modifier, peut-être même abrogée entièrement.

Les biens sont immeubles ou par leur nature ou

par leur destination, ou par l'objet auquel ils s'appliquent, d'après les articles 517 et suivans du Code civil.

Sont immeubles, par leur nature, les fonds de terre et les bâtimens, les moulins à vent ou à eau, fixés sur piliers, et faisant partie du bâtiment, les récoltes pendant par racines, et les fruits des arbres non encore recueillis, lorsque le sol appartient au propriétaire de ces fruits et récoltes.

Cependant, du moment que les grains sont coupés et les fruits détachés, quoique non enlevés, ils cessent d'être immeubles, et si une partie seulement est coupée, cette partie seule est meuble. Les coupes ordinaires de bois taillis ou de futaie, mises en coupes réglées, deviennent également meubles à fur et mesure que les arbres sont abattus. Les récoltes, fruits et coupes de bois deviennent encore meubles par destination, lorsqu'ils ont été vendus ou affermés par le propriétaire, pour être détachés du sol. Cependant, aux termes de l'article 689 du Code de procédure, les fruits échus depuis la dénonciation au saisi doivent être immobilisés, pour être distribués avec le prix de l'immeuble, par ordre d'hypothèque.

Sont immeubles par destination : 1° les animaux que le propriétaire du fonds livre au fermier ou au métayer, pour la culture, estimés ou non, tant qu'ils demeurent attachés au fonds, par l'effet de la convention (du reste ceux par lui donnés à cheptel à d'autres qu'au fermier et métayer sont meubles); 2° les objets que le propriétaire du fonds y a placés pour le service et l'exploitation de ce fonds, notamment ceux désignés en l'article 524 du Code civil ; 3° et tous effets mobiliers que le propriétaire a attachés au fonds à perpétuelle demeure.

Sont immeubles par l'objet auquel ils s'appliquent, l'usufruit des choses immobilières, les servitudes et services fonciers et les actions tendant à revendiquer un immeuble.

§ VI.

DE L'EXAMEN DE LA PERSONNE, DES TITRES DE PROPRIÉTÉ, ET DES BIENS DE L'EMPRUNTEUR.

Ceux qui font emploi de leurs capitaux en placemens sur hypothèque sont assez généralement portés à croire qu'il leur suffit de lever un état d'inscriptions sur la personne de l'emprunteur pour connaître sa position. Cela, il est vrai, est déjà quelque chose, mais pour le plus souvent est bien loin de suffire, selon qu'on va le voir par l'exposé ci-après.

Lorsqu'il s'agit d'opérer un placement de fonds sur hypothèque, il importe préalablement de procéder à un examen qui doit s'étendre : 1° sur la personne de l'emprunteur ; 2° sur les titres de propriété des biens qu'il donne en hypothèque ; 3° et enfin sur la valeur de ces mêmes biens.

De l'examen de la personne.

Il y a lieu à examiner la personne de l'emprunteur, par rapport à sa capacité pour contracter, et encore par rapport aux dettes qui peuvent la grever.

Relativement à sa capacité pour contracter, nous

renvoyons à ce que nous avons dit au quatrième paragraphe ci-dessus.

Par rapport aux dettes, elles sont connues ou inconnues. Nous n'avons à parler ici que des dettes hypothécaires ou privilégiées, toutes autres n'étant point à redouter.

A l'égard des dettes connues, elles sont toutes inscrites au bureau des hypothèques de l'arrondissement dans lequel sont situés les biens du débiteur, et un état levé à ce bureau les fait toutes connaître.

Quant aux dettes inconnues, c'est-à-dire celles qui ont pour objet des créances dispensées d'inscriptions ou entièrement, ou pour un terme indéfini ou pour un terme défini et point encore arrivé, elles peuvent exister pour les causes et par suite des circonstances que nous allons faire connaître ci-après.

Premièrement, d'après l'article 2135 du Code civil, l'hypothèque existe indépendamment de toute inscription : 1° au profit des mineurs et des interdits, sur les immeubles appartenant à leurs tuteurs, à raison de la gestion, du jour de l'acceptation de la tutelle; 2° au profit des femmes, pour raison de leurs dots et conventions matrimoniales, sur les immeubles de leurs maris, à compter du jour de la célébration du mariage devant l'officier de l'état civil; pour raison des sommes dotales provenant des successions à elles échues, ou de donations à elles faites, pendant le mariage, à compter de l'ouverture des successions, ou du jour des donations; et enfin pour raison des dettes par elles contractées avec leurs maris, et pour le remploi de leurs propres aliénés, à compter du jour de l'obligation et de la vente.

Lorsque donc l'emprunteur est marié, il y a lieu d'examiner si tous les biens de ce dernier sont grevés de l'hypothèque légale de la femme; car, aux termes de l'article 2140 du Code civil, le mari pourrait, par le contrat de mariage, avoir fait limiter cette hypothèque à certains biens, ou il pourrait encore l'avoir fait restreindre, également sur une partie de ses biens, postérieurement au contrat de mariage, et par jugement en vertu de l'article 2144 du Code civil.

Si cette hypothèque n'a pas été limitée, le seul moyen d'y parer est de faire intervenir la femme dans l'obligation pour cautionner le mari, ou s'obliger solidairement avec lui au paiement de la dette. Il y a plus, comme elle peut avoir à répéter contre son mari des créances susceptibles d'être colloquées antérieurement à la dette reconnue, et encore susceptibles d'être cédées à des tiers, il est à propos d'en faire consentir le transport, ainsi que la subrogation dans l'effet de l'hypothèque légale jusqu'à due concurrence, par la femme, avec préférence à elle-même, au profit du créancier bailleur de fonds.

Nous pensons que le consentement à antériorité, par la femme, en faveur du bailleur de fonds, est susceptible d'équivaloir à ce transport.

Malgré ces précautions, nous avons cependant lieu de regretter que la loi et la jurisprudence, dans la circonstance qui nous occupe, ne viennent pas plus au secours de ceux qui ont à traiter avec le mari grevé de cette hypothèque légale, et que leur sécurité ne puisse être entièrement assurée et garantie par le concours même de la femme à l'obligation contractée par le mari, et par le transport, la subrogation ou la renonciation de la part de cette dernière en faveur du créancier. En effet, ce transport, cette subrogation ou cette renonciation ne peuvent nuire à des stipulations de cette nature que la femme pourrait avoir consenties antérieurement en faveur d'autres tiers, qui d'après la loi et la jurisprudeuce, sont dispensés de se faire connaître, jusqu'au moment de la discussion des biens du mari, débiteur commun. La jurisprudence à cet égard est basée sur la loi, et on est ici, plus que dans toute autre circonstance, forcé de reconnaître son défaut de publicité à l'égard des hypothèques légales. Que ce défaut, cette dispense de publicité existent dans l'intérêt et à l'avantage des femmes, des mineurs et des interdits, on conçoit les motifs qui ont pu porter le législateur à les affranchir des formalités ordinaires et communes, en établissant une exception et créant pour ainsi dire un privilége en leur faveur, et dans leur intérêt particulier. Mais que cette exception, cet avantage, ce privilége tournent au profit des tiers, sans les faire rentrer dans la classe ordinaire et commune de ceux qui, par eux-mêmes, doivent veiller à leurs intérêts personnels, c'est, nous le pensons, dépasser les bornes d'une juste mesure, c'est aider à la mauvaise foi et par suite donner à la loi le but contraire qu'elle se propose.

En admettant cette jurisprudence, qui paraît consacrée par plusieurs arrêts, notamment celui de cassation que nous allons citer ci-après, il nous reste à examiner et faire savoir de quelle manière elle est suivie dans les différens cas qui peuvent se rencontrer. A cet effet nous allons citer plusieurs exemples :

1er cas. La femme a renoncé purement et simplement vis-à-vis de plusieurs créanciers de son mari, et ce successivement, à exercer sur les biens de ce dernier l'effet de son hypothèque légale.

2e cas. Elle s'est obligée conjointement et solidairement avec son mari au paiement de la dette, et a également subrogé successivement plusieurs créanciers, dans l'effet de son hypothèque légale et ses reprises.

3e cas. Elle ne s'est obligée envers ces derniers que conjointement et solidairement avec son mari, sans consentir à leur profit une subrogation explicite, mais en concourant avec son mari à l'affectation hypothécaire des biens de ce dernier et en les hypothéquant conjointement avec lui.

Dans les deux premiers cas, la préférence est réglée entre les créanciers, suivant l'ordre de dates des renonciations ou subrogations, avec cette différence, à l'égard des créanciers au profit desquels il a été consenti seulement des renonciations, qu'ils ne peuvent pas, comme les créanciers subrogés, faire valoir les droits de la femme sur d'autres biens que ceux soumis à leur hypothèque. Mais du reste cela ne peut s'appliquer qu'au cas où la subrogation n'a pas été restreinte à ces derniers biens.

Dans le troisième cas, on suit la même règle que

pour les deux premiers, et la préférence est réglée entre tous les créanciers, aux divers titres ci-dessus désignés, sans distinction de leur nature, mais d'après l'ordre de dates de renonciations, subrogations et obligations. On ne fait point de distinction à l'égard de ceux de ces créanciers qui ne se trouvent avoir que des obligations solidaires de la part de la femme, sans subrogation explicite en leur faveur. On considère dans ce dernier cas que la loi et la jurisprudence reconnaissent deux natures de subrogations, celle expresse et celle tacite, produisant toutes deux les mêmes effets. Celle tacite a lieu lorsque, comme dans l'espèce posée sous le troisième cas, la femme ne fait que s'obliger solidairement avec son mari, et hypothèque conjointement avec lui un immeuble propre à ce dernier, ou formant conquêt de communauté. La femme, en concourant ainsi avec son mari à la reconnaissance de la dette, et en hypothéquant les biens qui en assurent la garantie, et qui forment le gage d'elle-même, se désiste implicitement, par ce fait, de son propre droit, en faveur de celui envers qui elle a consenti l'hypothèque.

Cette jurisprudence, dans ces trois cas, a été consacrée par un arrêt de la cour royale de Metz, du 13 juillet 1820, par un autre de la cour de Paris du 12 décembre 1817, par un autre de la même cour du 16 janvier 1816, par un autre de la cour de Lyon du 22 juillet de la même année, et enfin par un autre de la cour d'Orléans du 31 juillet 1826, confirmé par la cour de cassation le 2 avril 1829, qui, entre autres considérans, reconnaît et consacre que l'article

2134 du code civil, qui ne donne rang à l'hypothèque que du jour de l'inscription, ne peut s'entendre que de l'inscription du titre constitutif de la créance, et non d'une hypothèque légale qui en est dispensée par l'article 2135, et à l'égard de laquelle le créancier, qui représente la femme, doit jouir des mêmes avantages, et n'est pas plus obligé de faire inscrire la subrogation que la femme elle-même de faire inscrire son hypothèque, quoiqu'elle reste toujours créancière du mari; la subrogation n'opérant pas la transmission de sa créance, mais seulement du droit d'être colloqué à son rang d'hypothèque et par préférence à elle; qu'enfin aucune loi n'exige que le créancier subrogé à l'hypothèque légale de la femme fasse inscrire l'acte de subrogation consentie par elle à son profit, et n'accorde non plus au créancier subrogé qui a rempli surabondamment cette formalité aucune préférence sur les créanciers dont la subrogation n'a pas été inscrite; qu'ainsi la préférence peut, sans contrevenir à aucune loi, être accordée aux créanciers premiers subrogés, par actes publics, suivant l'ordre des subrogations. Cet arrêt consacre encore que lorsque la femme s'oblige solidairement avec le mari et hypothèque conjointement avec lui les biens grevés de son hypothèque légale, cette affectation ne peut avoir pour objet que de mieux assurer l'obligation ainsi contractée solidairement, et attribuer à la disposition de l'acte qui la contient, le même effet qu'à une stipulation plus précise de subrogation d'hypothèque.

4e cas. Enfin il est un autre cas, dont il convient de

citer un exemple, c'est celui où la femme n'a contracté qu'un engagement personnel, une obligation pure et simple envers le créancier de son mari, sans concourir avec ce dernier à une affectation hypothécaire des biens de lui.

Dans ce dernier cas le porteur de cette obligation peut-il venir disputer la préférence à un autre créancier postérieur à lui en date, mais qui se trouverait subrogé à l'hypothèque de la femme? en ce cas, la jurisprudence accorde, avec raison, la préférence au créancier subrogé. Elle se trouve consacrée par l'opinion des auteurs et notamment par l'arrêt ci-devant cité de la cour de Paris, du 16 janvier 1819, et celui de la cour de Lyon du 22 juillet suivant, attendu, est-il dit dans ce dernier, «que la femme, après avoir cautionné son mari, ce qui n'est de sa part qu'un engagement personnel, lequel lui laisse d'ailleurs la libre disposition de tous ses biens et de tous ses droits, peut ensuite valablement subroger tout autre créancier à son hypothèque légale, ou y renoncer en sa faveur, ce qui est de la part de la femme une véritable aliénation du droit d'hypothèque, qui lui appartient; et qu'alors le créancier qui a obtenu une telle subrogation ou une telle renonciation doit être préféré sans difficulté (quand il s'agit de distribuer les deniers de la femme) à des créanciers antérieurs en faveur desquels elle n'aurait consenti qu'un simple cautionnement, un engagement personnel.»

Tout ce que nous venons de dire ne peut s'appliquer au cas où le mari et la femme sont unis sous le régime dotal. En ce dernier cas la renonciation à l'hypothèque ou la cession expresse ou tacite, que la femme viendrait à faire, serait frappée de nullité, parce qu'elle constituerait une véritable aliénation du fonds dotal ; car il est indifférent que la femme aliène ses biens dotaux ou qu'elle consente à la privation de toute garantie. Dans l'un et l'autre cas, elle sacrifie des droits que la loi déclare inaliénables ; c'est ce qui a été jugé par la cour de cassation, suivant son arrêt rendu entre l'épouse du sieur Pichot et les créanciers de son mari, le 28 juin 1810, et par celle de Riom, le 8 août 1809 : « Attendu que la cession faite par l'épouse « aux créanciers de son mari, de la priorité de son hy- « pothèque, sur les biens de ce dernier, est une vérita- « ble aliénation de sa dot, est que cette aliénation est « nulle. » Suivant un autre arrêt de la même cour, en date du 9 janvier 1822, il a même été jugé que la femme non commune en biens ne pouvait abandonner aux créanciers de son mari ses droits d'hypothèque légale, sans aucun avantage personnel, sans y être obligée par un contrat ordinaire préexistant, et uniquement pour venir au secours de son mari.

Nous présenterons ci-après, sous le onzième paragraphe, les moyens de prévenir l'effet des subrogations antérieures, consenties par la femme, et qui ne seraient pas connues des tiers qui viendraient à traiter postérieurement avec le mari.

Lorsque l'emprunteur est veuf, et que les héritiers de sa femme n'ont pas été remplis de leurs droits, soit par suite de l'usufruit du mari, sur les biens de la succession de sa femme, soit autrement, l'hypothèque légale de cette dernière se trouve leur profiter. Il importe donc de connaître le montant des droits des héritiers, ce qui ne peut être démontré et établi que par un acte de liquidation de ces droits. Du reste, nous ne serions pas d'avis de confondre les droits de créances appartenant aux héritiers de la femme vis-à-vis du mari resté veuf et seulement débiteur, avec les droits de nu-propriétaires revenant aux mêmes vis-à-vis du mari resté usufruitier. Ces droits nous paraissent tout différens. Dans ce dernier cas il n'y a pas réellement de dette, le mari n'est pas débiteur, mais seulement détenteur; il semble donc que l'on devrait distinguer, et que par suite il n'y aurait pas lieu à hypothèque légale dans ce cas, ce que nous pourrions essayer ici de prouver peut-être; mais la jurisprudence paraît contraire à notre opinion.

Lorsque l'emprunteur a été tuteur, il est à propos d'exiger de lui la représentation du compte de tutelle détaillé et suivi d'une quittance, car, aux termes de l'article 472 du Code civil, tout traité qui pourrait intervenir entre le tuteur et le mineur devenu majeur se trouve nul, s'il n'a été précédé de la reddition d'un compte détaillé et de la remise des pièces justificatives, le tout constaté par un récépissé de l'ayant-compte, dix jours au moins avant le traité. Du reste, d'après l'article 495 du Code civil, toute action du mineur contre son tuteur, relativement aux faits de a tutelle, se prescrit par dix ans à compter du jour de la majorité. Mais cette prescription peut avoir été interrompue par un simple acte extrajudiciaire.

Lorsqu'il a été tuteur ou curateur d'interdits, il est à propos d'exiger de lui la même justification, ainsi que paraît le prescrire implicitement l'article 509 du Code civil, qui assimile l'interdit au mineur pour sa personne et ses biens.

SECONDEMENT. D'après l'article 2108 du Code civil, l'article 834 du Code de procédure, et la jurisprudence qui en est résultée, le vendeur conserve son privilége sur l'immeuble par lui vendu, par une inscription qu'il n'est tenu de requérir que dans la quinzaine de la transcription du contrat de la revente de cet immeuble. Un pareil terme apporté par la loi, en faveur du vendeur, pour requérir l'inscription de ce privilége, met le plus souvent les tiers dans l'ignorance de son existence. Enfin d'après l'article 1654 du Code civil, le vendeur peut en outre demander la résolution du contrat, si l'acheteur ne paie plus le prix. Cette action peut être exercée pendant trente ans du jour de la vente, et même plus, s'il a été fait dans l'intervalle un commandement ou tout autre acte extrajudiciaire, interrompant la prescription trentenaire.

Pour prévenir les inconvéniens qui pourraient survenir à cet égard, le bailleur de fonds fera bien d'exiger de l'emprunteur la représentation des quittances des prix d'acquisition des biens qui doivent faire l'objet de l'hypothèque, pendant une période d'au moins trente ans.

TROISIÈMEMENT. D'après l'article 2109 du Code civil, le cohéritier ou copartageant conserve son privilége sur les biens de chaque lot, ou sur le bien licité, pour les soulte et retour de lots, ou pour le prix de la licitation, par l'inscription faite à sa diligence, dans soixante jours, à dater de l'acte de partage ou de l'adjudication par licitation, durant lequel temps aucune hypothèque ne peut avoir lieu sur le bien chargé de soulte ou adjugé par licitation, au préjudice du créancier de la soulte ou du prix.

Si donc le bien faisant l'objet de l'hypothèque provenait à l'emprunteur, soit d'un partage, soit d'une vente ou adjudication sur licitation, dont l'époque ne remontât pas à soixante jours, il serait à propos d'exiger de l'emprunteur la justification de sa libération à cet égard.

Nous sommes porté à croire qu'il est à propos d'exiger cette justification, après l'expiration des soixante jours; car l'action résolutoire est, en ce cas, susceptible d'être admise, la condition de résolution étant toujours sous-entendue dans les contrats synallagmatiques, d'après l'article 1184 du Code civil, dans le cas où l'une des deux parties ne satisfait pas à son engagement. Cependant jusqu'actuellement la jurisprudence a constamment refusé l'action résolutoire dans l'espèce dont nous parlons et plusieurs arrêts ont consacré cette doctrine.

Quatrièmement. Les architectes, entrepreneurs, maçons, et autres ouvriers employés pour édifier, reconstruire ou réparer des bâtimens, canaux ou autres ouvrages, et ceux qui ont pour les payer et rembourser prêté les deniers, dont l'emploi a été constaté, aux termes de l'article 2110 du Code civil, conservent leur privilége par la double inscription faite 1° du procès-verbal qui constate l'état des lieux, 2° du procès-verbal de réception des ouvrages.

Quoique, d'après les expressions de l'article 2110 précité, on pourrait être porté à penser que le privilége qui en résulte devrait seulement avoir rang à compter du jour de l'inscription du premier procès-verbal, celui qui constate l'état des lieux, la jurisprudence ne paraît pas assez fixée, et les auteurs ne sont pas d'accord à cet égard. Quelques uns accordent rang à ce privilége à compter du jour où les travaux ont été commencés, vis-à-vis des créanciers postérieurs. Toujours serait-il, en admettant cette dernière opinion, que ce privilége perdrait son effet, aux termes de l'article 2103, si dans les six mois de leur perfection les ouvrages n'avaient pas été reçus par un expert nommé d'office par le tribunal. C'est en ce sens que l'on peut regarder comme inconnue, pendant un certain temps, la créance qui en fait l'objet, et on a lieu de regretter que l'article 2110 ne soit pas plus positif. Il porte que ce privilége se trouve conservé par les deux inscriptions à la date de la première. Il eût été à propos d'y ajouter : pour avoir rang à la même date. De la combinaison de l'article 2106, on persiste à croire que le privilége en question ne doit avoir rang vis-à-vis des créanciers postérieurs aux constructions qu'à compter du jour de l'inscription du premier procès-verbal constatant l'état des lieux.

Cette dernière opinion est plus conforme à l'équité, et elle se trouve émise dans un arrêt de la cour royale de Lyon du 13 mars 1830, qui du reste n'a été rendu qu'à l'égard de l'acquéreur d'un immeuble soumis au privilége en question. Cet arrêt a encore décidé que le privilége de l'architecte sur la plus-value résultant de ses travaux est suffisamment conservé, à l'égard de l'adjudicataire sur expropriation forcée, ou du tiers acquéreur, par l'inscription dans la quinzaine qui suit l'adjudication, ou la transcription du contrat du seul procès-verbal constatant l'état des lieux, quoique le procès-verbal de réception des ouvrages ne soit inscrit que plus tard.

Cinquièmement. Les créanciers et légataires qui, d'après le droit qui leur en est accordé par l'article 2111 du Code civil, demandent la séparation du patrimoine du défunt, conservent à l'égard des créanciers des héritiers, ou représentans du défunt, leur privilége sur les immeubles de la succession, par les inscriptions faites sur chacun de ces biens, dans les six mois à compter du jour de l'ouverture de la succession.

Avant l'expiration de ce délai, aucune hypothèque ne peut être établie avec effet, sur ces biens, par les héritiers ou représentans, au préjudice de ces créanciers ou légataires.

Si donc les biens appartenant à l'emprunteur lui adviennent par suite de succession ouverte depuis moins de six mois, le bailleur de fonds de l'héritier se trouve avoir à redouter les créanciers à tous titres du défunt; et ces créanciers auront rang et préférence avant lui, s'ils ont formé leur demande en séparation de patrimoine et pris inscription dans les six mois de l'ouverture de la succession. Les simples créanciers chirographaires jouissent de ce droit, de même que ceux hypothécaires, en prenant dans le même terme une inscription, et en faisant à cet effet préalablement reconnaître leurs titres de créances par les héritiers.

On ne peut donc se dissimuler qu'il est très dangereux de prêter sur des immeubles provenant de succession, tant que le terme de six mois du jour de l'ouverture n'est pas expiré, car jusque là il devient impossible au bailleur de fonds de se parer des dettes inconnues, même de celles chirographaires, qui peuvent avoir été contractées par le défunt et qui peuvent même être ignorées de l'héritier.

Lorsque la succession a été acceptée sous bénéfice d'inventaire, le sort des inscriptions prises contre l'héritier devient encore plus précaire d'après la jurisprudence des arrêts, de laquelle il résulte que, la séparation des patrimoines s'opérant de plein droit par l'acceptation sous bénéfice d'inventaire, les créanciers du défunt n'ont pas besoin de prendre l'inscription prescrite par l'article 2111 du Code civil, pour primer les créanciers personnels de l'héritier. Cette jurisprudence résulte d'un arrêt de la cour royale de Paris, du 20 juillet 1811, et d'un autre de la cour de cassation du 18 novembre 1833. Cette opinion est en outre professée par MM. Persil et Grenier.

Nous ne pouvons nous empêcher de faire ici des objections dans l'intérêt de la publicité.

Et d'abord examinons les considérans des arrêts précités. Celui du 20 juillet 1811 porte que par cela seul qu'une succession a été acceptée sous bénéfice d'inventaire la séparation des patrimoines existe nécessairement; que les créanciers de l'hérédité n'ont pas besoin en ce cas de demander cette séparation ; que c'est par une conséquence de ce principe que l'article 2146 du Code civil porte que l'inscription prise depuis l'ouverture de la succession ne produit aucun effet entre les créanciers de cette succession, lorsqu'elle est acceptée sous bénéfice d'inventaire; que l'article 2111 du même Code ne s'applique qu'aux successions acceptées purement et simplement. L'arrêt du 18 novembre 1833 porte que pour les successions acceptées sous bénéfice d'inventaire il était de principe dans l'ancienne législation que la mort fixait le sort des créanciers du défunt, ainsi que l'état de ses biens, et par suite les droits des créanciers de toute nature sur ces mêmes biens, tant que durait l'acceptation bénéficiaire; que le même principe s'est reproduit dans l'article 2146 du Code civil ; que l'inventaire qui est nécessairement fait de l'intégralité de la succession fixe la consistance entière du patrimoine du défunt, et donne à ses créanciers le droit de se reposer sur les effets de cet inventaire qui empêche la confusion des deux patrimoines ; et que ce n'est que dans le cas d'une acceptation pure et simple de l'hérédité qu'il peut y avoir lieu de demander la séparation des patrimoines, en se conformant aux dispositions des articles 878 et 2111 du Code civil.

A cela ne peut-on pas dire que les articles 2111 et 2146 précités, combinés et comparés entre eux, font rejeter le système qui résulte des deux arrêts ci-dessus? En effet, l'article 2111 est dans un sens absolu, et l'article 2146 seulement dans un sens relatif; autrement ces deux articles seraient en contradiction, et l'article 2111 imposerait aux créanciers et légataires de l'hérédité la condition de former des inscriptions, tandis que l'article 2146 frapperait de nullité ces mêmes inscriptions. A cela les arrêts précités disent que l'article 2111 ne s'applique qu'aux successions pures et simples. Nous répondons qu'on ne peut supposer dans la loi une exception qui n'y est point explicitement portée, et nous soutenons que cet article est rédigé dans un sens absolu et s'applique aux successions de toute nature, soit simples, soit bénéficiaires, et que l'article 2146 est dans un sens seulement relatif, et n'est applicable qu'aux créanciers et légataires du défunt et uniquement *entre eux*, ainsi que l'indique cet article; en sorte que les inscriptions prises aux noms et profit des créanciers du défunt sur les biens d'une succession bénéficiaire, et qui, aux termes de l'article 2146, ne produisent aucun effet *entre ces créanciers*, deviennent nécessaires vis-à-vis des créanciers de l'héritier du défunt, aux termes de l'article 2111.

Enfin, ces arrêts viennent poser en principe que l'acceptation sous bénéfice d'inventaire d'une succession a l'effet d'opérer de plein droit la séparation du patrimoine. Nous reconnaissons tout-à-fait ce principe; mais ne peut-on pas objecter que l'article 2111 est positivement applicable au cas où il y a séparation de patrimoine ?

Telle serait l'interprétation des articles 2111 et 2146 combinés entre eux. Autrement la publicité des priviléges et hypothèques s'en trouverait gravement atteinte, et l'on devrait convenir que la dispense de publicité ne doit être admise que là où elle est formellement exprimée, et que, si cette dispense était admise dans l'espèce, le privilége dont nous parlons jouirait d'une faveur aussi grande que l'hypothèque légale accordée aux femmes et aux mineurs et interdits, à l'égard desquels la dispense d'inscription se trouve positivement motivée dans le texte de la loi.

Cette jurisprudence, du reste, ne nuirait point à celle professée par les arrêts, et de laquelle il résulte que le jour du décès fixe le sort des créanciers du défunt, lorsque sa succession est acceptée sous bénéfice d'inventaire, et assimile cette succession à une faillite. L'application de ce principe n'en reçoit pas moins son exécution à l'égard de ces créanciers entre eux; mais ce n'est pas une raison pour que ces derniers viennent réclamer un privilége illimité vis-à-vis des créanciers *inscrits* de l'héritier, lorsque ce privilége a été formellement limité par l'article 2111; encore une fois cet article est sans restriction, et l'article 2146 ne concerne que les créanciers du défunt entre eux.

Tous ces argumens ont sans doute une apparence de fondement, et ils sont dans l'intérêt de la publicité. Mais à tout cela on répond que l'article 2111 fait exception au droit commun, partant est de droit étroit; que l'exception consacre la règle; que, par suite, si le législateur exige l'inscription lorsque l'état de séparation de patrimoine n'existe ni de fait ni de droit et ne vient à exister que d'après la demande du créancier du défunt, il s'ensuit que le législateur a par le fait dispensé d'inscription lorsque l'état de séparation de patrimoine se trouve exister *plano jure*, c'est-à-dire aux termes du paragraphe II de l'article 802 du Code civil, par suite de l'acceptation sous bénéfice d'inventaire par l'héritier. Ce dernier argument est sans réplique, et il faut s'y rendre.

Le bailleur de fonds qui acceptera une hypothèque sur les biens dépendant d'une succession fera donc bien de s'assurer, au greffe du tribunal de l'arrondissement dans lequel elle se serait ouverte, si elle n'aurait pas été acceptée sous bénéfice d'inventaire.

Sixièmement. Les créances privilégiées sur la généralité des meubles, d'après l'article 2101, et qui s'étendent sur les immeubles, d'après l'article 2104, à défaut de mobilier, sont celles que nous avons fait connaître sous le paragraphe II. Ces créances sont dispensées de la formalité de l'inscription.

Lorsque le bailleur de fonds se détermine à faire un prêt sur immeuble, il doit donc s'attendre, en cas de décès de son débiteur, à laisser passer devant lui pour être préférées à sa créance, celles des diverses natures que nous venons de signaler et dont il ne peut calculer le montant que par approximation.

Septièmement. Il arrive quelquefois que l'hypothèque se trouve constituée, sur la portion indivise appartenant au débiteur, dans un ou plusieurs immeubles. Cette affectation hypothécaire est susceptible de s'évanouir par l'effet de circonstances qui peuvent survenir, et qu'il n'est pas, dans certains cas, au pouvoir du créancier d'empêcher. Nous allons examiner les différens cas qui peuvent se présenter.

Les biens immeubles dont la portion indivise se trouve hypothéquée par le débiteur dépendent quelquefois d'une succession non encore liquidée. Aux termes de l'article 883 du Code civil, chaque cohéritier est censé avoir succédé seul et immédiatement à tous les effets compris dans son lot, ou à lui échus sur licitation, et n'avoir jamais eu la propriété des autres effets de la succession. Si donc, par l'effet de l'acte de liquidation et partage de la succession, il n'est attribué au débiteur que des valeurs mobilières de cette succession ; si même n'étant fait d'attribution d'aucune de ces valeurs il reçoit de ses cohéritiers une soulte pour le remplissement de ses droits, il en résulte que l'hypothèque conférée par le débiteur, sur sa part indivise dans les immeubles de cette succession, se trouve n'avoir plus d'effet et s'évanouir entièrement.

Pour remédier à cet inconvénient, il est à propos de faire connaître le titre du créancier aux cohéritiers du débiteur, soit en les faisant intervenir en l'acte de constitution d'hypothèque, soit en leur faisant notifier cet acte, pour que dans aucun cas il ne soit procédé entre eux et le débiteur à aucun acte de partage, ou tout autre en tenant lieu, hors la présence du créancier, qui pour lors est en droit de demander que, par le partage à intervenir, il soit attribué à son débiteur une portion des immeubles de la succession proportionnellement à sa part héréditaire. Il convient encore de faire faire la cession et délégation, par le débiteur au créancier, jusqu'à concurrence de la dette, et par préférence au premier, de la part et portion à revenir et appartenir au débiteur dans le montant soit de toute soulte, soit du prix de toute licitation ou acte en tenant lieu et faisant cesser l'indivision, en ayant également soin de faire notifier cette cession aux cohéritiers du débiteur, ou la leur faire accepter par l'acte même de constitution d'hypothèque.

Mais si ces immeubles sont impartageables, la vente en devient nécessaire, et il arrive par suite ou que les biens sont transmis aux cohéritiers du débiteur ou l'un deux, ou qu'ils sont transmis à ce dernier; ou enfin qu'ils sont acquis par un étranger.

Dans le premier cas, l'hypothèque conférée par le débiteur se trouve sans effet, et le créancier au profit duquel elle a été consentie se trouve venir concurremment avec de simples créanciers chirographaires qui peuvent se présenter pour avoir droit comme lui sur la portion revenant au débiteur dans le prix de la licitation, si la cession et la délégation dont nous venons de parler n'ont point été faites au profit du créancier bailleur de fonds.

Il en serait de même si l'aliénation avait lieu par

suite d'un acte de partage et liquidation, et le créancier hypothécaire n'aurait pas plus de droit que les autres au prix de l'aliénation, qui pour lors prendrait la dénomination de soulte.

Dans le second comme dans le troisième cas, c'est-à-dire lorsque les immeubles se trouvent passer à un étranger ou au débiteur, l'hypothèque constituée par ce dernier se trouve validée, sauf les droits de créances et répétitions de ses cohéritiers, qui leur sont accordés par la loi à titre de privilége et par préférence aux tiers.

Le débiteur étant donc susceptible de devenir propriétaire d'une partie ou de la totalité des immeubles de la succession, pour que l'hypothèque soit valable, il est à propos, lors de la constitution de cette hypothèque, de la faire donner et conférer par ce dernier, non point sur la part indivise lui appartenant dans les immeubles de la succession, pas plus sur la part déterminée, c'est-à-dire le tiers, le quart, ou toute autre portion connue dans les immeubles, mais bien sur ceux des immeubles de cette succession qui, par suite de partage, licitation ou tout autre acte en tenant lieu, adviendront au débiteur. Mais alors il faut avoir soin de désigner tous ces immeubles. Nous basons notre opinion à cet égard sur l'article 2114 du Code civil, qui porte que l'hypothèque est de sa nature indivisible et subsiste en entier sur tous les immeubles affectés, sur chacun et sur chaque portion de ces immeubles. Nous nous basons encore sur l'article 2125, qui porte que ceux qui ont sur l'immeuble un droit suspendu par une condition, ou résoluble dans certain cas, ou sujet à rescision, peuvent consentir une hypothèque soumise aux mêmes conditions; enfin nous nous appuyons de l'article 883, que nous avons déjà cité, et d'après lequel tout cohéritier est censé avoir succédé seul et immédiatement à tous les effets compris dans son lot, ou à lui échus sur licitation.

Tout ce que nous venons de dire à l'égard du cohéritier qui affecte sa part indivise dans les biens immeubles d'une succession s'applique à l'égard de toute autre personne possédant par indivis à tout autre titre que celui d'héritier.

Il est encore une circonstance qui plus que toute autre est susceptible de faire évanouir l'hypothèque consentie par un cohéritier à l'égard de sa portion indivise dans les biens immeubles d'une succession; c'est lorsqu'il y a lieu à faire par lui vis-à-vis de ses cohéritiers des rapports dont le montant se trouve absorber cette part indivise.

Il peut en être de même à l'égard d'un conjoint, et encore à l'égard de toute personne ayant intérêt dans une société quant aux biens de cette société.

Huitièmement. D'après l'article 843 du Code civil, tout cohéritier même bénéficiaire venant à une succession doit rapporter à ses cohéritiers tout ce qu'il a reçu du défunt par donation entre vifs directement ou indirectement : il ne peut retenir les dons ni réclamer les legs à lui faits par le défunt, à moins que les dons et legs ne lui aient été faits expressément par préciput et hors part ou avec dispense de rapport; et d'après l'article 844, dans le cas même où ils auraient été faits par préciput ou avec dispense de rapport; l'héritier venant à partage ne peut les retenir que jusqu'à concurrence de la quotité disponible; l'excédant est sujet à rapport.

Si donc les biens soumis à l'hypothèque proviennent d'une donation qui n'ait pas encore reçu définitivement et irrévocablement son effet et accomplissement, c'est-à-dire si la succession du donateur n'est pas encore ouverte et liquidée, il est à propos de faire intervenir à l'acte d'affectation hypothécaire les héritiers présomptifs et à réserve du donateur, pour renoncer à exercer leurs droits à venir en tant qu'ils pourraient nuire à l'hypothèque constituée. Si, aux termes de l'article 1130 du Code civil, on ne peut faire aucune stipulation concernant une succession future, on peut dire qu'ici il peut y avoir exception à ce principe, et qu'elle dérive de celui résultant de l'article 918. Au surplus, l'intervention du donateur, s'il était encore existant, remplirait le même objet, et dispenserait de cette renonciation, si s'oblibligeant solidairement avec le débiteur et donataire au paiement de la dette, ou le cautionnant (mais seulement conditionnellement et pour le cas ci-après), il donnait et conférait sur le bien hypothéqué par ce dernier une nouvelle hypothèque pour lors suspensive et soumise au cas où tout ou partie de cet immeuble viendrait à être rapporté à sa succession.

Neuvièmement. Si l'emprunteur est commerçant,

il y a lieu d'examiner s'il n'est pas susceptible de tomber en état de faillite, car aux termes de l'article 443 du Code de commerce, nul ne peut acquérir privilége ni hypothèque sur les biens du failli dans les dix jours qui précèdent l'ouverture de la faillite; de plus, d'après l'article 2146 du Code civil, les inscriptions prises dans le cours de cette période ne doivent produire aucun effet, ainsi que d'ailleurs nous en traiterons au chapitre de l'inscription. La jurisprudence à cet égard est sur le point d'être modifiée, d'après un projet de loi porté en ce moment devant les chambres; mais la loi nouvelle qu'on attend n'abrogera pas entièrement l'ancien principe.

Dixièmement. Enfin, d'après l'article 953 du Code civil, la donation entre vifs peut être révoquée pour cause d'inexécution des conditions sous lesquelles elle a été faite, ou pour cause d'ingratitude, ou pour cause de survenance d'enfans. D'après l'article 963, les biens compris dans la donation révoquée doivent rentrer dans le patrimoine du donateur, libres de toutes charges et hypothèques du chef du donataire. Pour prévenir les effets de cette révocation, en ce qu'elle pourrait nuire à l'hypothèque, il est à propos de faire intervenir le donateur à l'obligation et le faire obliger conjointement et solidairement avec le débiteur donataire au paiement de la dette (mais seulement conditionnellement et pour le cas ci-après), en consentant par lui une nouvelle hypothèque, suspensive et soumise au cas où il viendrait à rentrer dans la propriété du bien hypothéqué par l'effet d'une des causes ci-dessus énoncées.

De l'examen des titres de propriété des biens soumis à l'hypothèque.

Nous avons déjà dit qu'hypothéquer c'est aliéner. Ainsi celui qui confère l'hypothèque doit produire à celui au profit duquel elle est consentie tous les titres de propriété des biens soumis à l'hypothèque, de même que s'il les transmettait à titre de vente ou autrement.

Cette production a deux objets : d'abord de faire connaître si l'emprunteur est réellement propriétaire; ensuite de procurer l'examen qui met à même d'indiquer les vices ou irrégularités qui pourraient exister sur les titres. Cette production doit se faire non seulement à l'égard de l'emprunteur, mais encore de ses auteurs, c'est-à-dire des anciens propriétaires, et pendant une période d'au moins trente ans, si la propriété, en la personne de l'emprunteur, ne se trouve pas exister pendant ce nombre d'années.

L'énonciation des titres peut, du reste, n'être relatée dans l'acte de constitution d'hypothèque que sommairement et seulement en ce qui concerne la dernière origine, pour simple renseignement, et de manière à mettre à même d'avoir les erremens sur la propriété des biens objectifs de l'hypothèque en cas d'expropriation de ces mêmes biens.

Cela posé, il reste à examiner les diverses natures de titres qui peuvent exister à l'appui de la propriété de ces biens. Ces titres peuvent être divisés et distingués en deux classes principales :

1° Ceux déclaratifs de propriété, c'est-à-dire ceux

établissant la propriété par suite de partage ou licitation. Cette classe de titres n'est pas sujette à la formalité de transcription.

2° Et ceux translatifs de propriété, c'est-à-dire qui émanent d'une transmission.

Cette seconde nature de titres est sujette à la formalité de transcription. Si donc les titres de cette seconde nature, produits par l'emprunteur, n'étaient pas transcrits, principalement celui duquel résulte la dernière mutation, c'est-à-dire celui établissant le droit de propriété en la personne de l'emprunteur ou de celui dont il tiendrait l'héritage, à titre successif, il serait dangereux pour le bailleur de fonds de les livrer avant l'accomplissement des formalités de transcription et de purge légale qu'il serait pour lors à propos de remplir pour purger les hypothèques inconnues et non inscrites, sur les précédens propriétaires. Nous faisons observer qu'il est une espèce d'actes, ceux contenant donation entre vifs, à l'égard desquels la transcription devient en outre une formalité nécessaire et substantielle pour avoir force et validité vis-à-vis des tiers, aux termes des articles 939, 940, et 941 du Code civil.

Il est du reste inutile d'entrer dans de plus grands détails à l'égard de l'examen des titres, qui pour être fait avec toute la maturité désirable, ne pourra être mieux confié qu'au notaire rédacteur de l'acte constitutif d'hypothèque.

De l'examen de la valeur des biens.

Cet examen mérite une attention toute particulière

et se trouve plus ou moins difficile à se procurer d'après la nature des biens objectifs de l'hypothèque.

Si ces biens sont loués ou affermés, le prix de la location ou du fermage pourra servir de base pour la fixation de la valeur, et cette base est généralement la plus solide qu'on puisse prendre, quoiqu'on ne doive pas toujours s'y arrêter, car il arrive souvent qu'un immeuble est loué trop cher, ou à un taux surélevé par suite de mauvaise foi. Les baux précédens sont susceptibles de donner des éclaircissemens à cet égard.

Si ces biens sont ruraux et ne sont pas affermés, ou si l'on n'est point porté à prendre pour base leur location, il existe un moyen que nous allons indiquer pour parvenir à en connaître la valeur : c'est 1° de consulter soit le maire, soit le notaire, soit un cultivateur du lieu, pour savoir le taux du produit en général du sol de la commune sur laquelle sont situés les biens qui doivent faire l'objet de l'hypothèque, par 1re, 2e, 3e, 4e, et 5e classes; ainsi de savoir combien se trouve valoir une quantité déterminée, nous supposons un arpent, de chacune de ces classes; 2° et d'exiger de l'emprunteur un état ou relevé de la matrice cadastrale, sur lequel se trouvent figurées, avec indication de classe, les propriétés de ce dernier. Ce moyen est, nous le pensons, celui qui doit approcher le plus de l'exactitude, surtout lorsque le bailleur de fonds ne peut se transporter sur les lieux. Cette manière présente en outre l'avantage d'éviter à l'emprunteur le désagrément que doit avoir pour lui la recherche auprès des personnes du lieu, sur la valeur de ses propriétés, et par là on parvient à connaître cette valeur, de ces mêmes personnes, sans indiquer ni la personne ni les biens de l'emprunteur.

Il est une nature de biens sur lesquels l'appréciation de la valeur ou du revenu est très difficile à obtenir, nous voulons parler des maisons de campagne, des usines, fabriques, moulins à eau, fixés sur piliers, des habitations de luxe et des châteaux. Nous pensons qu'à l'égard de ces derniers biens la visite d'un homme de l'art, un architecte, est nécessaire; mais nous engageons toujours ceux qui y seront intéressés à prendre autant que possible des renseignemens sur les lieux.

§ VII.

DU PRÊT D'ARGENT SUR OBLIGATION PURE ET SIMPLE.

Maintenant que nous avons posé les premiers élémens du prêt sur hypothèque, nous allons parcourir les divers modes dont il peut se réaliser, et nous commencerons par celui le plus simple et le plus en usage, c'est-à-dire celui sur obligation pure et simple.

Le prêt d'argent est un contrat par lequel une des parties livre à une autre une somme d'argent, à la charge de la rembourser à une époque convenue.

L'obligation est le contrat entre la personne qui prête et celle qui emprunte.

Avant de traiter particulièrement de l'obligation, il est à propos d'examiner et faire connaître la jurisprudence à l'égard de toute espèce de contrats, en général.

On doit distinguer trois choses différentes dans chaque contrat, celles qui sont de l'essence du contrat, celles qui sont de la nature du contrat et celles qui sont accidentelles au contrat.

Les choses qui sont de l'essence du contrat sont celles sans lesquelles il ne peut subsister. Faute de ces choses ou de l'une d'elles, il n'y a point de contrat, ou c'est une autre espèce de contrat. Ainsi une donation sans acceptation, une vente qui ne contiendrait pas de prix seraient nulles, parce qu'aux termes de la loi il n'y a point de vente sans énonciation de prix, il n'y a point de donation tant qu'elle n'est pas acceptée.

Les choses qui sont de la nature du contrat sont celles qui dérivent de la loi et sans lesquelles il peut subsister lorsque les parties y dérogent par une convention contraire, mais auxquelles les parties se trouvent soumises tacitement lorsqu'elles n'y ont point dérogé. Ainsi quand je vends un héritage je suis tenu d'en garantir la propriété à celui qui me l'achète, quoiqu'il n'ait pas été parlé de cette garantie dans le contrat. Nous sommes censés avoir pris la loi pour le gouverner, et la loi dispose qu'il y a lieu à garantie en matière de vente. En résumé, les choses qui sont de la nature du contrat sont les effets que la loi lui donne, effets que les contractans peuvent modifier, ou même annuler entièrement tant que la loi n'est pas prohibitive à cet égard.

Les choses qui sont accidentelles au contrat sont celles qui n'étant point de sa nature ni de son essence dérivent des conventions arrêtées par les contractans, et qui doivent être exécutées comme si elles étaient de sa nature lorsqu'elles ne sont point prohibées par les lois. Ainsi j'ai vendu un héritage, sans en recevoir le prix, pour le paiement duquel j'ai accordé un terme à mon acquéreur. Aux termes de l'article 1652 du Code civil, les intérêts de ce prix devraient courir du jour que je l'ai mis en jouissance, si la chose vendue produit des fruits. Telle serait la nature du contrat s'il n'avait point été fait de stipulation à cet égard; mais, par une condition qui pour lors devient accidentelle ces intérêts, ne devront courir que six mois après l'entrée en jouissance.

Ces diverses espèces de choses ou conditions accidentelles, qui peuvent se rencontrer dans les contrats, sont permises et admissibles toutes les fois qu'elles ne sont point en opposition avec les principes de la loi et contraires à l'essence des contrats.

De l'essence de l'obligation en matière de prêt d'argent.

D'après l'article 1101 du Code civil le contrat est une convention par laquelle une ou plusieurs personnes s'obligent envers une ou plusieurs autres à donner, à faire, ou ne pas faire quelque chose.

Aux termes de l'article 1102 le contrat est synallagmatique ou bilatéral, lorsque les contractans s'obligent réciproquement les uns envers les autres.

Il est unilatéral, d'après l'article 1103, lorsqu'une ou plusieurs personnes sont obligées envers une ou plusieurs autres, sans que de la part de ces dernières il y ait engagement.

L'obligation en matière de prêt d'argent est donc un contrat unilatéral par lequel une personne se reconnaît débitrice envers une autre d'une somme quelconque prêtée, ou précédemment, ou au moment de la réalisation du contrat.

D'après l'article 1108 quatre conditions sont essentielles pour la validité d'une convention : le consentement de la partie qui s'oblige; sa capacité de contracter; un objet certain qui forme la matière de l'engagement; et une cause licite dans l'obligation.

Pour que l'obligation soit valable il faut donc qu'elle réunisse les quatre conditions ci-dessus.

De ces quatre conditions la première, le consentement résulte de l'acte lui-même, pour le plus souvent; il y a un fait matériel à l'appui de ce consentement lorsque les deniers sont délivrés au moment de la réalisation de l'acte; et on ne pourrait admettre le défaut de consentement que dans un autre cas, c'est-à-dire lorsque les fonds ont été réalisés avant l'obligation, et par suite des circonstances ci-après.

D'après l'article 1109 il n'y a point de consentement valable, s'il n'a été donné que par erreur, ou s'il a été surpris par dol ou extorqué par violence.

Si l'obligation par acte authentique, c'est-à-dire devant notaire, n'est d'une nécessité absolue que lorsqu'elle contient affectation hypothécaire, suivant que nous le dirons ci-après, on doit cependant reconnaître qu'elle est d'un grand poids, sous le rapport de la preuve du consentement, lorsque surtout on considère que cette preuve devient incontestable quand elle dérive de cet acte. Il est donc à propos d'y recourir, pour éviter toutes difficultés à cet égard, lorsque même il n'y a pas d'hypothèque constituée.

Relativement à la seconde condition, celle de la capacité, nous renvoyons au quatrième paragraphe ci-dessus.

Quant aux troisième et quatrième conditions, elles résultent de l'obligation elle-même, et elles ne peuvent être contestées, lorsque les deniers ont été réalisés au moment de cet acte. Si la preuve de cette réalisation devenait nécessaire, elle ne serait jamais mieux établie que par un acte devant notaire, auquel nous conseillons encore de recourir par ce nouveau motif.

Du reste nous faisons observer que d'après l'art. 1131 l'engagement sans cause, ou sur une fausse cause, ou pour une cause illicite, ne peut avoir aucun effet, et que d'après l'article 1132 la convention n'est pas moins valable quoique la cause n'en soit pas exprimée. On doit donc en conclure que l'obligation est valable, quoique la cause exprimée soit fausse, pourvu qu'il existe un autre cause légitime; c'est ce qui a été décidé par plusieurs arrêts de la cour de cassation, notamment ceux des 13 août 1806, 9 juin et 2 décembre 1812.

Au surplus il ne peut s'élever de difficultés sur la

cause, par suite d'une obligation sur prêt d'argent, lorsque la réalisation d'espèces se trouve établie, et surtout lorsque la réalisation a eu lieu devant le notaire et se trouve consignée dans un acte authentique.

De la nature ou effet du contrat de prêt.

L'obligation qui résulte d'un prêt d'argent n'est toujours que de la somme numérique énoncée au contrat. S'il y a eu augmentation ou diminution d'espèces avant l'époque du remboursement, le prêteur doit rendre la somme numérique prêtée, et ne doit rendre que cette somme, dans les espèces ayant cours. (Article 1895 du Code civil.) Cependant la règle ci-dessus n'a pas lieu si le prêt a été fait en lingots. Si ce sont des lingots qui ont été prêtés, quelle que soit l'augmentation ou la diminution de leur prix, le débiteur doit toujours rendre les mêmes qualité et quantité et ne doit rendre que cela. (Articles 1896 et 1897.)

Le prêteur ne peut pas redemander la somme prêtée avant le terme convenu. Du reste ce qui a été payé d'avance par le débiteur ne peut être répété par lui. S'il n'a pas été fixé de terme pour la restitution, ou s'il a été seulement convenu que l'emprunteur paierait quand il le pourrait, le juge peut accorder à l'emprunteur un délai suivant les circonstances.

Le terme ne peut être fixé à la volonté du débiteur, à moins que le capital reçu ne soit converti en rente. Cela résulte implicitement de l'article 1174, qui porte que toute obligation est nulle lorsqu'elle a été contractée sous une condition potestative de la part de celui qui s'oblige.

Le terme est toujours présumé stipulé en faveur du débiteur qui peut l'anticiper, à moins qu'il ne résulte de la stipulation, ou des circonstances, qu'il ait été aussi convenu en faveur du créancier.

Le débiteur ne peut plus réclamer le bénéfice du terme lorsqu'il a fait faillite, ou lorsque par son fait il a diminué les sûretés qu'il avait données par le contrat à son créancier. (Article 1188.) Il a par suite été jugé, par la cour d'Amiens, le 9 juin 1808, que la vente d'une portion quelconque des biens du débiteur hypothéqués au paiement de la dette, rendait exigible contre ce dernier la totalité de la créance quoique excédant de beaucoup le prix de la vente. On a considéré cette aliénation comme diminuant le gage du créancier, et ayant l'effet de morceler les remboursements. Cet arrêt a été confirmé par la cour de cassation, le 9 janvier 1810.

Le débiteur est encore déchu du terme, s'il ne peut pas donner les sûretés qu'il avait promises par le contrat, telles qu'une hypothèque ou une caution. (Arrêt de la cour royale de Paris du 2 mai 1811.)

Si le lieu du paiement n'a pas été convenu il doit se faire où l'emprunt a été effectué. (Article 1903.)

Si l'emprunteur ne paie pas à l'époque convenue, il doit l'intérêt légal du jour de la demande en justice. (Article 1904.) Mais il est bon d'observer que dans la demande du principal il doit être conclu par le créancier à des intérêts, à défaut de quoi ils ne courraient pas s'ils n'avaient pas été stipulés.

D'après l'article 1905 du Code civil il est permis de stipuler des intérêts pour simple prêt, soit d'argent soit de denrées ou autres choses mobilières.

Lorsque, par suite de l'emprunt d'une somme d'argent, on s'oblige d'en payer l'intérêt jusqu'au jour fixé pour le remboursement, cet intérêt continue-t-il de courir après l'expiration du terme convenu? nous ne le pensons pas. Un arrêt de la cour de cassation du 10 septembre 1811 a jugé la question dans ce sens; mais il n'en serait pas de même si l'emprunteur s'obligeait de payer l'intérêt jusqu'au remboursement.

D'après l'article 1154, les intérêts échus des capitaux peuvent produire des intérêts, ou par une demande judiciaire, ou par une convention spéciale, pourvu que, soit dans la demande, soit dans la convention, il s'agisse d'intérêts dus au moins pour une année entière.

L'emprunteur qui a payé des intérêts qui n'étaient pas stipulés ne peut ni les répéter, ni les imputer sur sur le capital. (Article 1906.)

D'après l'article 1907 l'intérêt est ou légal ou conventionnel. L'intérêt légal est fixé par la loi, et l'intérêt conventionnel peut excéder celui de la loi toutes les fois que la loi ne le prohibe pas.

L'abondance ou la pénurie de l'argent étant susceptible de faire varier le cours de l'intérêt, le législateur a sagement compris qu'il ne devait pas en fixer le taux dans la loi principale, et que cela devait faire l'objet de lois particulières amenées par le temps et les circonstances.

Les lois des 5 thermidor an 4 et 15 fructidor an 5 accordaient une liberté illimitée pour la fixation du taux de l'intérêt entre les particuliers; est venue celle du 3 septembre 1807, qui a apporté une modification à l'article 1907 précité. Elle porte que l'intérêt conventionnel ne pourra excéder en matière civile cinq pour cent, ni en matière de commerce six pour cent, le tout sans retenue. Elle porte encore que l'intérêt légal sera en matière civile à cinq pour cent, et en matière de commerce à six pour cent, aussi sans retenue. Cette dernière loi est toujours celle qui régit le taux de l'intérêt.

D'après cette loi, lorsqu'il est prouvé que le prêt conventionnel a été fait à un taux excédant celui qu'elle fixe, le prêteur est condamné à restituer cet excédant, s'il l'a reçu, ou à souffrir la réduction sur le principal de la créance, et peut être renvoyé devant le tribunal correctionnel et condamné, s'il est convaincu de se livrer à l'usure, à un amende qui ne peut excéder la moitié des capitaux qu'il aura prêtés à usure.

Si dans le contrat de prêt on avait omis de stipuler des intérêts, il n'en pourrait être exigé par le créancier qu'à compter du jour fixé pour le remboursement et encore faudrait-il que la demande en fût formée par ce dernier. Ce principe résulte de l'article 1904 du Code civil.

Aux termes de l'article 1908 la quittance du capital donnée sans réserve des intérêts en fait présumer le paiement, et se trouve en opérer la libération.

Des choses accidentelles au contrat de prêt d'argent.

Nous venons de dire que les choses accidentelles à

toute espèce de contrat sont celles qui n'étant point de son essence ni de sa nature dérivent des conventions arrêtées par les contractans, et qui doivent être exécutées comme si elles étaient de sa nature, lorsqu'elles ne sont point prohibées par les lois.

De règle générale on peut déroger à la nature du contrat, ainsi que nous l'avons déjà dit, c'est-à-dire à l'effet qu'il se trouve produire d'après la loi. Ainsi il est de la nature du prêt que le terme pour le paiement de la somme qui en fait l'objet soit en faveur du débiteur, qui par suite peut anticiper ce terme pour se libérer. Mais, par une condition qui dérive pour lors de la stipulation, et non de la loi, il est convenu que le débiteur ne pourra anticiper le terme. Cette stipulation, qui est valable, est donc regardée comme accidentelle.

Mais il est aussi de règle générale qu'on ne peut déroger à l'essence du contrat. Ainsi il est de l'essence du contrat de prêt qu'il y ait une somme prêtée qui fasse l'objet du contrat. Si donc il y avait obligation de payer une somme qui n'eût point été prêtée, ce serait pour lors une véritable donation qui deviendrait nulle par deux motifs : d'abord cette donation ne serait pas dans la forme légale ; ensuite l'obligation ayant été contractée pour une fausse cause, ne peut avoir aucun effet d'après l'article 1131.

Nous allons passer en revue les diverses conditions accidentelles qui peuvent se rencontrer dans le contrat de prêt.

D'après l'article 1895, ainsi que nous l'avons déjà

dit, l'obligation qui résulte d'un prêt en argent n'est toujours que de la somme numérique énoncée au contrat. S'il y a eu augmentation ou diminution d'espèces depuis le prêt, le débiteur doit rendre la somme numérique prêtée et ne doit rendre que cette somme dans les espèces ayant cours au moment du paiement. Cette condition qui est de la nature du contrat de prêt, ou une conséquence imposée par la loi relativement à ce contrat, peut être modifiée par les parties, qui peuvent convenir que le remboursement devra être fait en autant de pièces de monnaie que le prêt a été fait et de la même valeur que celle que ces pièces se trouvent avoir au moment du prêt.

Les parties contractantes peuvent aussi convenir que le créancier aura le droit d'exiger le remboursement dans des valeurs autres que celles faisant l'objet du prêt. Mais alors il est à propos de fixer la quantité de ces valeurs, ou de fixer une base qui puisse servir à déterminer cette quantité lors du remboursement. Ainsi le prêt étant fait en espèces d'argent, les parties peuvent convenir que le remboursement en sera fait valeur soit en lingots d'or ou d'argent, soit en denrées quelconques, dont la quantité est déterminée. On pourrait se dispenser de fixer cette quantité en stipulant qu'elle sera déterminée d'après la valeur de ces denrées ou lingots au jour du remboursement.

On est assez dans l'usage de stipuler que le remboursement ne pourra être fait en papier monnaie quelconque, émis en circulation, nonobstant toutes lois à ce contraire. Cette clause n'est susceptible de valoir qu'autant qu'elle ne se trouverait pas en opposition avec la loi qui interviendrait à cet égard, car les lois sont toujours plus fortes que les conventions entre particuliers; c'est pourquoi nous pensons que la prohibition du papier monnaie peut être stipulée, mais non avec la condition qu'elle aura son effet nonobstant toutes les lois à ce contraires.

La stipulation des intérêts par suite du prêt doit être également considérée comme une chose accidentelle, car, selon que nous l'avons dit, elle est seulement permise par la loi, et n'est une conséquence du prêt qu'autant que les parties en sont convenues.

La constitution d'une hypothèque à la sûreté et garantie de la somme qui fait l'objet du prêt est aussi une chose accidentelle au contrat de prêt, et le mode de cette constitution doit ici faire l'objet de quelques observations.

Sous le paragraphe IV d'autre part, nous avons fait connaître les personnes qui ont capacité ou non pour donner hypothèque. Sous le paragraphe V nous avons parlé des biens susceptibles d'hypothèque. Il en résulte donc, en ce qui touche l'hypothèque, qu'il ne nous reste plus à en parler que sous le rapport de la manière dont elle doit être constitutée.

D'après l'article 2127 du Code civil, l'hypothèque conventionnelle ne peut être consentie que par acte passé en forme authentique devant deux notaires, ou devant un notaire et deux témoins. Aux termes de l'article 2129 il n'y a d'hypothèque conventionnelle valable que celle qui, soit dans le titre authentique constitutif de la créance, soit dans un acte authentique postérieur, déclare spécialement la nature et la situation de chacun des immeubles actuellement appartenant au débiteur, sur lesquels il consent l'hypothèque de la créance. Chacun de tous ses biens présens peut être nominativement soumis à l'hypothèque. Les biens à venir ne peuvent pas être hypothéqués. Cependant, d'après l'article 2130, si les biens présens et libres du débiteur sont insuffisans pour la sûreté de la créance, il peut en exposant cette insuffisance consentir que chacun des biens qu'il acquerra par la suite y demeure affecté à mesure des acquisitions.

Le principe de publicité qui dérive de l'article 2129, en proscrivant l'hypothèque générale en matière d'hypothèque conventionnelle, et en introduisant la spécialité à l'égard de l'hypothèque de cette dernière nature, trace les formes et la base de cette spécialité, et prescrit deux choses principales et distinctes qui en font ressortir l'effet, c'est-à-dire l'indication de la nature et l'énonciation de la situation des biens qui forment l'objet de l'hypothèque.

L'indication de la nature des biens peut être motivée facilement et son application n'est point susceptible d'entraîner des doutes et difficultés.

Il n'en est pas de même à l'égard de l'indication de la situation des biens ; cette situation, d'après les termes de l'article 2129, devant être indiquée à l'égard de chacun des biens. En expliquant cet article dans un sens rigoureux, il semblerait que chaque parcelle d'héritage devrait être désignée séparément et distinctement, quoique toutes fussent situées sur une même commune. On pourrait croire cependant qu'il serait suffisant d'indiquer la commune où les biens du débiteur sont situés, en faisant connaître leur nature, sans indiquer la contenance de chaque parcelle d'héritage. Voici à cet égard notre manière de voir : si tous les biens d'une même nature que le débiteur se trouve posséder sur une même commune sont par lui hypothéqués, il nous paraît inutile de les désigner et distinguer par autant de parcelles qu'il s'en trouve; il nous semble suffisant d'indiquer la nature des biens, en ajoutant que tous les biens de cette nature, sur telle commune, sont hypothéqués par le débiteur. Mais nous ne pensons pas qu'il en soit de même lorsque le débiteur déclare hypothéquer une quantité déterminée d'une ou plusieurs natures de biens sur une commune. La désignation par distinction de chaque parcelle nous paraît nécessaire dans ce dernier cas, car il pourrait se faire que le débiteur possédât d'autres biens de même nature, sur la même commune et non soumis à l'hypothèque ; et alors il pourrait devenir impossible de distinguer ces derniers biens d'avec ceux hypothéqués, si chaque morceau d'héritage ne se trouve pas désigné partiellement par l'indication de sa contenance et du lieu de la commune où il se trouve situé. La jurisprudence des arrêts que nous rapporterons au paragraphe de l'inscription paraît confirmer notre opinion, et nous aurons lieu de revenir sur cette matière plus longuement sous ce paragraphe.

Sous le paragraphe VI qui précède, nous avons fait ressortir l'inconvénient de l'hypothèque légale de la femme sur les biens de son mari, et nous avons indiqué plusieurs moyens tendant à y remédier, entre autres celui de faire faire par la femme, au profit du bailleur de fonds, la cession jusqu'a due concurrence de ses droits, actions et créances à tous titres contre son mari, en accompagnant cette cession de la subrogation dans l'effet de l'hypothèque légale de la femme. Nous pensons que la seule subrogation, non accompagnée de cession, ne serait pas susceptible d'avoir autant d'efficacité et procurer autant d'avantages, ainsi que l'on pourra en juger par les développemens que nous donnerons ci-après, au titre du transport.

Nous jugeons à propos d'ajouter ici quelques mots sur le mode de cette cession.

Comme c'est un véritable transport, pour sa validité, aux termes de l'article 1690 du Code civil, il est nécessaire qu'il soit signifié au mari ou accepté par lui. En conséquence, il est à propos que l'acceptation par ce dernier, de cette cession, soit réalisée dans l'acte même d'emprunt, afin qu'au moment même le créancier se trouve définitivement saisi des droits de la femme, et que cette dernière ne puisse à son détriment consentir d'autres cessions au profit d'autres tiers. La présence du mari à l'acte qui contient cette cession, sans acceptation explicite, peut-elle équivaloir à une acceptation réelle, comme résultant implicitement de cette présence? Dans la rigueur du principe résultant de l'article 1690, on peut dire que non. Il est donc prudent de motiver cette acceptation.

Cette cession n'étant de la part de la femme que partielle et jusqu'à concurrence de la dette reconnue, il est à propos qu'elle soit faite par préférence et antériorité à la femme en faveur du créancier.

Quant à la subrogation jusqu'à cette concurrence dans l'effet de l'hypothèque légale de la femme, subrogation qui se trouve une conséquence de cette cession, elle peut être motivée de deux manières : on peut la restreindre seulement à l'égard des biens soumis à l'hypothèque par l'acte d'emprunt, sinon la femme en consent son effet sur tous les biens du mari; ou encore la subrogation est consentie purement et simplement, ce qui revient au même, car l'hypothèque légale de la femme frappant sur tous les biens présens et à venir de son mari, si la subrogation dans son effet n'est point limitée à une partie de ces biens, elle se trouve de droit et par le fait embrasser toute l'étendue de cette hypothèque. Nous observons à cet égard que cette limitation n'est bien souvent pas motivée dans les contrats, et que si la subrogation pure et simple ou non limitée, qui s'étend, comme nous venons de le dire, à tous les biens présens et à venir du mari, était expliquée aux parties, et qu'elles en connussent la conséquence et les effets, cette subrogation serait limitée beaucoup plus souvent qu'elle ne l'est ordinairement dans les actes. Nous sommes même portés à croire que lorsque la subrogation pure et simple, dans l'effet de l'hypothèque légale, n'a pas été expliquée et motivée dans ses conséquences, et n'a pas été limitée dans un acte où l'hypothèque conventionnelle a été stipulée, le débiteur, en ce cas, a le droit de faire restreindre en justice l'effet de la subrogation dans l'hypothèque légale, à celui de l'hypothèque conventionnelle, c'est-à-dire à l'égard des biens hypothéqués, par le motif que cet acte se trouverait contenir contradiction. En effet, dans une partie on voit l'hypothèque limitée, c'est-à-dire la stipulation de l'hypothèque conventionnelle, et dans une autre partie une hypothèque illimitée à laquelle l'emprunteur ne s'est pas soumis formellement. Cette contradiction du reste n'est pas absolue, et la stipulation de l'hypothèque conventionnelle et celle de la subrogation dans l'entier effet de l'hypothèque légale peuvent se rencontrer dans le même acte; ces stipulations sont valables, mais il faut que des termes de l'acte on voie clairement que les parties contractantes ont entendu établir une subrogation s'étendant par son effet à tous les biens présens et à venir du mari; autrement le débiteur serait en droit de réclamer l'application du principe résultant des articles 2161 et 2162 du Code civil, et par suite de faire réduire l'effet de l'hypothèque, comme étant excessive, s'il y avait lieu.

Afin de rendre plus certain l'effet de l'hypothèque sur les bâtimens qui par leur nature sont sujets à l'incendie, on est dans l'usage de les faire assurer et garantir à cet égard; et pour donner encore plus d'efficacité à cette assurance, en faveur du bailleur de fonds, l'emprunteur cède et transporte à ce dernier, jusqu'à concurrence de la somme empruntée et avec toute antériorité à lui-même, ses droits et actions contre la compagnie par laquelle les bâtimens sont assurés en cas de sinistre.

Cette cession étant un véritable transport, il est à propos d'en faire faire la notification à la compagnie d'assurance, sans quoi et aux termes de l'article 1690 du Code civil elle serait sans effet.

Cette cession est cependant susceptible d'éprouver quelques difficultés par les motifs que nous allons ci-après développer. En effet, la créance qui en fait l'objet n'existe pas encore au moment du transport. Mais d'après l'article 1130 du Code civil les choses futures peuvent faire l'objet des conventions, en sorte que la convention peut être considérée comme valable entre le débiteur et le bailleur de fonds cessionnaire. Cette convention peut en outre être considérée comme d'une nature suspensive et par suite autorisée par l'article 1181 du Code civil.

Mais il reste une question importante à résoudre vis-à-vis des tiers créanciers du débiteur cédant, c'est celle de savoir à partir de quelle époque la convention ou cession se trouve avoir son effet; sera-ce du jour qu'elle a eu lieu, ou seulement à partir de l'époque à compter de laquelle la créance cédée a commencé d'exister? Si lors de cette dernière époque le débiteur se trouve avoir fait plusieurs cessions de cette nature, c'est-à-dire sur la même créance, la concurrence ne sera-t-elle pas pour lors réclamée avec raison par tous les créanciers ayant à cette époque des subrogations acquises! Nous ne pensons pas que la prétention serait fondée. Mais enfin elle pourrait être élevée, et nous ne pouvons répondre du résultat qu'elle pourrait avoir. Nous basons notre opinion sur l'article 1130 précité dont le principe autrement serait détruit. (Voir en outre les motifs donnés ci-après au titre de la délégation des loyers et fermages.)

Pour remédier aux inconvéniens qui pourraient résulter de la stipulation de cette clause, nous proposons un moyen certain, qui serait de faire opérer l'assurance au nom du créancier bailleur de fonds et aux frais du débiteur.

Ayant fait connaître les diverses conditions et conventions qui peuvent se rencontrer le plus communément dans le contrat de prêt, nous allons en présenter le texte rédigé d'après un modèle ou formule que nous posons ci-après.

N° 1. — *Formule de contrat de prêt ou obligation.*

Pardevant M^e^ .... et son confrère, notaires à ...., soussignés.

Furent présens :

M. Pierre-Mathieu Duval, négociant, et dame Constance Mathieu, son épouse, qu'il autorise, demeurant à ....

Lesdits sieur et dame Duval non soumis au régime dotal, suivant qu'il appert du contrat contenant les conditions civiles de leur mariage, passé devant M^e^ ... et son confrère, notaires à ...., le ....

(Ou s'ils n'ont pas fait de contrat de mariage)

Non soumis au régime dotal, mais seulement à

celui de la communauté légale, à défaut de contrat de mariage entre eux, suivant qu'il sera ci-après attesté aux notaires soussignés par les ci-après nommés intervenans.

Lesdits sieur et dame Duval ayant par suite la libre disposition des biens de cette dernière.

Lesquels ont par ces présentes reconnu devoir à M. Jean-Pierre Beaulieu, propriétaire, demeurant à.... à ce présent et acceptant,

La somme de vingt mille francs, pour le prêt de pareille somme que ledit sieur Beaulieu a présentement fait auxdits sieur et dame Duval, en espèces métalliques d'argent ayant cours, réalisées à la vue des notaires soussignés.

Laquelle dite somme de vingt mille francs lesdits sieur et dame Duval s'obligent solidairement de rembourser audit sieur Beaulieu en sa demeure susdite ou toute autre qu'il viendra à avoir dans l'étendue de... (arrondissement, département ou cour royale), et au porteur des pouvoirs de ce dernier, et de la grosse des présentes, le premier janvier mil huit cent quarante, et jusqu'au remboursement de ladite somme principale d'en servir à compter de ce jour et d'année en année, également en la demeure ci-dessus déterminée dudit sieur Beaulieu, les intérêts à raison de cinq pour cent par an, sans aucune espèce de retenue sous telle dénomination que ce soit ou puisse être.

Il est convenu entre les parties, savoir :

Premièrement, que les débiteurs ne pourront anticiper l'époque de remboursement ci-dessus fixée, sans le consentement du créancier;

SECONDEMENT, que le remboursement de ladite somme principale et le paiement de ses intérêts ne pourront se faire qu'en espèces métalliques d'or ou d'argent ayant cours aux titres et poids actuels de la monnaie de Paris et non autrement; les débiteurs ont expressément dérogé et renoncé au bénéfice de toutes lois à ce contraires;

TROISIÈMEMENT, que ledit créancier aura le droit et faculté d'exiger le remboursement de ladite somme prêtée, valeur en blé-froment première qualité, sain, sec, net, loyal et marchand, rendu franc de port et d'entrée au marché de.... et au cours dudit marché;

QUATRIÈMEMENT, que ledit créancier aura encore le droit et faculté d'exiger ledit remboursement valeur en lingots d'argent pesant ensemble... au titre de...;

CINQUIÈMEMENT, et enfin que dans le cas où il surviendrait une loi qui émettrait en circulation un papier-monnaie quelconque avant le remboursement de la somme principale ci-dessus empruntée, ledit créancier, audit cas, aura le droit de proroger l'époque dudit remboursement à trois mois du jour de la disparution totale de ce papier-monnaie.

A la sûreté et garantie du remboursement de ladite somme de vingt mille francs en principal et intérêts les débiteurs affectent, obligent et hypothèquent spécialement et sous ladite solidarité les biens immeubles ci-après désignés, savoir :

1º Une maison située à Paris rue, nº . . . consistant en deux corps de bâtiment, le premier à trois étages avec boutiques et porte-cochère sur la rue, et le deuxième à deux étages sur le derrière, cour entre lesdits deux corps de bâtiment, le tout tenant d'un côté à M.... d'autre à M...., circonstances et dépendances sans en rien excepter;

Appartenant auxdits sieur et dame Duval du chef de cette dernière, comme lui ayant été donnée et constituée en dot par le sieur Jean Mathieu et dame Constance Colin son épouse, ses père et mère, suivant le contrat contenant les conditions civiles du mariage d'entre lesdits sieur et dame Duval, passé devant Me.... et son confrère, notaires, à Paris, le....

La donation par lesdits sieur et dame Mathieu à ladite dame Duval leur fille a été faite conjointement par eux à valoir sur leurs successions respectives et futures et à titre de préciput et hors part.

1° Et un corps de ferme dite la ferme de la Tuillerie, terres labourables et prés en dépendant et ci-après désignés, savoir :

2° Les bâtimens servant à l'exploitation de ladite ferme située en la commune de.... arrondissement de.... département de....; se composant du logement d'habitation du fermier, granges, écuries, vacheries, poulailler, cour, jardin, circonstances et dépendances;

3° 30 hectares, 84 ares de terres labourables en cinq pièces situées susdite commune de.... la première de.... lieu dit.... la deuxième de.... lieu dit .... etc., etc;

4° Une pièce de pré située même commune de . . . lieu dit . . ., de la contenance de 5 hectares 9 ares.

5° Et 10 hectares de terres labourables situés commune de. . . . mêmes arrondissement et département que dessus, en 2 pièces, la première de la contenance de 3 hectares, lieu dit. . . . et la deuxième de 7 hectares, lieu dit. . . .

Tous les biens désignés sous l'article 2 qui précèdent appartiennent auxdits sieur et dame Duval conjointement, et dépendent de leur communauté, au moyen de l'acquisition qu'ils en ont faite du sieur Jean-Pierre Maurice et de Marie Saül, son épouse, suivant contrat passé devant Me. . . . moyennant la somme de trente mille francs sur laquelle il reste encore dû celle de vingt mille francs, les dix mille francs de surplus ayant été payés suivant quittance passée devant Me. . . . (énoncer ici les formalités de purge légale et de transcription).

Déclarent lesdits sieur et dame Duval, sous les peines de droit du stellionnat, savoir :

Premièrement, qu'ils ne sont et n'ont jamais été tuteurs ni curateurs d'aucuns mineurs ou interdits.

Secondement, et que les biens ci-dessus hypothéqués ne sont grevés d'aucune hypothèque, si ce n'est ceux compris sous l'article 2 de l'hypothèque légale de ladite dame Duval et encore des vingt mille francs restant dus sur le prix d'acquisition de ces biens.

Ils déclarent encore que ladite somme de vingt mille francs ci-dessus empruntée est par eux destinée à solder le prix de ladite acquisition. Ils s'obligent en conséquence de déclarer l'origine des deniers dans la quittance, afin de faire acquérir audit créancier la subrogation aux droits, actions et priviléges des vendeurs desdits sieur et dame Duval.

Ces derniers s'obligent de justifier à leurs frais d'ici à un mois de ce jour de l'emploi indiqué, et à cet effet de remettre dans ledit délai audit sieur Beaulieu expédition en forme de la quittance à donner par les vendeurs desdits sieur et dame Duval.

Et pour assurer d'autant mieux cet emploi, ladite somme de vingt mille francs est du consentement des parties restée déposée ès-mains de M^{e}. . . . l'un des notaires soussignés qui le reconnaît, pour par lui en faire l'emploi en question, tant en l'absence que présence desdits sieur et dame Duval, qui audit cas d'absence donnent pouvoir à M. . . . , principal clerc dudit M^{e} . . . . , de faire la déclaration d'emploi ainsi que le paiement de ladite somme entre les mains de qui il appartiendra.

A ce faire furent présens et sont intervenus ledit sieur Jean Mathieu et ladite dame Constance Colin, son épouse, qu'il autorise, demeurant à . . . . , père et mère de ladite dame Duval.

Lesquels se sont par ces présentes rendus et constitués caution, garant et répondans solidaires desdits sieur et dame Duval vis-à-vis dudit sieur Beaulieu, pour raison du paiement de ladite somme de vingt mille francs ci-dessus empruntée, sous l'exécution des conventions ci-dessus arrêtées et encore de celles qui vont suivre.

En conséquence ils s'obligent conjointement et solidairement avec lesdits sieur et dame Duval au paiement de ladite somme de vingt mille francs en principal et intérêts, aux époques et de la manière ci-dessus déterminées, de même que s'ils étaient seuls obligés envers ledit Beaulieu.

Cette obligation est ainsi prise par lesdits sieur et dame Mathieu, suspensivement, conditionnellement et seulement pour le cas où ils viendraient à rentrer dans la propriété de l'immeuble par eux ci-après hypothéqué, et encore dans le cas où tout ou partie de cet immeuble viendrait à être rapporté à leurs successions par ladite dame Duval.

A la sûreté et garantie de leurs engagemens lesdits sieur et dame Mathieu affectent, obligent et hypothèquent, spécialement et sous ladite solidarité la maison, circonstances et dépendances ci-dessus désignées et compris sous l'article 1er de la désignation des biens hypothéqués ci-dessus par lesdits sieur et dame Duval, laquelle maison a été, comme dit est, donnée et constituée en dot à cette dernière par lesdits sieur et dame Mathieu ses père et mère.

Cette affectation est ainsi consentie par eux quoiqu'ils paraissent entièrement dessaisis de la propriété desdits biens, par la raison que la propriété actuelle, en la personne de ladite dame Duval leur fille, à l'égard de ladite maison et dépendances, se trouve soumise à des conditions suspensives et résolutoires par suite des motifs ci-après exprimés, savoir :

1° La résolution de la donation ci-dessus énoncée,

par lesdits sieur et dame Mathieu à ladite dame Duval leur fille, par suite d'un cas échéant et prévu par la loi, serait susceptible de faire rentrer ladite dame Mathieu dans la propriété de ladite maison et dépendances.

Du reste lesdits sieur et dame Mathieu déclarent renoncer à exercer ladite résolution, ni en profiter au préjudice dudit sieur Beaulieu au cas échéant;

2° Ladite maison est susceptible d'être rapportée aux successions à venir desdits sieur et dame Mathieu par ladite dame Duval leur fille, si les autres biens dépendant desdites successions à l'époque de leurs décès ne sont pas susceptibles de remplir leurs autres enfans de leur réserve légale;

3° Le contrat de mariage susénoncé desdits sieur et dame Duval n'a pas encore été revêtu de la formalité de transcription, formalité que ces derniers s'obligent de remplir à leurs frais d'ici à un mois de ce jour.

Par tous ces motifs et tous autres, lesdits sieur et dame Mathieu, pour le cas où ils viendraient à rentrer dans la propriété et jouissance desdits biens par suite des causes ci-dessus ou de toutes autres, donnent et confèrent conjointement et solidairement une hypothèque suspensive conformément à l'article 2125 du Code civil, et ce à la garantie du paiement de ladite somme de vingt mille francs en principal et intérêts.

Ladite dame Duval renonce à exercer l'effet de son hypothèque légale sur les biens dépendant de la communauté d'entre elle et ledit sieur son mari, compris et désignés ci-dessus sous l'article 2 de l'affectation hypothécaire, et ce au préjudice dudit sieur Beaulieu, au profit duquel elle consent au contraire toutes subrogation et antériorité à elle-même, jusqu'à concurrence de ladite somme de vingt mille francs en principal et intérêts.

Ladite dame Duval cède et transporte même audit sieur Beaulieu, qui l'accepte, tous ses droits, reprises et créances matrimoniales contre son mari, qui se tient ce transport pour signifié, le tout jusqu'à concurrence de ladite somme de vingt mille francs en principal et intérêts, et avec toute préférence à ladite dame Duval, et seulement à l'égard des biens ci-dessus hypothéqués.

(Il serait à propos de faire faire une pareille renonciation et subrogation par ladite dame Mathieu, mais seulement suspensive et à l'égard seulement de l'immeuble provenant de la donation.)

Tous les bâtimens ci-dessus hypothéqués seront assurés contre l'incendie pendant tout le temps que ladite somme de vingt mille francs sera due, et le plus prochainement par la compagnie d'assurance qui sera jugée à propos par ledit sieur Beaulieu, et ce au nom et profit de ce dernier qui du reste ne sera habile à profiter de l'indemnité à payer par la compagnie d'assurance en cas de sinistre, que jusqu'à concurrence de ce qui lui sera dû en principal et accessoires, mais par préférence auxdits sieur et dame Duval qui seront tenus de payer seuls tous les frais occasionés par ladite assurance, sans aucune répétition contre ledit sieur Beaulieu.

Ce dernier sera habile à requérir inscription contre lesdits sieur et dame Duval pour raison des frais d'assurance qu'il se trouverait avoir à payer et avancer en l'acquit de ces deniers, et ce sur tous les biens, sans distinction, ci-dessus désignés, qui y demeurent spécialement affectés et hypothéqués comme et de même qu'à la garantie de vingt mille francs ci-dessus empruntés.

Sans du reste déroger à la solidarité ci-devant stipulée et seulement par modification à cette solidarité, il est et demeure convenu que lesdits sieur et dame Mathieu, père et mère, ne pourront être discutés dans leurs biens qu'après l'accomplissement et effet de la discussion des biens immeubles ci-dessus hypothéqués.

A ce faire furent présens et sont intervenus messieurs....

Lesquels, pour rendre hommage à la vérité, ont par ces présentes déclaré et certifié bien connaître lesdits sieur et dame Duval, et que n'ayant réglé les conditions civiles de leur mariage par aucun contrat, leur communauté se trouve réglée par les seules dispositions du Code civil.

Et pour l'exécution des présentes, il est élu domicile par lesdits sieurs et dame Duval en leur dite demeure. Quant aux autres parties elles entendent expressément ne point faire d'élection de domicile, leur intention étant d'être recherchées dans ceux qu'elles auront, quand tous actes judiciaires ou extra-judiciaires viendront à leur être signifiés.

Observation. Cette dernière réserve peut être regardée comme sur abondante et inutile, le défaut d'élection de domicile ou la non élection de domicile doit suffire ; nous le pensons. Nous ajoutons que bien souvent il serait prudent de s'abstenir de faire élection de domicile; l'usage trop fréquent de cette clause devenue presque banale dans les contrats et actes est susceptible de compromettre les intérêts des parties qui venant à changer de domicile, après avoir stipulé légèrement cette clause, se trouvent quelquefois et par suite dans l'ignorance de la signification qui vient à leur être faite d'actes judiciaires ou extra-judiciaires dont la connaissance est importante.

Les frais et honoraires des présentes seront payés par.....

N° 2. — *Formule de clause portant qu'à défaut de paiement de la dette à son échéance, l'immeuble hypothéqué sera, à la diligence du créancier, vendu aux enchères devant notaire.*

Observations et dissertations préalables.

Cette formule, depuis peu en usage, a soulevé une question grave et la jurisprudence n'est pas encore fixée sur la validité de la convention qui en fait l'objet. Avant d'en présenter le modèle nous allons donc rechercher la nature de cette convention ; ensuite nous examinerons sa validité et son effet vis-à-vis des tiers; enfin nous examinerons encore de quelle manière elle peut être établie et quel est le mode le plus légal à lui donner.

Nous faisons observer préalablement que cette convention est déjà autorisée par la jurisprudence d'un grand nombre de cours royales, et qu'il ne lui manque plus que la sanction de la cour suprême qui n'a pas encore eu occasion de se prononcer à son égard. Cependant, l'opinion des auteurs est divisée sur sa validité, qui n'est pas admise par MM. Hua, Favard, Langlade (Répert. v° *Exp. forcée*, § I, n° 4). Merlin (Quest. de droit, v° *Expropriation*, § VIII); Persil (Quest. hyp., t. II, p. 302); Duranton (t. XVI, n° 567). Cette convention est reconnue valable par MM. Delvincourt (t. III. p. 445, 2e édit.); Carré n° 2534; Thomines (sur l'art. 747, C. proc.); Dalloz (v° *Nantissement*, sect. II, art. 1. n° 6); Troplong (de la vente, t. 1er, n° 77, et des hypoth., t. III, n° 795).

1° De la nature de la convention.

Elle ne peut ressortir du mandat ordinaire, tel qu'il est déterminé par le Code civil, puisque cette sorte de contrat (le mandat) est révocable de sa nature à la volonté du mandant, et que le débiteur ou obligé, s'il était considéré ici comme un mandant ordinaire, contracterait par le fait une obligation potestative, qui se trouverait nulle aux termes de l'article 1174 du Code civil.

La convention qui dérive de cette clause ne ressort d'aucune espèce de contrat, déterminée par le Code civil; elle ne peut donc se trouver autorisée que par l'article 1134, qui porte que les conventions légalement formées tiennent lieu de loi à ceux qui les ont faites. Considérée comme renfermant une obligation contractée sous une condition suspensive, sa nature se trouve consacrée, par l'article 1181 du Code civil, sous le titre des contrats et obligations conventionnelles en général. C'est donc un contrat innommé qui tire sa nature et son origine du mandat *in rem suam* autorisé par les lois romaines, mais non introduit nommément par le Code civil, qui du reste ne l'ayant point défendu l'a permis par le fait.

Cette espèce de mandat permise par les lois romaines est de sa nature irrévocable, parce qu'ici le mandataire se trouve avoir intérêt, est quelquefois même le cessionnaire du mandant, qui par suite ne peut plus détruire le droit acquis au mandataire.

La nature du mandat *in rem suam*, qui s'applique à la question qui nous occupe est trop bien traitée par M. Scholl, savant professeur de notariat à Bordeaux, pour que nous essayons d'y ajouter. Nous renvoyons à l'article 8762 du *Journal des notaires et avocats*, où l'opinion de ce professeur se trouve développée sur ce chef de la question avec une lucidité remarquable.

2° De la validité de la convention.

Revenons au droit civil institué par notre code, et prouvons que la validité de notre clause se trouve, sinon nommément, du moins implicitement consacrée par notre droit. En effet, nous disons dans toute espèce de convention on doit distinguer deux choses principales, son essence, sa nature. Eh bien, nous disons que l'essence de cette convention est consacrée par l'article 1134 du Code civil, ci-dessus cité et rapporté; que sa nature (ou son effet) est déterminée, à l'égard des parties contractantes, par l'article 1181, c'est-à-dire que l'obligation qui en résulte, de la part du débiteur ou mandant est contractée sous une condition suspensive, telle que cette condition confère au créancier le droit de faire vendre, à défaut de paiement et par des voies extrajudiciaires et moins dispendieuses, les biens du débiteur, si ce dernier ne les a pas aliénés par lui-même, ou ne vient pas à le faire; car ici le débiteur n'aliène pas le droit de propriété, il confère seulement (et c'est généralement sous la forme du mandat que nous n'adopterons pas cependant,) l'exercice d'un droit qu'il conserve également; car tant qu'il n'a pas aliéné, tant qu'il reste propriétaire, le droit de vendre lui reste réservé par la loi; toute convention contraire invaliderait la clause. La forme ne fait-elle pas apercevoir ici le fond de la convention, et viendra-t-on nous objecter que le mandat ôte au mandant le droit qu'il confère au mandataire? ne voit-on pas évidemment que le but de la convention, la fin que les parties se proposent d'obtenir, sont, non pas de déposséder le débiteur, mais de parvenir à une vente extrajudiciaire ou volontaire de ses biens, et par là éviter des frais dispendieux, et obtenir dans certains cas les moyens de les vendre plus avantageusement et plus facilement; car il est prouvé que dans les campagnes les ventes judiciaires ont le plus souvent le fâcheux effet de détourner et éloigner les gens; et il est encore prouvé que le renvoi des ventes judiciaires devant notaire, sur les lieux, a toujours un effet plus efficace. C'est par ces motifs que le créancier ayant intérêt à la vente de cette manière, le mandat (ou droit de vendre) conféré au créancier, se trouve en ce sens ici le lien de droit, et devient par suite irrévocable. Cette irrévocabilité est-elle susceptible de nuire à la validité de la convention? on ne peut le soutenir à l'égard du débiteur, car il n'est point dessaisi de son droit de propriété non plus que du droit de vendre, ainsi que nous venons de le dire; il peut en faire usage quand bon lui semble, de même que s'il n'avait point stipulé; il n'est nullement entravé dans le libre exercice de ce droit.

Arrivons à la validité de la convention, vis-à-vis des tiers. L'article 1165 du Code civil porte que les conventions n'ont d'effet qu'entre les parties contractantes; qu'elles ne nuisent point aux tiers; l'article 2093 dit que les biens du débiteur sont le gage commun de ses créanciers; l'article 2088, que, par suite du défaut de paiement, le créancier peut poursuivre l'expropriation de son débiteur par les voies légales; et l'article 2217, que les formes du commandement et celles de la poursuite sur expropriation forcée sont réglées par les lois sur la procédure. Nous disons donc que notre clause n'abroge pas les voies légales, les règles de procédure, vis-à-vis des tiers, que l'intérêt de ces tiers ne peut être ni engagé ni compromis par l'effet de notre convention. Ils peuvent exercer leurs droits, tout aussi bien que si leur débiteur n'avait point contracté ou n'avait stipulé qu'un mandat ordinaire, mais s'ils ne viennent pas à les faire valoir avant la vente extrajudiciaire, qui est opérée à la requête du créancier mandataire, cette vente devra recevoir son effet tout aussi bien que si elle avait été consentie par le débiteur lui-même. D'ailleurs ils peuvent encore exercer leurs droits de surenchère et autres qui leur sont réservés par la loi après la vente.

Il reste encore un argument à faire valoir par les adversaires (ceux qui combattent la validité de la clause;) c'est le principe d'ordre public, consacré par l'article 6 du Code civil. La saisie immobilière est, dit-on, d'ordre public, on ne saurait déroger à ses formalités. On a fort bien observé que l'ordre public ici ne devrait embrasser que deux sortes d'intérêts, celui du débiteur et celui des tiers, et que d'ailleurs il est libre au débiteur et au créancier saisissant de convertir la procédure en vente volontaire (1), (art. 747 du Code de procédure.) Nous ajoutons, en ce qui concerne la clause par nous proposée ci-après, que son mode d'exécution se trouve renfermé dans le cercle des voies et formalités prescrites dans l'espèce, par le Code de procédure. Ce mode fait donc tomber ce dernier chef d'objections sans réplique.

3° De l'effet de la convention dans certains cas.

On voudrait donner à cette convention son effet vis-à-vis des mineurs, héritiers de l'obligé ou man-

(1) Cependant ils n'auraient plus le droit de le faire, sans le consentement des tiers, créanciers, si la saisie avait été dénoncée (art. 692 Code de proc.).

dant. On est venu dire en faveur de cette proposition, qu'en principe on est censé stipuler pour ses héritiers ou ayans-cause. (Code civil, article 1122. — Arrêt de la cour de Bordeaux du 2 juin 1827, qui a jugé que le mandat *in rem suam* ne s'éteint pas par la mort du débiteur mandant.)

Si ce principe était admis à l'égard des héritiers mineurs du débiteur, on ne voit pas pourquoi il ne serait pas émis à l'égard des héritiers bénéficiaires ou même d'une succession vacante. Nous ne pouvons admettre ce système, parce qu'ici nous sommes obligés de reconnaître le principe d'ordre public. En effet si ce principe n'existe pas, ne peut être invoqué vis-à-vis du débiteur et des tiers créanciers tant que la saisie n'a pas été dénoncée, ainsi que cela paraît consacré par l'article 747 du Code de procédure, il n'en est pas de même dans les cas dont nous venons de parler. Dans ces cas, la loi veut impérieusement l'exécution des formalités qu'elle a prescrites, dans ces cas vous ne trouverez point d'exception introduite par elle, et on sait que l'exception doit toujours être explicitement motivée, enfin qu'elle est de droit étroit. D'ailleurs en examinant attentivement l'article 748 du Code de procédure, on verra qu'il consacre *implicitement* le principe que nous émettons.

4° Résumé.

On a proposé déjà plusieurs formules de cette convention, et déjà la chambre des notaires de Paris, celle des notaires de Bordeaux, et MM. les rédacteurs du journal des notaires et avocats, se sont occupés de la rédaction de ces formules; nous les rapporterons ci-après. Tout en reconnaissant leur efficacité et la perfection dont elles sont revêtues, nous essayons d'en présenter une qui, comme nous l'avons dit plus haut, sera renfermée dans le cercle des voies et formalités légales de procédure. Notre convention autorisée par l'article 1134 du Code civil, sera établie entre les parties contractantes à titre de condition suspensive, conformément à l'article 1181 du Code civil. Il en résultera qu'à défaut de paiement et d'après un simple commandement tendant à saisie immobilière, il sera procédé à la vente des biens immeubles hypothéqués sous l'accomplissement des seules formalités prescrites par l'article 747 du Code de procédure, et sans qu'il soit nécessaire de procéder à une saisie préalable. Cette convention aura encore son effet entre les parties contractantes à la demande de l'une ou l'autre d'elles, en cas de saisie introduite à la requête, soit du créancier contractant, soit de tous autres tiers, si ces derniers y consentent, sont maîtres de leurs droits, et d'après la conversion qui en sera autorisée par le tribunal compétent. Au résumé ce sera un engagement synallagmatique, afin de vente volontaire devant notaire, sur publications judiciaires, conformément à l'article 747. Notre convention sera basée au fond sur les articles 1134 et 1181 du Code Civil, et quant à la forme de son exécution sur l'article 747 du Code de procédure. Par là, nous arrivons à un mode simple, uniforme et légal, et nous écartons tous les argumens que les adversaires viennent avancer pour essayer de détruire cette convention, en attaquant les modes divers de sa rédaction, dont les formes variées donneront toujours plus ou moins de prise à leurs critiques. De cette manière nous avons l'avantage de pouvoir leur dire : si vous déchirez notre convention, vous lacérez la loi! et on ne viendra plus dire que nous violons le principe d'ordre public.

Il reste cependant un dernier argument à la critique, et nos adversaires ont en leur faveur l'opinion d'un auteur grave; Merlin (Quest. de droit, v *Expropriation forcée*, § I, n° 4) prétend que la conversion de vente volontaire, permise par l'article 747 du Code de procédure, ne peut être stipulée qu'après la saisie et non avant. Mais il est fort judicieusement répondu à cela dans l'article 8762 du journal des notaires et avocats, que l'article 746 du Code de procédure portant : « les immeubles appartenant à des majeurs, maî-« tres de disposer de leurs droits, ne pourront, à « peine de nullité, être mis aux enchères en justice, « lorsqu'il ne s'agira que de vente volontaire;» que l'article 747 du même code portant : « néanmoins « lorsqu'un immeuble aura été saisi réellement, il sera « libre aux intéressés, s'ils sont tous majeurs et maî-« tres de leurs droits, de demander que l'adjudication « soit faite aux enchères, devant notaire ou en jus-« tice, sans autres formalités que celles prescrites aux « articles 957, 958, 959, 960, 961, 962, 964, sur la « vente des biens immeubles ;» il résulte du rapprochement et de la combinaison de ces deux articles (disent MM. les rédacteurs du journal) que l'article 747 ne doit pas être interprété dans le sens que Merlin veut lui donner; que le mot, l'expression *néanmoins* qui commence cet article, fait concevoir le sens qui doit lui être attribué; que c'est par exception que la vente volontaire sur conversion est continuée en justice; que c'est par exception à la règle qui veut que toutes les ventes volontaires soient dans le domaine des notaires; et que c'est aussi pour qu'on n'élude pas cette règle qu'on a eu bien soin d'exiger que l'immeuble ait été saisi réellement. Voilà, disent MM. les rédacteurs du journal, tout ce que veut dire l'article 747.

Ces argumens sont bien forts, et nous ne voyons pas comment on pourrait les réfuter; ils sont appuyés de l'opinion de Pigeau, et de l'interprétation donnée aux articles 746 et 747 par M. Locré (*Esprit du Code de procédure*, t. III, p. 307), et rapportée dans l'article 8762 de ce journal. Nous ajoutons et voici notre conclusion : il ne s'agit pas ici d'une demande devant le tribunal qui, effectivement, ne pourrait avoir à se prononcer sur la conversion d'une saisie qu'autant qu'elle serait préexistante, et c'est seulement en ce sens qu'on pourrait interpréter les mots : *lorsqu'un immeuble aura été saisi réellement*, portés en l'article 747, *si* on entendait l'interpréter isolément, et *si* on ne voulait pas en référer le sens, le combiner avec celui de l'article 746; il s'agit ici d'une convention qui a pour objet d'obliger les parties contractantes à se soumettre d'avance à des règles et formes, soit amiables et non prohibées, soit judiciaires et introduites, par le législateur même, dans l'espèce en question; or les parties contractantes, du moment qu'elles sont majeures et maîtresses de leurs droits, ne sont-elles pas habiles à stipuler légalement cette convention à l'avance, d'après le principe résultant de l'article 1181 du Code civil? cela nous paraît incontestable. Au résumé, l'opinion de Merlin ne peut ici nous être opposée, par deux motifs: elle n'est pas fondée en droit, ensuite elle ne pourrait être applicable à notre espèce. Qu'on ne vienne pas dire qu'il y a analogie, partant application du même principe. On répondrait à cela que l'article 747 est d'exception; qu'il ne peut être en droit inféré d'un cas prévu à un cas imprévu en matière d'exception.

5° Quelle formule doit-on adopter pour la rédaction de la clause?

Nous présentons ci-après les divers modèles de cette formule, qui ont paru jusqu'à ce jour.

Formule proposée et rédigée par la chambre des notaires de Paris, et adoptée en assemblée générale des notaires du département de la Seine, le 6 décembre 1834.

Comme condition essentielle des présentes, il est convenu qu'à défaut de paiement de la totalité ou partie de la somme prêtée, le créancier aurait le droit que lui confère le débiteur de vendre les immeubles hypothéqués aux enchères, par le ministère de

Me..., notaire à...ou son successeur en remplissant seulement les formalités suivantes :

Premièrement. Le défaut de paiement sera constaté par un commandement annonçant l'intention de faire usage de la présente clause ;

Deuxièmement. Trente jours au moins après ce commandement, le cahier sera rédigé à la requête du créancier par Me..., notaire, ou son successeur. La mise à prix ne pourra être moindre de la somme de...L'adjudication sera ensuite annoncée au moyen, 1° de deux appositions d'affiches aux lieux indiqués à l'article 961 du Code de procédure civile, faites à dix jours d'intervalle, et constatées par acte d'huissier, sans aucun visa ; 2° et de deux insertions d'un extrait succinct et du placard dans l'un des journaux du département de la situation des biens, désigné par le tribunal de commerce en vertu de la loi du 31 mars 1833.

Troisièmement. Un extrait du placard sera signifié au débiteur, vingt jours au moins avant l'adjudication ;

Quatrièmement. La vente ne pourra être faite que trente jours après la première apposition des affiches. — En conséquence, le créancier demeure autorisé à consentir l'adjudication définitive, à recevoir le prix jusqu'à concurrence du montant de la créance énoncée au commandement ci-dessus prescrit et des intérêts échus postérieurement ; au cas d'excédant il restera à la disposition du mandant, si mieux n'aime l'acquéreur s'en libérer par des offres réelles; à consentir radiation de l'inscription d'office ou subrogation sans garantie ; obliger le mandant à la remise des titres ou les fournir aux frais de ce dernier; à défaut de paiement de la part de l'adjudicataire le poursuivre par voie de saisie ou toute autre; citer et comparaître devant les tribunaux compétens ; — S'il ne se présente aucun enchérisseur, le créancier aura le droit de faire de nouvelles affiches, insertions et significations, suivant le mode ci-dessus convenu, et même de réduire la mise à prix sans pouvoir descendre au dessous des trois cinquièmes du minimum ci-dessus fixé ; — Les droits et pouvoirs ci-dessus étant la conséquence de la présente obligation seront irrévocables et transmissibles aux ayans-cause du créancier ; — Celui-ci aura, dans tous les cas, la faculté de poursuivre le paiement de sa créance par les voies ordinaires, et il se réserve d'exercer, comme bon lui semblera, les autres droits et actions qui peuvent lui appartenir, notamment celui de faire toutes surenchères, s'il y a lieu.

Formule proposée et rédigée par MM. les rédacteurs du Journal des notaires et avocats.

A défaut par le débiteur de rembourser la somme par lui empruntée à l'expiration du délai convenu, le créancier ou son ayant-droit ne sera pas astreint à prendre la voie de la saisie immobilière ou expropriation pour obtenir son paiement. Il est, au contraire, de convention expresse entre les parties que la vente de l'immeuble hypothéqué sera faite à la poursuite et seule requête du créancier, au nom et comme agissant tant pour lui que comme mandataire conventionnel du débiteur, aux enchères publiques, par le ministère de tel notaire du canton qu'il désignera, et ce au plus tôt un mois après le commandement de payer notifié au débiteur ; lequel commandement indiquera le nom et la résidence du notaire par le ministère duquel se fera l'adjudication, ainsi que les lieu, jour et heure auxquels il sera procédé aux adjudications préparatoire et définitive.

Le cahier des charges et conditions de l'adjudication, qui sera rédigé par le créancier, ne contiendra d'autres obligations de la part du vendeur que celles résultantes du droit commun.

La vente aura lieu ainsi devant le notaire désigné par le créancier, sous l'accomplissement des seules formalités indiquées par l'article 747 Code procédure civile.

L'extrait authentique de l'obligation quant à la présente clause, l'original du commandement notifié au débiteur, ainsi que les pièces justificatives des annonces et publications, seront annexés au procès-verbal d'adjudication.

Le débiteur consent dès à présent que ceux qui se rendront adjudicataires en exécution des présentes, fassent le versement de leur prix dans les mains dudit créancier jusqu'à concurrence du montant de sa créance, en principal, intérêts et frais de poursuites, faisant d'avance à cet effet toute délégation nécessaire audit créancier.

Il demeure entendu entre les parties que le mandat conventionnel ci-dessus sera irrévocable, et que si, avant le jour fixé pour l'adjudication définitive, le débiteur venait à faire lui-même la vente amiable de l'immeuble hypothéqué, mais de manière à désintéresser le créancier, les frais du cahier des charges, d'annonces, et mise en vente, faits par ledit créancier, seront supportés par le débiteur, à la sûreté de quoi le créancier pourra comprendre et à l'avance dans son inscription hypothécaire une somme approximative de ces frais.

Formule proposée par la chambre des notaires de Bordeaux.

Il est convenu, comme clause et condition essentielle de cet acte, qu'à défaut de paiement à l'époque d'exigibilité de la totalité ou de quelque partie que ce puisse être, soit du principal, soit des accessoires de l'obligation solidaire qu'il contient, les créanciers (on suppose plusieurs prêteurs pour un même emprunteur) auront et pourront exercer de concert ou séparément le droit que leur confèrent expressément et à chacun d'eux les débiteurs de vendre aux enchères, aussi en tout ou en partie, après un simple commandement, soit à domicile réel, soit au domicile ci-après élu, les immeubles soumis à leur hypothèque et qui sont désignés aux présentes, avec les droits qui y sont attachés et les appartenances, circonstances et dépendances, sans réserve, ainsi qu'ils sont affectés, dans l'étude de Me...., notaire à...., ou dans l'étude de tout autre notaire de la même résidence qu'il plaira aux créanciers ou aux poursuivans de commettre, en remplissant les seules formalités suivantes :

Pour cette vente, les créanciers seront tenus de procéder par adjudications préparatoire et définitive et d'observer un délai de quinzaine entre l'une et l'autre adjudication.

Les enchères seront ouvertes sur un cahier des charges déposé chez le notaire commis, ou dressé devant lui un mois après le commandement et avant l'apposition des placards dont il va être parlé.

S'il s'est écoulé plus de trois mois depuis la date du commandement, sans que le cahier des charges ait été déposé ou dressé, comme il est dit, il sera fait un nouveau commandement.

L'adjudication préparatoire sera annoncée par des placards apposés par trois dimanches consécutifs, aux lieux indiqués par l'article 351 du Code procédure, et par une insertion faite huit jours au moins avant cette adjudication, de copie de ces placards dans un des journaux qui s'impriment dans cette ville.

L'apposition des placards et l'insertion au journal seront reitérées huit jours au moins avant l'adjudication définitive, ce qui aura pareillement lieu dans le cas où cette adjudication viendrait à être renvoyée à un jour autre que celui qui aura primitivement été fixé.

Les créanciers donneront en outre à la vente la publicité qu'ils jugeront convenable.

Les appositions de placards seront constatées

comme en cas de licitation judiciaire; il sera justifié des insertions en la forme prescrite par l'article 683 du Code procédure.

Il ne sera fait aucune signification de pièces, même du cahier des charges, aux débiteurs; mais ils seront prévenus du jour et de l'heure de l'adjudication définitive par acte signifié à la diligence des créanciers ou du créancier poursuivant la vente, huitaine au moins avant cette adjudication.

Aux fins de l'aliénation dont il est question aux présentes, tous droits sont encore conférés, et tous moyens ouverts aux créanciers et à chacun d'eux; ils pourront en conséquence, et toujours de concert ou séparément, dresser, ainsi qu'ils l'aviseront, ou que l'avisera le poursuivant, le cahier des charges, clauses et conditions moyennant lesquelles l'adjudication sera faite en faveur du plus offrant; comme aussi faire et signer tous actes et procès-verbaux; diviser ce qui sera mis en vente en plusieurs lots, ou le comprendre en un seul; fixer l'époque d'entrée en jouissance; expliquer les origines de propriété; consentir tradition et mise en possession, soumettre les débiteurs à toute garantie solidaire; les obliger à la remise de tous titres et pièces relatifs à la transmission qui aura lieu; lever, même à leurs frais, toutes grosses, expéditions et copies concernant cette transmission et en faire la remise aux mains de qui de droit; recevoir les prix ou le prix d'adjudication à la concurrence ci-après déterminée, pour l'employer comme il va être dit; déposer et retirer toutes sommes; réserver et conserver tout privilége ; consentir la radiation, la restriction ou la réduction de toutes inscriptions d'office ou autres ; diriger toutes poursuites et contraintes ; élire domicile, et généralement faire aux effets ci-dessus exprimés tout ce que les divers cas requerront.

Sur le prix qui proviendra de l'aliénation faite ainsi qu'il est dit, les créanciers demeurent conjointement ou individuellement autorisés à se payer et rembourser dans la proportion de ce que chacun y amende, tant la somme de.... prêtée comme il est établi, ou ce qui pourra en être dû après paiement partiel qui aurait été fait, que les intérêts alors échus du capital, et tous les autres accessoires justes et légitimes ; le surplus, s'il y en a, demeurera dans les mains des acquéreurs ou de l'acquéreur, à la disposition et pour le compte des débiteurs ou de tous ayans-droit.

Les stipulations et autorisations qui précèdent sont irrévocables ; les droits qui en dérivent seront transmissibles par les créanciers et par chacun d'eux ; en faveur de tout représentant, à quelque titre que ce soit. Elles font d'ailleurs partie essentielle de l'obligation solidaire qui vient d'être consentie. Les débiteurs renoncent à pouvoir jamais y rien opposer, ainsi qu'à réclamer aucun délai, et s'interdisent formellement d'en empêcher ou arrêter directement ni indirectement l'effet, même par la vente amiable de l'immeuble plus haut désigné, à quelque époque que ce puisse être avant l'extinction de la présente obligation, sans l'intervention ou le consentement écrit de M...; reconnaissant que sans la promesse de leur insertion dans ce contrat, et la certitude pour les créanciers de leur pleine et entière exécution, le prêt ci-dessus constaté n'aurait point été fait.

Sur le motif pris de leur intérêt à ce que les biens dont ils pourront être dans le cas de poursuivre la vente, en vertu de ces stipulations et autorisations, atteignent par la concurrence et la chaleur des enchères le plus haut prix possible, MM .....auront, ainsi que cela est formellement convenu et entendu, la faculté de se placer aux rangs des enchérisseurs, d'enchérir et surenchérir, même de devenir, comme plus offrants, adjudicataires de la totalité ou de partie des biens mis en vente.

Il demeure encore bien entendu que lesdites stipulations et autorisations ne feront point obstacle à ce que MM ....., même après avoir commencé de les mettre à effet, poursuivent, s'il leur plaît, par les voies ordinaires, le paiement en tout ou en partie, selon qu'il y écherra, des principaux et des accessoires des créanciers présentement constitués; ce qui recevra son application collective ou individuelle à l'égard des créanciers ou de l'un d'eux, suivant les cas.

Une grosse des présentes sera délivrée du consentement qu'y donnent les débiteurs à chacun des créanciers, pour être exécutée à son profit, à la concurrence de son capital et des intérêts qui y sont relatifs.

Formule proposée par l'auteur du Traité du Prêt sur hypothèque.

A défaut par les débiteurs de payer le principal ou les intérêts, et d'après un simple commandement tendant à saisie immobilière, il sera procédé à la vente des biens immeubles ci-dessus hypothéqués, sous l'accomplissement des seules formalités prescrites par l'article 747 du Code de procédure, sans qu'il soit nécessaire de procéder à une saisie préalable, le tout ainsi que les parties en conviennent respectivement, à titre de convention autorisée par l'article 1134 du Code civil, sous une condition suspensive, conformément à l'article 1181 du Code civil.

Cette vente aura lieu, à la requête et diligence dudit sieur créancier, auquel le droit est conféré de poursuivre et faire opérer ladite vente, en présence desdits débiteurs, ou même en l'absence de ces derniers, qui, audit cas, seront dûment appelés, en l'étude et par le ministère de Me . . . ., notaire à . . . ., ou de son successeur.

Le cahier des charges et conditions de l'adjudication, qui sera rédigé par ledit sieur. . . ., créancier, ne contiendra d'autres obligations de la part des vendeurs que celles résultant du droit commun.

Les débiteurs consentent d'avance, et toujours comme dit est suspensivement, au profit dudit sieur. . . ., créancier, qui l'accepte, et par préférence à eux débiteurs, la délégation des prix à provenir de ladite vente, jusqu'à concurrence du montant en principal, intérêts et accessoires de la somme ci-dessus empruntée. Ils consentent une pareille délégation au profit de tous autres créanciers inscrits. En conséquence, lesdits acquéreurs, en se libérant de leurs prix, entre les mains desdits créanciers inscrits, en seront bien et valablement libérés, et seront habiles à requérir des conservateurs d'hypothèques la radiation des inscriptions d'office, sur la justification des actes établissant cette libération.

Si avant le jour fixé pour l'adjudication définitive les débiteurs venaient à consentir la vente amiable des immeubles, tous les frais occasionés par leur mise en vente seront supportés par lesdits débiteurs. Ledit créancier aura par suite le droit de comprendre à l'avance dans son inscription une somme approximative de ces frais.

Nonobstant ce qui est convenu, il sera libre audit sieur créancier de faire procéder à la saisie des biens ci-dessus hypothéqués, audit cas de défaut de paiement, et d'en suivre l'effet, mais cependant sous la condition qu'elle pourra être convertie en vente volontaire, de la manière ci-dessus énoncée, à la demande de l'une ou de l'autre des parties contractantes, devant le tribunal qui devra en connaître, et s'il y a lieu à cette conversion, c'est-à-dire si toutes les parties intéressées sont majeures et maîtresses de leurs droits.

La convention qui précède aura encore son effet, en cas de saisie de la part des tiers, si sa conversion est susceptible d'avoir lieu.

N° 3. — *Formule de clause d'affectation hypothécaire sur des biens indivis.*

A la sûreté et garantie du paiement de la somme empruntée, en principal, intérêts et accessoires, les débiteurs affectent, obligent et hypothèquent spécialement et solidairement ceux des immeubles ci-après désignés dépendant de la succession du sieur...., père dudit sieur...., dont ce dernier est héritier pour un tiers, et qui, par l'effet d'un partage, licitation ou tout autre acte tendant à faire cesser l'indivision, se trouveront revenir et appartenir audit sieur.... débiteur, lesquels biens se composent, savoir :

1° .... 2° .... (Désigner ici tous les biens dépendant de la succession.)

Cette hypothèque est ici conférée par lesdits débiteurs actuellement et suspensivement, conformément à la faculté qui leur en est accordée par l'article 2125 du Code civil.

(Voir pour l'effet de cette clause la p. 44 ci-dessus.)

Et dans le cas où tout ou partie des immeubles ci-dessus hypothéqués viendraient à être licités, ou que, par l'effet d'un partage ou tout autre acte faisant cesser l'indivision, ils viendraient à être transmis aux cohéritiers dudit sieur.... débiteur, ou l'un d'eux, pour lors et audit cas, ledit débiteur cède, délègue et transporte dès actuellement audit sieur...., créancier, qui l'accepte, jusqu'à concurrence de la somme ci-dessus reconnue, en principal, intérêts et accessoires et avec toute antériorité, audit débiteur la portion à revenir et appartenir à ce dernier dans le montant soit de toute soulte, soit du prix de toute licitation ou acte quelconque en tenant lieu, et faisant cesser l'indivision entre ledit débiteur et ses cohéritiers.

A ce faire furent présens et sont intervenus messieurs....

(Mettre ici les noms, prénoms et demeures des cohéritiers.)

Lesdits sus-nommés héritiers chacun pour un autre tiers dudit feu sieur.... leur père.

Lesquels ont déclaré se tenir l'acte ci-dessus pour bien et dûment notifié. Ils se sont en outre obligés à ne procéder à aucun acte de partage avec ledit sieur ...., débiteur, ou tout autre acte quelconque tendant à faire cesser l'indivision, sans y appeler ledit sieur....., créancier. Ils reconnaissent en outre n'avoir entre leurs mains aucune opposition contre leur cohéritier.

N° 4. — *Formule d'affectation hypothécaire sur des immeubles dotaux.*

Pardevant Me.... et son confrère, notaires à.... soussignés.... furent présens;

M. Etienne-Maurice Pelet, propriétaire, et dame Rosalie Fouquet, son épouse, qu'il autorise, demeurant à Paris, rue....

Lesdits sieur et dame Pelet mariés sous le régime dotal avec communauté d'acquêts, suivant qu'il résulte du contrat contenant les conditions civiles de leur mariage, passé devant Me....

Lesquels ont par ces présentes reconnu devoir à M. Blaise-Timothée Poulet, ancien négociant, demeurant à. . . . , à ce présent et acceptant, la somme de trente mille francs, pour le prêt de semblable somme que ledit sieur Poulet a présentement fait auxdits sieur et dame Pelet en espèces métalliques d'argent ayant cours, réalisées à la vue des notaires soussignés, pour employer à l'effet ci-après déclaré.

Laquelle dite somme de trente mille francs lesdits sieur et dame Pelet s'obligent solidairement rembourser audit sieur Poulet, etc., etc.

(Pour la suite jusqu'à l'affectation hypothécaire, voir la formule n° 1 d'autre part.)

A la sûreté et garantie du paiement de ladite somme de trente mille francs en principal et intérêts, lesdits sieur et dame Pelet affectent, obligent et hypothèquent spécialement et sous ladite solidarité une maison située à Paris, rue, etc., etc.

(Désigner ici l'immeuble hypothéqué.)

Ladite maison appartient à ladite dame Pelet, tant en qualité d'héritière pour un tiers de Jean Pierre Fouquet et de Marie-Jeanne Pincepré, son épouse, ses père et mère, que comme ayant recueilli cet immeuble dans leurs successions, au moyen de l'abandonnement qui lui en a été fait sans soulte et à titre de partage, suivant acte passé devant M^{e} . . . , le. . . .

Par le contrat ci-devant énoncé contenant les conditions civiles du mariage d'entre lesdits sieur et dame Pelet, tous les immeubles propres à cette dernière ont été frappés de la constitution dotale et soumis au régime dotal.

Lesdits sieur et dame Pelet déclarent ici que la somme de trente mille francs ci-dessus empruntée, est destinée à payer les travaux en tous genres de grosses réparations, qui ont été faites pendant la présente année à la maison et dépendances ci-dessus hypothéquées par ces derniers d'après le devis qui en a été fait par M....., architecte, et dont le mémoire, réglé par ce dernier, s'élève à la somme de trente-cinq mille francs.

A ce faire fut présent et est intervenu M. Pierre Thomas, maître maçon, entrepreneur de bâtimens, demeurant à ...., patenté pour la présente année, suivant la feuille à lui délivrée par le maire de .... sous le n°...

Lequel a reconnu avoir reçu desdits sieur et dame Pelet, qui, des mêmes deniers qu'ils viennent d'emprunter ci-dessus, ont à l'instant payé audit sieur Thomas la somme de trente mille francs, pour le solde et parfait paiement de celle de trente cinq mille francs montant des travaux ci-dessus énoncés, faits à la maison ci-dessus hypothéquée, ainsi qu'il résulte des mémoires et devis aussi sus énoncés, lesquels à la réquisition des parties sont demeurés ci-annexés, après que dessus il a été fait mention de leur annexe.

(Pour les autres clauses, voir la 1re formule.)

N° 5. — *Formule d'obligation par un tuteur.*

Pardevant Me.... et son confrère, notaires à ...., soussignés ...., fut présent :

M. Thomas Lespinasse, propriétaire, demeurant à...,

Agissant au nom et comme tuteur de Gabriel Thouret, et Marie Thouret, enfans mineurs de Jacques Thouret et d'Adélaïde Gosselin, son épouse, tous deux décédés, nommé et élu à ladite qualité qu'il a acceptée par délibération du conseil de famille desdits mineurs, présidée et reçue par M. le juge de paix de...., et encore ledit sieur Lespinasse au nom et comme étant spécialement autorisé à l'effet des présentes, suivant autre délibération du conseil de famille desdits mineurs, présidée et reçue par le même juge de paix en date du .... homologuée par jugement du tribunal de première instance de ....; la grosse duquel jugement ainsi qu'expédition en forme de la délibération de famille dernière énoncée, représentées par ledit sieur Lespinasse, sont demeurées ci-annexées après que dessus il a été fait mention de leur annexe.

Lequel en sa dite qualité a reconnu que lesdits mineurs Thouret doivent bien et légitimement à M. Jean Claude Manuel, rentier, demeurant à ....

La somme de six mille francs, pour le prêt de semblable somme que ce dernier a présentement fait auxdits mineurs Thouret en espèces métalliques d'argent ayant cours, réalisées à la vue des notaires soussignés, entre les mains dudit sieur Lespinasse, pour employer à l'acquittement de la dette ci-après énoncée.

Laquelle dite somme de six mille francs ledit sieur Lespinasse oblige lesdits mineurs Thouret rendre et rembourser audit sieur Manuel ou au porteur de ses pouvoirs et de la grosse des présentes, le....

(Voir, pour la suite, la formule n° 1.)

A ce faire fut présent et est intervenu M. Jacques Gilbert, maître maçon, entrepreneur de batimens, demeurant à ...., patenté, etc., etc.

Lequel a par ces présentes reconnu avoir reçu dudit sieur Lespinasse qui, des mêmes deniers que ceux qu'il vient d'emprunter en sadite qualité, lui a à l'instant payé à la vue des notaires soussignés la somme de six mille francs pour le montant du mémoire réglé par le sieur ...., architecte ci-après nommé, des travaux de réparations et reconstructions, en tous genres, effectués par ledit sieur Gilbert pendant les mois de mars, avril et mai 1832, en la maison ci-dessus hypothéquée et appartenant auxdits mineurs Gilbert; lesquels travaux et ouvrages ont été reçus par M. ...., architecte, ainsi qu'il résulte du rapport qui en a été fait et dressé par ce dernier le 20 juin 1832. Les travaux et ouvrages en question ont été précédés d'un constat des lieux fait et opéré suivant procès-verbal reçu et dressé, le 15 février 1832, par ledit sieur ...., architecte-expert, nommé tant pour constater les lieux que pour recevoir les travaux, suivant jugement du tribunal de première instance de ...., en date du 1er janvier 1832.

L'emprunt et le paiement ci-dessus ont pour effet d'opérer de plein droit la subrogation légale résultant, en faveur dudit sieur Manuel, de l'article 1250 du Code civil, dans l'effet du privilége résultant, en faveur dudit sieur Gilbert, des articles 2103 et 2110, pour raison non pas de ladite somme de six mille francs, mais de la plus-value à résulter des travaux en question et qui se trouvera exister à l'époque de l'aliénation de ladite maison.

En conséquence, ledit sieur Gilbert quitte et libère lesdits mineurs Thouret de ladite somme de six mille francs, à son égard et en ce qui le concerne. Du reste ledit sieur Manuel se trouve, comme dit est, subrogé de plein droit dans le privilége de ladite créance jusqu'à concurrence de ladite plus-value, et par suite dans l'effet des deux inscriptions ci-après énoncées prises au bureau des hypothèques de .... au profit dudit sieur Gilbert contre lesdits mineurs Thouret, la première le 25 février 1832, vol. .... n° .... faisant connaître le procès-verbal de constat des lieux, et la deuxième le 30 juin suivant, vol. .... n° .... indicative du procès-verbal de réception des travaux. Ledit sieur Manuel se trouve en outre subrogé de plein droit dans les autres droits et actions dudit sieur Gilbert, pour raison de ladite somme de six mille francs.

Par suite de ce paiement, ledit sieur Gilbert a présentement remis audit sieur Manuel qui le reconnaît, savoir : 1° le mémoire réglé des travaux; 2° les deux procès-verbaux ci-devant énoncés et dressés par ledit sieur .... architecte; 3° et la grosse du jugement d'homologation dudit jour.

Consentent les parties que des présentes mention soit faite par tous notaires de ce requis, sur toutes pièces que besoin sera.

Les frais et honoraires des présentes seront payés et supportés par...

§ VIII.

DE L'INSCRIPTION ET DE L'EFFET DES PRIVILÉGES ET HYPOTHÈQUES.

L'inscription est la déclaration que fait un créancier, sur un registre public, de l'hypothèque ou du privilége qu'il a sur les biens de son débiteur.

Si l'hypothèque ou le privilége sont la base de l'inscription, l'inscription peut être considérée, si on peut se servir de cette expression, comme le couronnement de l'hypothèque et du privilége.

L'article 2 de la loi du 11 brumaire an 7 portait : « L'hypothèque ne prend rang, et les priviléges sur « les immeubles n'ont d'effet que par leur inscription « dans des registres publics à ce destinés, sauf les « exceptions portées article 11. »

Le Code civil porte, article 2106, « Entre les créan- « ciers, les priviléges ne produisent d'effets à l'égard « des immeubles qu'autant qu'ils sont rendus publics, « par l'inscription sur les registres du conservateur « des hypothèques, de la manière déterminée par la « loi, et à compter de la date de cette inscription, « sous les seules exceptions qui suivent. Art. 2134. « Entre les créanciers l'hypothèque soit légale, soit « judiciaire, soit conventionnelle n'a de rang que du « jour de l'inscription prise par le créancier sur les « registres du conservateur, dans les formes et de la « manière prescrites par la loi, sauf les exceptions « portées en l'article suivant. »

En comparant ces articles, on voit que l'inscription

a, sous le Code civil, le même objet que sous l'empire de la loi du 11 brumaire, même efficacité et même nécessité. On voit aussi que ces deux lois ne diffèrent quant à ce que par les exceptions qu'elles établissent, et que, sauf ces exceptions, les articles 2106 et 2134 du Code civil ne sont que la répétition de l'article 2 de la loi du 11 brumaire an 7. Nous allons faire connaître ci-après les exceptions établies par le Code civil, c'est ce qui fera l'objet du premier article du présent chapitre; nous ferons connaître ensuite quelles sont les circonstances où l'inscription ne peut plus être prise utilement, ceci fera l'objet d'un second article. Enfin, dans un troisième et dernier article nous traiterons du mode d'inscription des priviléges et hypothèques.

ARTICLE 1er.

DE LA DISPENSE ET DU TERME SUSPENDU ET ILLIMITÉ DE L'INSCRIPTION A L'ÉGARD DE CERTAINS PRIVILÉGES ET HYPOTHÈQUES.

D'après l'article 2107 sont exceptées de la formalité de l'inscription les créances énoncées en l'article 2101, et ce à titre de privilége, lequel s'exerce dans l'ordre suivant: 1° les frais de justice; 2° les frais funéraires; 3° les frais quelconques de la dernière maladie, concurremment entre ceux à qui ils sont dus; 4° les salaires des gens de service pour l'année échue et ce qui est dû sur l'année courante; 5° les fournitures de subsistances faites au débiteur et à sa famille, savoir; pendant les six derniers mois par les marchands en détail, tels que boulangers, bouchers et autres; et pendant la dernière année par les maîtres de pension et marchands en gros.

Mais cette dispense accordée aux créanciers dénommés en l'article 2101 est-elle absolue ou seulement relative? Nous pensons qu'elle n'est que relative; en effet, à l'égard des autres créanciers, cela n'a jamais fait aucun doute; mais il n'en est pas de même à l'égard des tiers acquéreurs, qui autrement n'auraient aucun moyen pour purger ces priviléges et hypothèques; et l'article 2107 se trouverait pour lors en opposition et contradiction avec l'article 834 du Code de procédure, qui veut que tous les créanciers ayant privilége fassent inscrire leurs titres dans la quinzaine au plus tard de la transcription. Cette opinion est professée par Merlin et Grenier.

Du reste, ce principe n'empêcherait pas ces créanciers, qui ne se seraient pas fait inscrire, de produire à l'ordre et de se faire colloquer sur le prix tant qu'il n'a pas été distribué. Si leur droit est purgé à l'égard de l'acquéreur, la cause légitime de préférence, le privilége, existe toujours à l'égard des autres créanciers.

Le vendeur privilégié sur l'immeuble pour raison du prix qui en est l'objet n'est point dispensé de prendre inscription, mais le délai dont il jouit est illimité et suspendu. D'après la jurisprudence et la combinaison de l'article 2108 du Code civil avec l'article 834 du Code de procédure, le vendeur n'est tenu de faire inscrire son privilége que dans la quinzaine du jour de la transcription de l'acte de revente, et passé ce terme il se trouve déchu de faire valoir son droit non seulement vis-à-vis de l'acquéreur, mais encore à l'égard des autres créanciers. Cependant, dans la deuxième partie de notre ouvrage nous présenterons des motifs pour faire assimiler ce privilége et ses effets à celui des créanciers dénommés en l'article 2101, en sorte que bien que le privilége du vendeur se trouve purgé à l'égard de l'acquéreur s'il ne l'a pas fait inscrire dans la quinzaine du jour de la transcription, il serait toujours en droit de le faire valoir vis-à-vis des autres créanciers, tant que le prix de la vente n'a pas été distribué. On verra que, malgré tous ces motifs, les cours souveraines ont adopté une jurisprudence contraire en admettant cependant le vendeur à faire valoir un autre droit pour arriver au même but, c'est-à-dire l'action résolutoire. Il en résulte donc que par le fait de cette action ce dernier se trouve dans la même position que s'il était dispensé de faire inscrire son privilége.

Aux termes du paragraphe 2 de l'article 2103, ceux qui ont fourni les deniers pour l'acquittement d'un immeuble jouissent du même privilége que celui attribué au vendeur, pourvu qu'il soit authentiquement constaté par l'acte d'emprunt que la somme est destinée à cet emploi, et, par la quittance du vendeur, que ce paiement a été fait des deniers empruntés.

Nous renvoyons au chapitre qui traite du transport, pour le développement des conséquences qui résultent de cette subrogation légale.

D'après l'article 2135 du Code civil, l'hypothèque légale existe indépendamment de toute inscription, 1° au profit des mineurs et interdits, sur les immeubles appartenant à leur tuteur, à raison de sa gestion, du jour de l'acceptation de la tutelle; 2° au profit des femmes, pour raison de leurs dot et conventions matrimoniales, sur les immeubles de leur mari, à compter du jour du mariage, pour raison des sommes dotales qui proviennent des successions à elles échues, ou de donations à elles faites pendant le mariage à compter de l'ouverture des successions ou du jour que les donations ont eu leur effet, pour l'indemnité des dettes qu'elles contractent avec leur mari, et pour le remploi de leurs propres aliénés, à compter du jour de l'obligation et de la vente.

L'hypothèque légale des femmes des mineurs et des interdits existe, indépendamment de toute inscription, du jour de l'acceptation de la tutelle ou du jour du mariage, dit l'article 2135. Cela cependant ne signifie pas que l'hypothèque légale soit absolument affranchie de toute inscription. En effet, l'article 2107 qui a réellement voulu affranchir certaines créances de toute inscription s'est servi d'expressions bien différentes : *Sont exceptées de la formalité de l'inscription les créances énoncées en l'article* 2101, porte cet article. Notre article 2135 veut donc dire que le rang de l'hypothèque légale des femmes des mineurs et des interdits se règle, non par la date de l'inscription, mais par celle du mariage ou de l'acceptation de la tutelle, et autres époques ci-dessus déterminées.

La dispense de l'inscription d'hypothèque légale n'est donc pas absolue, elle n'est que relative. En effet, si cette dispense subsiste vis-à-vis des autres créanciers du grevé, il n'en est pas de même vis-à-vis du tiers acquéreur, à l'égard duquel l'inscription se trouve au contraire prescrite par l'article 2195.

On va nous objecter que nous venons d'assimiler par le fait l'hypothèque légale des femmes au privilége des créances, pour raison desquelles la dispense de l'inscription se trouve exister, d'après la disposition de l'article 2107 (voyez, *supra*, ce que nous venons de dire à l'égard de l'inscription du privilége de ces créances); nous profitons au contraire de cette observation pour prouver ce que nous venons d'avancer, et nous disons : lors de l'établissement du Code civil, le législateur n'avait pas posé d'une manière absolue la dispense de l'inscription de l'hypothèque légale des femmes des mineurs et des interdits, et comme nous venons de le dire, par l'article 2195 précité, il avait prescrit l'inscription de ces hypothèques à l'égard du tiers acquéreur, tandis que, par l'article 2107 aussi précité, il avait au contraire établi la dispense absolue de l'inscription du privilége des créances énoncées en l'article 2101. Telle était la jurisprudence sous l'empire exclusif du Code civil, jurisprudence qui entraînait des inconvéniens graves pour les tiers acquéreurs qui se trouvaient dans l'impossibilité de purger le privilége de ces créances et encore d'autres priviléges ayant une autre nature ou origine. Ces inconvéniens ont fait surgir une nouvelle jurisprudence lors de l'établissement du Code de procédure qui, à l'égard du privilége dont nous parlons, celui des créances énoncées en l'article 2101, imposa aux créanciers dénommés en cet article, vis-à-vis du tiers acquéreur, la formalité de l'inscription, formalité qui avait déjà été imposée dans une forme particulière à l'égard des hypothèques légales des femmes, des mineurs ou des interdits, par l'article 2159 du Code civil.

L'article 834 du Code de procédure a donc ramené au même principe de publicité et le privilége en question, et ces dernières hypothèques; c'est ce que nous pensons avoir prouvé d'une manière incontestable, en prouvant également que la dispense de l'inscription à l'égard des hypothèques de cette nature n'existe pas d'une manière absolue.

Les femmes, les mineurs ou les interdits qui n'ont pas fait inscrire leur hypothèque vis-à-vis du tiers acquéreur dans le terme prescrit par l'article 2195 ne sont pas déchus, vis-à-vis des autres créanciers et tiers inscrits, du droit de réclamer le bénéfice ou l'effet de cette hypothèque sur le prix, tant qu'il n'a pas été distribué; c'est ce qui a été assez souvent contesté et mis en question, mais la jurisprudence long-temps controversée sur cette question est sur le point de se fixer. En effet, la cour de cassation pendant long-temps n'a pas voulu admettre cette jurisprudence, mais plusieurs cours royales, et notamment celle de Paris, par son arrêt du 29 décembre 1832, l'ont au contraire admise; de nombreux arrêts sont intervenus et tout porte à préjuger que la cour de cassation va revenir sur sa jurisprudence.

Il n'est pas inutile de rappeler ici la décision de cette cour dans une espèce qui n'est pas absolument la même, mais dont les considérans peuvent faire apercevoir l'issue de la dissidence qui existe à cet égard depuis long-temps entre la cour suprême et les cours royales. Dans cette espèce, il s'agissait de savoir si l'adjudication sur expropriation forcée purgeait, *ipso facto*, l'hypothèque légale non inscrite du mineur ou de la femme mariée, dans l'intérêt tant de l'adjudicataire que des créanciers inscrits, ou au contraire si la purge ne pouvait s'opérer, à l'égard de l'adjudicataire, que par l'accomplissement des formalités prescrites par les articles 2194 et 2195 du Code civil, et à l'égard des créanciers que par un ordre suivi régulièrement. La cour de cassation avait constamment décidé que les dispositions des articles 2194 et 2195 n'étaient applicables qu'au cas de vente volontaire, que la longueur et la multiplicité des procédures en matière d'expropriation forcée suffisaient pour mettre les femmes mariées et les mineurs en demeure de prendre inscription ; que si leurs créances n'étaient pas inscrites avant l'adjudication, elles ne devaient pas même figurer dans l'ordre. La majorité des cours royales se prononçait contre ce système, mais avec diverses nuances; les unes admettant la purge dans l'intérêt de l'adjudicataire seulement, par le fait de l'adjudication, les autres ne l'admettant pas du tout.

C'est cette dernière interprétation qui a prévalu

devant la cour de cassation, sections réunies. Voici l'espèce : le 2 avril 1827, la cour de Grenoble avait décidé que l'adjudication sur expropriation forcée purgeait, *ipso facto*, l'hypothèque légale non inscrite, mais à l'égard de l'adjudicataire seulement ; qu'ainsi le mineur ou la femme mariée n'étaient pas moins recevables à se présenter à l'ordre avec les créanciers inscrits. Le 11 août 1829, la cour suprême cassa cet arrêt et renvoya devant la cour royale de Lyon. Cette dernière cour est allée plus loin que la cour de Grenoble, elle a posé en principe que la purge n'avait pas lieu même au profit de l'adjudicataire. Son arrêt est du 11 mai 1831.

M. Dupin, procureur général près la cour de cassation, a conclu en faveur de cette dernière décision. Entre autres motifs qu'il faisait valoir, il avançait celui que la femme mariée et le mineur pouvaient même se présenter à l'ordre quoiqu'ils fussent sans recours contre l'adjudicataire. On voit que ce dernier considérant est applicable à notre espèce : ces conclusions ont été adoptées par l'arrêt de la cour de cassation du 22 juin 1833 ; entre autres considérans on y voit celui (également applicable à notre espèce) que, d'après l'article 2135 du Code civil, l'hypothèque légale du mineur existe indépendamment de toute inscription ; que le Code ne pose d'autre limite à cette dispense d'inscrire l'hypothèque légale que celle qui se trouve dans les articles 2193 et 2194, qui déterminent les formalités que l'acquéreur d'un immeuble appartenant à un mari ou à un tuteur est tenu de remplir s'il veut purger les hypothèques dont cet immeuble est grevé. Cet arrêt mémorable, qui change la jurisprudence de la cour de cassation, vient d'être suivi de quatre nouveaux arrêts de la chambre civile, rendus dans la même espèce et qui tous rejettent des pourvois : l'un du 30 juillet 1833, l'autre du 27 août 1833, le 3e du 30 avril 1834, et le 4e du même jour.

Aux termes de l'article 2109 le cohéritier conserve son privilége sur les biens de chaque lot, ou sur le bien licité pour la soulte ou retour de lot, ou pour le prix de la licitation, par l'inscription faite à sa diligence, dans soixante jours à dater de l'acte de partage ou de l'adjudication par licitation, durant lequel temps aucune hypothèque ne peut avoir lieu sur le bien chargé de soulte, ou adjugé par licitation au préjudice du créancier de la soulte ou du prix. Quoique ce privilége se trouve clairement établi et que le temps soit précisé et limité, il est cependant susceptible de donner lieu à une question lorsque l'immeuble sur lequel repose le prix de la licitation ou de la soulte vient à être aliéné et que le contrat d'aliénation vient à être transcrit avant l'expiration des soixante jours accordés au cohéritier pour faire inscrire son privilége, si ce dernier ne le fait inscrire que le dernier jour du terme. La transcription opérée par l'acquéreur ne serait-elle pas dans ce cas insuffisante pour purger le privilége du cohéritier qui conserverait toujours son recours vis-à-vis de l'acquéreur en le faisant inscrire dans le cours des soixante jours (c'est l'opinion de Merlin). Ou purgerait-elle, au contraire, le privilége du cohéritier, qui pour lors n'aurait plus d'action contre l'acquéreur, mais conserverait ses droits de préférence vis-à-vis des autres créanciers de son cohéritier ou copartageant, en produisant à l'ordre et distribution du prix? (c'est l'opinion de MM. Tarrible, Grenier et Persil). Cette dernière nous paraît préférable; en sa faveur, on est en droit de faire valoir le dernier paragraphe de l'article 834 du Code de procédure que nous avons déjà cité dans l'intérêt du vendeur. C'est au surplus l'opinion de l'orateur du tribunat qui présenta au corps législatif la partie du Code de procédure dans laquelle se trouve l'article 834.

Le délai de soixante jours pour l'inscription de privilége par suite de licitation court du jour même de l'adjudication et non pas seulement de la date de l'acte postérieur par lequel ont été liquidés les droits des co-intéressés dans le prix de la licitation. C'est ce qui a été jugé par un arrêt de la cour de Lyon du 21 février 1832 et un autre de la cour royale de Paris du 7 février 1833. Ces arrêts nous paraissent conformes au principe de l'article 2109, qui est très clair et n'est point susceptible d'interprétation. Afin de ne point laisser perdre le privilége, et au lieu de prendre inscription au profit des intéressés dans la proportion des droits résultant de l'acte de liquidation de ces droits, qui peut être réalisé plus de 60 jours après l'acte l'adjudication, il est à propos de requérir l'inscription au profit de tous les intéressés collectivement, en conséquence du premier acte, celui de licitation, dans le cours du terme légal. Cependant les deux arrêts que nous venons de citer paraissent se trouver en opposition avec un autre antérieur de la cour royale de Paris du 25 juillet 1818, confirmé par arrêt de la cour de cassation, section des requêtes, du 17 février 1820, d'après lequel il avait été jugé que les deux actes en question ne faisaient qu'une seule et même opération, qu'ils n'avaient par conséquent effet à l'égard du mineur que du jour de l'homologation; qu'ainsi l'inscription prise dans les soixante jours de l'homologation de la liquidation postérieure au partage, conservait au mineur le privilége réservé par l'article 2109 à chaque cohéritier inscrit pour la garantie des clauses du partage.

L'inscription de privilége résultant de l'article 2109 n'est applicable qu'à une licitation par suite de laquelle un cohéritier, ou co-intéressé se rend adjudicataire; si l'adjudication avait lieu au profit d'un étranger, ne participant pas à l'indivision, soit de son chef, soit comme étant aux droits d'un cohéritier ou copartageant, cette adjudication rentrerait dans la classe de ventes ordinaires et ne donnerait pas lieu au privilége particulier résultant de l'article 2109.

Aux termes de l'article 2110, les architectes entrepreneurs, maçons et autres ouvriers employés pour édifier, reconstruire ou réparer des bâtimens, canaux ou autres ouvrages, et ceux qui ont, pour les payer et rembourser, prêté les deniers dont l'emploi a été constaté, *conservent* par la double inscription faite, 1° du procès-verbal qui constate l'état des lieux ; 2° du procès-verbal qui contient leur réception, leur privilége à la date de l'inscription du premier procès-verbal.

D'après l'article 2111, les créanciers et légataires qui demandent la séparation du patrimoine du défunt, conformément à l'article 878 au titre des successions, conservent à l'égard des créanciers des héritiers ou représentans du défunt leur privilége sur les immeubles de la succession, par les inscriptions faites sur chacun de ces biens dans les six mois à compter de l'ouverture de la succession. Avant l'expiration de ces six mois aucune hypothèque ne peut être établie, avec effet sur ces biens, par les héritiers ou représentans au préjudice de ces créanciers ou légataires.

Les deux sortes de privilége ci-dessus ne peuvent être assimilés à celui existant en faveur des cohéritiers ou copartageans, en ce qui regarde la préférence que ces derniers conservent toujours vis-à-vis des autres créanciers, dans le cas dont nous avons parlé, page 116, ci-dessus. Les créanciers et légataires ainsi que les architectes, entrepreneurs et ouvriers, dans le cas dont nous parlons, perdent non seulement leur recours contre l'acquéreur mais encore leur privilége ou droit de préférence vis-à-vis des autres créanciers; c'est au surplus l'opinion de Merlin et Grenier contrairement à trois arrêts de la cour de cassation, le 1er du 22 janvier 1806, le 2e du 8 septembre de la même année, et le 3e du 17 octobre 1809.

Cette question délicate se trouve traitée avec des

développemens très étendus et minutieux par M. Grenier, édition de 1822, tome II, page 287. En faveur de son opinion, à laquelle nous nous rangeons, nous ajoutons que le second paragraphe de l'article 834 du Code de procédure ne fait pas en faveur des priviléges résultant des articles 2110 et 2111 la réserve qu'il fait en faveur de ceux résultant des articles 2108 et 2109. Enfin nous renvoyons à ce que nous avons déjà dit à l'égard de ces deux dernières sortes de privilége, sous les articles 4 et 5 du § VI.

Aux termes de l'article 2113, toutes créances privilégiées soumises à la formalité de l'inscription, à l'égard desquelles les conditions prescrites par la loi pour conserver le privilége n'ont pas été accomplies, ne cessent pas néanmoins d'être hypothécaires, mais l'hypothèque ne date, à l'égard des tiers, que de l'époque des inscriptions qui auront été prises.

Article 2.

QUELLES SONT LES CIRCONSTANCES OU L'INSCRIPTION NE PEUT PLUS ÊTRE PRISE UTILEMENT ?

Cette question conduit au développement d'une partie essentielle à connaître de la matière que nous traitons, et ceux qui ont des droits à exercer ne sauraient être trop éclairés à cet égard. Il leur importe de se prémunir contre les déchéances qui peuvent survenir, s'ils ne se mettent pas en demeure, en temps opportun, de faire usage de ces droits, et de les mettre en temps utile sous la sauve-garde de l'inscription, complément toujours nécessaire de l'hypothèque et du privilége.

Nous avons déjà dit que l'hypothèque ne prend rang et que les priviléges sur les immeubles n'ont d'effet que par l'inscription.

Dans le paragraphe qui précède, nous nous trouvons par le fait avoir traité tout ce qui concerne les priviléges par rapport à la question qui fait l'objet du présent paragraphe, nous n'avons donc par suite plus à parler que des hypothèques.

Sort de l'hypothèque dont l'inscription n'a pas été prise en temps utile.

Avant de traiter des circonstances et cas particuliers qui limitent plus ou moins le terme dans lequel les inscriptions doivent être prises et qui en empêchent même l'effet, il nous semble à propos de faire connaître d'abord quel est le sort de l'hypothèque qui n'a point été revêtue de la formalité qui lui donne un effet, nous voulons dire l'inscription, comme aussi quel est le sort de l'hypothèque dont l'inscription n'a pas été prise en temps utile, ce qui revient au même.

Nous voyons que l'article 2093 du Code civil porte que les biens du débiteur sont le gage commun des créanciers, et que le prix s'en distribue entre eux par contribution, à moins qu'il n'y ait entre les créanciers des causes légitimes de préférence; que l'article 2094 porte que les causes légitimes de préférence sont les priviléges et hypothèques; et que d'après l'article 2134, entre les créanciers, l'hypothèque soit légale, soit judiciaire, soit conventionnelle, n'a de rang que du jour de l'inscription prise par le créancier, sauf les exceptions portées en l'article 2135, en faveur des femmes, des mineurs et des interdits. Le rapprochement de ces articles est concluant; nous disons donc que si la cause légitime de préférence, l'hypothèque, n'a pas été inscrite conformément à l'article 2134, il y a lieu à faire l'application de l'article 2093, c'est-à-dire la distribution du prix des biens du débiteur, par contribution entre ses créanciers. La formalité de l'inscription est tellement essentielle à l'hypothèque, que sans elle elle n'a aucun effet. C'est l'opinion des auteurs qui ont écrit sur la matière, et c'est au surplus la jurisprudence reconnue par la cour de cassation, notamment par un arrêt rapporté au Journal du Palais, 1810, tome Ier, page 64.

Il en résulte donc que les créanciers ayant une hypothèque non inscrite, ou trop tardivement inscrite, ne peuvent réclamer de préférence vis-à-vis des créanciers chirographaires.

Du délai de l'inscription à observer vis-à-vis des tiers acquéreurs et détenteurs.

D'après l'article 2,166, les créanciers ayant privilége ou hypothèque *inscrite* sur un immeuble le suivent en quelque main qu'il passe, pour être payés et colloqués, suivant l'ordre de leurs créances ou *inscriptions*, et cet article est le premier du chapitre qui porte pour titre : *De l'effet des priviléges et hypothèques contre les tiers détenteurs.*

D'après le texte de l'article 2166, il faut donc que

l'hypothèque soit inscrite, pour que le créancier qui en jouit puisse avoir suite et recours sur l'immeuble qui en est grevé; si donc l'inscription n'existe pas, l'hypothèque n'a pas d'efficacité.

Dans quel délai l'inscription doit-elle être faite? le législateur a établi une règle particulière à l'égard des hypothèques légales des femmes, des mineurs et des interdits, sous les articles 2193, 2194 et 2195, et nous avons traité des effets de ces hypothèques pour le cas qui nous occupe dans le paragraphe précédent; il ne nous reste donc plus qu'à examiner la question à l'égard des hypothèques d'autre nature; pour la traiter convenablement il faut l'envisager et se reporter à deux époques.

Depuis l'établissement du Code civil et jusqu'à celui du Code de procédure, il est demeuré constant et il a été reconnu en principe que les hypothèques non inscrites au moment de l'aliénation ne pouvaient plus l'être utilement; c'est l'opinion des auteurs et notamment celle des deux orateurs du gouvernement et du tribunat, dont les motifs sont développés dans le Recueil de la discussion du Code de procédure civile, édition de Firmin Didot, p. 280 et 301. En effet, d'après l'article 1583, la vente est parfaite entre les parties, et la propriété est acquise de droit à l'acheteur à l'égard du vendeur dès qu'on est convenu de la chose et du prix. D'après l'article 2183, le vendeur ne transmet à l'acquéreur que la propriété et les droits qu'il avait lui-même sur la chose vendue; il les transmet sous l'affectation des mêmes priviléges et hypothèques dont il était chargé, et on a vu ci-dessus que d'après la disposition de l'article 2166 il est nécessaire que les priviléges et hypothèques soient inscrits. Est depuis survenu le Code de procédure qui par l'article 834 a opéré un changement dans la législation sur les priviléges et hypothèques; en effet, d'après cet article, les créanciers ayant une hypothèque antérieure aux aliénations, aux termes des articles 2123, 2127 et 2128 du Code civil, ont le droit de prendre inscription dans la quinzaine de la transcription de l'acte translatif de propriété; mais il est à remarquer qu'il faut que le titre constitutif d'hypothèque soit antérieur au titre d'aliénation.

La jurisprudence résultant de l'article 834 du Code de procédure ne s'applique qu'aux aliénations volontaires, suivant que le porte formellement son texte; il s'ensuit que toutes les ventes quelconques d'immeubles, même celles judiciaires, à l'exception de celles sur expropriation ou saisie immobilière, doivent être transcrites, et que la même règle doit avoir lieu à l'égard de cette dernière nature d'aliénation dans le cas où une saisie immobilière est convertie en une vente judiciaire, sous certaines formalités, qui cessent d'être celles de l'expropriation aux termes de l'article 747 du Code de procédure; c'est une jurisprudence reconnue et professée et c'est l'opinion de MM. Tarrible, Merlin, Grenier et Persil.

Quel est le délai utile dans lequel les hypothèques doivent être inscrites à l'égard d'une vente sur saisie immobilière ?

Nous venons d'établir que la jurisprudence nouvelle résultant de l'article 834 du Code de procédure et qui a apporté une modification à la loi hypothécaire résultant du Code civil, n'était pas applicable à la saisie immobilière; nous sommes donc obligé de nous reporter à la jurisprudence du Code civil, que nous venons de faire connaître, et par suite nous disons que l'hypothèque pour le cas dont nous parlons doit être inscrite avant l'adjudication.

De l'inscription prise dans le délai pendant lequel les actes faits avant l'ouverture des faillites sont déclarés nuls.

D'après l'article 2146 du Code civil, les inscriptions ne produisent aucun effet si elles sont prises dans le délai pendant lequel les actes faits avant l'ouverture des faillites sont déclarés nuls, et, d'après l'article 443 du Code de commerce, nul ne peut acquérir privilége ni hypothèque sur les biens du failli dans les dix jours qui précèdent l'ouverture de la faillite.

Ce principe est fondé sur ce que le législateur a voulu faire un sort égal et commun à tous les créanciers ordinaires du débiteur failli, lorsque ses affaires se trouvent en mauvais état, et empêcher que les plus diligens ou les plus rigoureux ne parviennent à se créer une préférence vis-à-vis des autres par l'activité de leurs poursuites en obtenant de la volonté du débiteur ou judiciairement des actes et jugemens qui emporteraient cette préférence. Il a eu aussi pour but d'empêcher la fraude à laquelle ce débiteur est susceptible de se laisser aller dans une position malheureuse.

Les articles de la loi que nous venons de citer ne

sont applicables qu'à des individus commerçans ; et d'après un projet de loi porté devant les chambres, leur effet se trouvera modifié quant au terme.

Exception à l'égard des hypothèques anciennes.

Il a été fait exception au principe de nullité de l'inscription prise dans les dix jours qui ont précédé la faillite à l'égard des hypothèques anciennes, et il a été reconnu que la loi du 11 brumaire an 7 non plus que le Code civil ne s'y opposaient pas, par le motif qu'il eût été injuste d'assujétir aux mêmes règles l'inscription en vertu d'un titre passé sous le Code civil ou la loi du 11 brumaire et celle qui est prise pour conserver une hypothèque ancienne, existant par elle-même, sans la formalité de l'inscription qui était alors inconnue. Cette modification a été basée sur ce que c'eût été entacher la loi du vice de la rétroactivité, et qu'autre chose est d'acquérir une hypothèque nouvelle ou de conserver une hypothèque anciennement acquise.

Cette jurisprudence, reconnue par MM. Merlin, Chabot de l'Allier et Grenier, a été consacrée par plusieurs arrêts de la cour de cassation des 18 février et 5 avril 1808, 15 décembre 1809, sous la présidence du grand juge, les sections réunies, et du 4 décembre 1815.

La nullité de l'hypothèque et de l'inscription dans le cas ci-dessus est-elle applicable aux individus non commerçans tombés en état de déconfiture ou d'insolvabilité ?

Cette nullité n'existe point à l'égard de ces individus; cette jurisprudence reconnue par les auteurs a été consacrée par un assez grand nombre d'arrêts, notamment deux de la cour de cassation en date des 11 février et 2 septembre 1812.

De l'inscription à l'égard des successions acceptées sous bénéfice d'inventaire.

D'après le deuxième paragraphe de l'article 2146, les inscriptions ne produisent aucun effet entre les créanciers d'une succession, si elles n'ont été prises que depuis l'ouverture et dans le cas où la succession n'est acceptée que par bénéfice d'inventaire.

Les principes que nous venons de développer à l'égard de l'individu commerçant en état de faillite se reproduisent à l'égard d'une succession bénéficiaire par suite des mêmes causes; c'est ce qui a donné lieu au second paragraphe de l'article 2146 que nous venons de rapporter. Cependant il y a une distinction à faire entre les créanciers de l'hérédité et ceux personnels de l'héritier; nous renvoyons à ce que nous avons dit à ce sujet sous l'article 5 du paragraphe VI.

De l'inscription à l'égard d'une succession vacante.

Doit-on également frapper de nullité l'inscription prise depuis l'ouverture d'une succession déclarée vacante? le texte de la loi ne s'explique pas. Ici il n'y a pas qu'analogie, il y a, nous pouvons l'affirmer, concours de mêmes circonstances, avec encore plus de gravité; il s'agit toujours d'une succession; elle n'est pas, il est vrai, bénéficiaire, mais elle présente des élémens, une situation absolument pareille, et c'est le cas d'appliquer ici la règle *a fortiori;* c'est au surplus l'opinion des auteurs, et cette jurisprudence a été consacrée par un arrêt de la cour de cassation du 4 thermidor an 12, et un autre du 4 juillet 1815.

Exception à l'égard des hypothèques anciennes.

Il y a lieu à appliquer à l'égard des successions bénéficiaires et vacantes le même principe que celui que nous avons établi ci-dessus, à l'égard des faillites, en ce qui concerne la validité d'une inscription prise pour la conservation d'une hypothèque ancienne; c'est ce qui a été jugé par trois arrêts de la cour de cassation, le premier du 17 décembre 1807, le second du 5 septembre 1810, et le troisième du 4 juillet 1815 ci-dessus rapporté.

Lorsque la succession est échue à un mineur et par suite acceptée sous bénéfice d'inventaire, cette acceptation entraîne-t-elle, comme celle faite par le majeur, la nullité de l'inscription prise depuis l'ouverture de la succession?

La jurisprudence d'abord sur ce point incertaine paraît devoir se fixer et établir la nullité de l'inscription dans l'espèce dont il s'agit. C'est au surplus ce qui a été consacré déjà par deux arrêts de cours royales et par un arrêt de cassation du 18 novembre 1833; c'est encore l'opinion des auteurs qui ont traité la matière, contrairement cependant à celle de Grenier, que nous ne pouvons adopter. Du reste, ce serait une exception que nous désirerions voir écrite dans la loi, par les motifs d'équité qui existent en sa faveur;

mais par cela même que c'est une exception, il faut qu'elle soit explicitement introduite, et comme il n'en est pas ainsi, nous reconnaissons et regardons comme fondée la jurisprudence que nous venons de citer.

La cession de biens judiciaire ou volontaire entraîne-t-elle la nullité de l'inscription dans les dix jours qui précèdent cette cession?

Sur la solution de cette question il faut distinguer si l'individu qui a fait la cession est commerçant ou ne l'est pas.

S'il est commerçant, nous disons : le titre II du livre III du Code de commerce attribue la qualité de failli à celui qui fait la cession; par conséquent, nul doute que l'inscription prise dans les dix jours qui ont précédé la cession soit nulle. Si le cédant n'est pas commerçant, on ne voit aucun motif pour annuler l'inscription, et pour ce dernier cas nous sommes en droit de faire valoir la jurisprudence que nous venons d'invoquer et faire valoir en faveur de la validité d'une inscription prise contre un individu non commerçant et tombé en déconfiture.

Le cas de faillite ou de succession bénéficiaire ou vacante emporte-t-il la nullité des inscriptions prises dans les dix jours qui ont précédé leur ouverture, pour la conservation, des hypothèques légales existant indépendamment d'inscription, et des priviléges sur immeubles?

Pour répondre à cette question grave, nous disons d'abord que le silence de la loi, peut-être même l'omission, nous force, dans la décision qui nous occupe, de remonter à la cause qui a fait établir le principe résultant des articles 2146 du Code civil et

443 du Code de commerce. A ne consulter que le texte de ces articles, il semblerait que la question devrait être décidée négativement ; mais quand on se reporte à la cause qui les a dictés, on est obligé de reconnaître que telle n'est pas l'intention du législateur. Cette cause, nous l'avons déjà dit, est de faire acquérir un sort égal et sans aucune préférence à tous les créanciers ordinaires soit du débiteur failli, soit de la succession bénéficiaire ou vacante. Ce principe tout à fait conséquent avec sa cause a donc pour but d'empêcher quelques uns de ces créanciers d'acquérir des droits qui puissent établir cette préférence. Il demeure donc constant que l'idée du législateur n'a pas été de nuire aux droits acquis, mais de détruire ceux qu'on voudrait acquérir. Ayant fait ressortir cette idée principale et première, nous disons que les priviléges et hypothèques dont nous parlons reposent sur des droits acquis, qu'à leur égard il y a lieu d'appliquer l'axiome *non ex tempore sed ex causâ estimantur*, que le temps qui effectivement sert de règle à l'application du principe qui dérive des articles 2146 du Code civil et 443 du Code de commerce, le temps, disons-nous, n'influe en rien sur ces droits lorsqu'ils sont inscrits dans les termes et délais qui leur sont respectivement prescrits ; nous convenons qu'on pourrait être d'abord porté à croire qu'il y a eu omission de la part du législateur s'il n'a pas explicitement motivé une exemption en leur faveur.

Nous ajoutons : Y avait-il nécessité absolue de motiver cette exception? nous ne le pensons pas. En effet, il faut remarquer que les articles 2146 et 442 précités sont de droit commun et que tous ceux qui concèdent les priviléges et hypothèques légales, sont de droit exceptionnel. Le droit exceptionnel ne doit céder au droit commun que là où il se trouve formellement abrogé. Ainsi la faveur exceptionnelle, accordée aux hypothèques légales, existant indépendamment d'inscriptions, et aux priviléges sur les immeubles, cette faveur se trouve restreinte, et les créanciers qui en jouissent ne peuvent plus l'exercer vis-à-vis du tiers détenteur, lorsqu'ils n'ont point fait inscrire leurs titres dans les termes et délais voulus par les articles 2166, 2181, 2194 du Code civil et 834 du Code de procédure; mais aussi ces articles sont-ils formels et ne laissent-ils aucun doute. Ils ont pour objet de purger les propriétés acquises par les tiers détenteurs des priviléges et hypothèques de toute nature qui peuvent les grever, et ces articles du reste n'ont d'effet qu'en faveur de ces derniers, ainsi que nous l'avons démontré plus haut.

Tout ce que nous venons de dire nous porte donc à conclure que la nullité de l'inscription, prononcée par les articles 2146 du Code civil et 443 du Code de commerce, n'est pas applicable aux priviléges sur immeubles non plus qu'aux hypothèques existant indépendamment de toute inscription. Ce principe n'est pas adopté par tous les auteurs, il est cependant reconnu, par MM. Grenier et Persil, et la jurisprudence est peut-être encore incertaine; mais nous pouvons citer à l'appui de notre système un arrêt de la cour de cassation du 15 décembre 1809.

Toutefois, relativement aux priviléges qui tous par eux-mêmes sont soumis à la formalité de l'inscription, il y a lieu de considérer si au moment de l'ouverture de la faillite ou de la succession, le créancier était encore en temps utile de s'inscrire; car si le délai était expiré, son privilége, aux termes de l'article 2113, serait dégénéré en hypothèque ordinaire, et pour lors le créancier se trouverait déchu de faire valoir son privilége et l'efficacité de l'inscription. Il en serait de même du privilége énoncé dans l'article 5 de la loi du 5 septembre 1807, relative aux droits du trésor public sur les biens des comptables et de celui résultant de l'article 3 de la même loi, pour le recouvrement des frais de justice, au profit du trésor public, en matière criminelle, correctionnelle et de police, ces derniers priviléges n'ayant d'effet qu'à compter du jour de l'inscription.

Relativement aux hypothèques légales, il n'y a lieu de réclamer le principe d'exception que nous venons de démontrer qu'en faveur de celles qui se trouvent exister indépendamment de toute inscription, selon que nous l'avons déjà dit, et ce, aux termes de l'article 2135 du Code civil, qui porte que cette nature d'hypothèque existe, 1° au profit des mineurs et des interdits, sur les immeubles appartenant à leur tuteur, à raison de la gestion, du jour de l'acceptation de la tutelle; 2° et au profit des femmes pour raison de leurs dots et conventions matrimoniales, à compter du jour du mariage, pour les sommes dotales provenant de successions ou de donations, à compter de l'ouverture des successions ou du jour que les donations ont eu leur effet, et pour raison de l'indemnité des dettes contractées avec leurs maris et pour le remploi de leurs propres aliénés, à compter du jour de l'obligation et de la vente.

Il a été aussi fait exception au principe de nullité de l'inscription prise depuis l'ouverture d'une succession bénéficiaire ou vacante, en faveur des hypothèques anciennes. Il y a pour ce cas les mêmes raisons que celles que nous avons données ci-dessus à l'égard de la faillite; c'est au surplus ce qui a été jugé par trois arrêts de la cour de cassation; le premier du 17 décembre 1807, le second du 5 septembre 1810 et le troisième du 4 juillet 1815.

La nullité de l'inscription prise dans les dix jours qui précèdent l'ouverture de la faillite ou d'une succession bénéficiaire ou vacante peut-elle être opposée par les tiers acquéreurs, lorsque vis-à-vis de ces derniers elle se trouve prise en temps utile?

Nous ne le pensons pas; cette nullité, d'après les expressions du dernier paragraphe de l'article 2146, ne nous paraît que relative et seulement concerner les créanciers entre eux. D'ailleurs les motifs qui ont dicté cet article et que nous avons rapportés ci-dessus n'existent plus vis-à-vis du tiers acquéreur.

Quel est le terme après lequel les femmes et les mineurs et les interdits ne peuvent plus faire usage de leur hypothèque légale et réclamer les droits y attachés?

La solution de cette question est soumise à celle

préalable de savoir si l'hypothèque légale des femmes sur les biens du mari et celle du mineur et de l'interdit sur les biens du tuteur, subsistent avec tous leurs avantages, après la dissolution du mariage ou après la cessation de la tutelle.

On ne voit pas pourquoi cette hypothèque n'existerait pas avec tous ses avantages après l'époque dont nous venons de parler, et on aperçoit deux motifs: le premier, parce que la loi ne fait aucune restriction à cet égard, et le second encore plus fort, parce que le mineur, étant devenu majeur et la femme devenue libre, ne sont habiles à faire valoir leurs droits et partant leur hypothèque qu'à partir de cette époque; par suite, il serait injuste de les priver d'un droit, du moment seulement qu'ils peuvent l'exercer. On ne pourrait supposer cette idée au législateur, et on n'en aperçoit aucun indice dans la loi. Pour appuyer ce que nous venons de dire, nous citerons un avis du conseil d'état du 5 mai 1812, qui, relativement au mode de purger les hypothèques légales des femmes et des mineurs, établi tant par le Code civil que par un autre avis du conseil d'état du 9 mai 1807, a décidé que ce mode de purger était applicable aux femmes veuves et aux mineurs devenus majeurs ainsi qu'à leurs héritiers et représentans, et qu'il n'y avait pas nécessité de fixer un délai particulier aux femmes après la mort de leurs maris, et aux mineurs devenus majeurs ou à leurs représentans, pour prendre inscription.

Ce premier point établi, il s'agit de savoir le délai

dans lequel ces derniers doivent exercer leurs droits, c'est-à-dire prendre inscription, ce que n'a point décidé, comme on vient de le voir, le conseil d'état, qui, par suite, quant à ce, a laissé implicitement la solution de cette seconde question à l'interprétation de la loi.

Pour décider cette question il y a lieu à distinguer le droit de la femme d'avec celui du mineur.

A l'égard de la femme on peut dire : aux termes de l'article 2180, les priviléges et hypothèques s'éteignent, entre autres causes, par la prescription : aux termes de l'article 2256, la prescription est suspendue, pendant le mariage, à l'égard de la femme, dans tous les cas où l'action de la femme réfléchit contre le mari ; enfin, d'après l'article 2262, toutes les actions tant réelles que personnelles sont prescrites par trente ans. La combinaison de ces articles nous paraît donc concluante pour faire décider que la femme ou ses représentans ont trente ans à compter du jour de la dissolution du mariage, pour exercer l'effet de son hypothèque légale, et par suite prendre inscription.

Quant au mineur devenu majeur, on peut dire : aux termes du même article 2180, les priviléges et hypothèques s'éteignent encore par l'extinction de l'obligation principale. D'après l'article 475, toute action du mineur contre son tuteur, *relativement aux faits de la tutelle*, se prescrit par dix ans, à compter de la majorité; il résulte donc de ces deux articles la conséquence très précise que le mineur, devenu majeur, n'a que dix ans, à compter du jour de sa majorité, pour exercer l'effet de son hypothèque légale et prendre inscription.

Du reste, dans l'un comme dans l'autre cas ci-dessus, les termes et délais que nous venons de déterminer, ne sont applicables qu'au cas où l'immeuble grevé de l'hypothèque légale se trouve rester entre les mains du mari ou du tuteur; mais il n'en peut être ainsi vis-à-vis du tiers acquéreur de l'immeuble, lorsqu'il remplit les formalités voulues pour purger. Pour ce dernier cas nous nous référons à ce que nous avons dit sous le paragraphe 1er ci-dessus.

Telle est notre opinion dans cette grave question, qui ne nous paraît généralement pas traitée par les auteurs, si ce n'est par Merlin dont nous allons rapporter l'opinion contraire en un sens à la nôtre. Après avoir donné de très grands développemens à cet égard (Voir *Dictionnaire de Jurisprudence, au mot* INSCRIPTION HYPOTHÉCAIRE, *paragraphe III, article 2)*, il se résume et pense que, tant que l'immeuble hypothéqué reste dans les mains du débiteur de la dot ou du compte de tutelle, l'inscription de la femme et du mineur n'est jamais tardive relativement aux autres créanciers hypothécaires, et que, quand bien même l'inscription n'aurait été faite que vingt ans après, le rang de l'hypothèque légale n'en remonte pas moins, au jour du mariage ou de l'acceptation de la tutelle, sans qu'elle pût être primée par aucun des autres créanciers hypothécaires *inscrits* depuis ces époques. On voit que, dans ce dernier cas, nous serions d'accord avec Merlin, quant à l'effet de l'hypothèque de la femme. Il est aussi bon de remarquer que Merlin, dans ses longues et savantes dissertations sur ce sujet, était plutôt et particulièrement occupé de l'idée d'établir le principe de survivance de l'hypothèque légale de la femme et du mineur, après la dissolution du mariage et la cessation de la tutelle, principe sur lequel nous sommes tout-à-fait d'accord avec lui; mais qu'il ne s'est pas aussi bien occupé de fixer un terme, une limite à la jouissance des droits qu'il a si bien établis et traités: on peut même dire qu'il n'a pas traité ce dernier point de la question; c'est pourquoi notre opinion ne se trouve pas contraire à la sienne d'une manière absolue.

Article III et dernier.

DU MODE DE L'INSCRIPTION DES PRIVILÉGES ET HYPOTHÈQUES.

La matière que nous allons traiter est peut-être celle qui, par suite de sa nature, a donné le plus lieu à des décisions des cours et tribunaux, et c'est ici ou jamais le cas de dire que la forme emporte quelquefois le fond.

La jurisprudence sur cette matière fut si sévère et rigoureuse dès le principe de la loi, et il en résulta un si grand nombre de déchéances d'hypothèques, que les cours et tribunaux furent obligés de revenir sur cette sévérité; il fut bien reconnu en principe que l'inobservation des formalités prescrites par la loi devait entraîner la nullité de l'inscription, mais il est demeuré pour constant que l'on ne devait pas exiger l'exécution littérale de la loi, et que si de l'ensemble de l'inscription on trouvait la réunion des renseignemens demandés et exigés on ne devait pas prononcer la nullité. Toutefois, nous ne pouvons trop recommander l'exécution minutieuse des formes prescrites, afin de prévenir les procès et contestations; car quoique les cours et tribunaux se soient relâchés de leur rigueur première, on ne peut se dissimuler qu'en se conformant ponctuellement à la loi on évite de se trouver soumis au libre arbitre de la justice.

D'après l'article 2146, les inscriptions se font au bureau de la conservation des hypothèques dans l'arrondissement duquel sont situés les biens soumis au privilége ou à l'hypothèque.

Il en résulte que le créancier se trouve tenu à former autant d'inscriptions qu'il y a de bureaux dans l'étendue desquels se trouvent situés les biens à l'égard desquels il a privilége ou hypothèque; du reste il n'est astreint de payer le droit proportionnel d'hypothèque qu'à un seul bureau, en justifiant par lui de l'acquittement de ce droit, aux conservateurs des autres bureaux.

Aux termes de l'article 2147, tous les créanciers inscrits le même jour exercent en concurrence une hypothèque de la même date sans distinction entre l'inscription du matin et celle du soir, quand bien même cette différence serait marquée par le conservateur.

Cette disposition sage évite toutes contestations qui arriveraient infailliblement entre plusieurs créanciers qui peuvent venir simultanément, pour faire inscrire leurs priviléges et hypothèques, elle évite en même temps toute collision entre le créancier et le conservateur.

Le législateur a également prévu le cas où le conservateur des hypothèques se trouverait dans l'impossibilité d'inscrire tous les bordereaux d'inscription qui lui seraient présentés le même jour : à cet effet, par l'article 2200, il a ordonné que les conservateurs seraient tenus d'avoir un registre, sur lequel ils doivent inscrire jour par jour et par ordre numérique les remises qui leur sont faites des bordereaux pour être inscrits, comme aussi de donner au requérant une reconnaissance sur papier timbré rappelant le numéro du registre sur lequel la reconnaissance aura été inscrite, et ils ne peuvent inscrire les bordereaux sur les registres à ce destinés, qu'à la date et dans l'ordre des remises qui leur en auront été faites.

Toutefois, l'article 2147 ne peut préjudicier aux priviléges et hypothèques légales auxquels la loi accorde une préférence, et il n'établit la concurrence entre les créanciers inscrits le même jour qu'autant qu'il n'y a pas entre eux de cause légitime de préférence.

D'après l'article 2148, pour opérer l'inscription le créancier représente soit par lui-même, soit par un tiers, au conservateur des hypothèques le titre constitutif de l'hypothèque ou du privilége.

Cet article a donné lieu à quelques interprétations que nous allons ici développer.

On a demandé s'il était nécessaire que le tiers non intéressé et requérant l'inscription fût porteur d'une procuration du créancier; à cela on peut répondre que le mandat d'après l'article 1985 du Code civil peut être verbal, et qu'ici s'agissant d'un acte conservatoire tout-à-fait dans l'intérêt des créanciers, il ne peut être exigé autrement; que d'ailleurs le texte même de l'article 2148 semble dispenser de cette procuration. Il est donc demeuré pour constant, et c'est d'usage suivi et reconnu que le porteur de pièces est habile à requérir et prendre une inscription au nom du créancier.

En effet on conçoit que l'on doit être d'autant moins difficultueux à admettre l'action d'autrui, en cette circonstance, que c'est un acte de conservation purement dans les intérêts de la personne représentée et que l'article 1372 paraît implicitement approuver.

Il a par suite été jugé qu'un créancier avait le droit de requérir une inscription au nom de son débiteur, c'est ce qui a été consacré par un arrêt de la cour royale de Paris du 16 février 1809.

Il a été aussi jugé qu'un cessionnaire pouvait requérir inscription en son nom personnel avant la notification du transport au débiteur. Un des motifs et le meilleur à notre avis a été que le cessionnaire d'une créance devenait *procurator in rem suam*, et acquérait immédiatement une action utile pour réclamer du débiteur la créance transmise; cela résulte d'ailleurs de l'article 778 du Code de procédure civile, et cette jurisprudence a été consacrée par un arrêt de la cour de cassation du 25 mars 1816.

Mais il n'en serait pas de même à l'égard d'une délégation, tant quelle n'a pas été acceptée par celui auquel elle profite. Effectivement ici tant que l'acceptation n'a pas eu lieu, et n'a pas été notifiée à celui qui a fait la délégation, ce dernier n'est pas dessaisi, et par suite elle ne peut donner le droit de prendre inscription pour la créance qui en fait l'objet. Il s'ensuit que l'inscription prise par un créancier en vertu de la seule délégation qui lui a été faite par le vendeur, dans un acte de vente, n'est point valable si ce créancier n'est pas intervenu au contrat ou n'a pas accepté la délégation, par un acte postérieur ayant date certaine et antérieure à l'inscription; c'est ce qui a été jugé par un arrêt de la cour de cassation du 21 février 1810.

Il a été jugé que lorsque le créancier prenait une inscription en renouvellement d'une précédente, il n'était pas nécessaire qu'il représentât le titre de créance.

L'instruction générale, n° 316, prescrivait cette représentation; mais le contraire a été décidé par le tribunal de première instance de Tonnerre, et son jugement a été confirmé par arrêt de la cour royale de Paris du 27 décembre 1831.

Il a même été jugé qu'une inscription prise en vertu d'un jugement non enregistré ni expédié était valable.

D'après le même article 2148, pour opérer l'inscription le créancier doit joindre au titre de créance deux bordereaux écrits sur papier timbré dont l'un peut être porté sur l'expédition de ce titre. Les bordereaux doivent contenir, 1° les noms et prénoms du créancier.

Il a été jugé que l'inscription, au nom des héritiers

d'une personne décédée, pouvait être prise sous la simple dénomination de sa succession et de cette personne, et ce par analogie avec l'article 2149, qui porte que les inscriptions sur les biens d'une personne décédée peuvent être prises sous la simple désignation du défunt. Cette jurisprudence a été consacrée par un arrêt de la cour de cassation du 15 mai 1809, confirmatif d'un arrêt de la cour royale de Paris du 6 juin 1807, sous la loi de brumaire, dont l'article 40 contenait la même disposition que l'article 2,149 du Code civil. Cet arrêt est remarquable en ce qu'il fait voir que la cour de cassation est revenue sur une jurisprudence qu'elle avait adoptée contrairement à celle ci-dessus dans une espèce absolument pareille, par un autre arrêt du 7 septembre 1807.

L'inscription hypothécaire est-elle valable lorsqu'elle est prise par un notaire, en vertu d'une obligation au porteur avec cette seule désignation, *pour et au profit du porteur?*

La cour royale de Poitiers a décidé la négative, par arrêt du 15 décembre 1809 entre le sieur Cléreau et la dame Bach; un des considérans a été que, dans la supposition de la validité d'une telle obligation, comme authentique et susceptible de conférer hypothèque, il faut décider que tant que le porteur ne juge pas convenable de se faire connaître aucune inscription valable ne peut être prise à son profit, et que s'il veut conserver son hypothèque et en fixer le rang il est indispensable qu'il remplisse les formalités prescrites par l'article 2148 du Code civil.

Un arrêt de la cour de cassation du 15 février 1810 (rapporté par Sirey, tome X, 1re partie, page 179), a maintenu une inscription quoique prise sous le nom de Pierre-Barthelemy Gallet, comme créancier, tandis que le véritable nom du créancier était Jacques-François Gallet. L'arrêt est motivé sur ce qu'une erreur dans les prénoms du créancier ne vicie pas l'inscription qu'il prend, lorsqu'il est autrement désigné d'une manière certaine, et que par l'arrêt attaqué il avait été décidé en fait que le créancier, Jacques-François Gallet inscrivant avait été suffisamment désigné dans l'inscription.

La cour de Bordeaux, par arrêt du 8 février 1811 (Sirey, tome II, 2e partie, page 252), a déclaré valable une inscription où les prénoms du créancier avaient été omis, attendu, porte l'arrêt, que cette formalité n'est pas substantielle et que son omission n'entraîne pas la nullité de l'inscription, lorsque d'ailleurs le débiteur et les tiers avec lesquels il contracte ne peuvent pas se méprendre sur la personne du créancier inscrit.

La cour de Paris (15 avril 1809, Sirey, tome X, 2e partie, page 67) a pareillement jugé que l'inscription prise sous une raison de commerce est valable, bien qu'elle ne rappelle pas les prénoms des associés.

En nous résumant à l'égard de la formalité prescrite par l'article 2148 du Code civil relativement à l'énonciation des nom et prénoms du créancier, il résulte de la jurisprudence suivie et reconnue à cet égard que l'énonciation du nom du créancier est absolument nécessaire et qu'elle tient tout-à-fait à la substance de l'inscription à peine de nullité, mais qu'il n'en est pas de même à l'égard des prénoms. Ecoutons ce que dit Merlin à ce sujet : « la désignation du prénom est encore prescrite par l'article 2148, dit-il, et remarquons bien que dans cet article comme dans le 17ᵉ de la loi du 11 brumaire an 7, le mot prénom est au singulier, c'est déjà une preuve bien claire qu'il n'est pas d'une nécessité rigoureuse d'exprimer dans l'inscription tous les prénoms qui ont été donnés au créancier, par son acte de naissance et qu'on remplit suffisamment le vœu de la loi en y exprimant celui de ses prénoms sous lequel il est le plus connu ; mais il y a plus, un créancier peut par une inscription hypothécaire se faire suffisamment connaître sans désigner même un de ses prénoms, et dans ce cas quelle raison y aurait-il de ne pas maintenir l'inscription ? le but de la loi n'est-il pas rempli lorsque l'inscription contient, indépendamment d'un prénom quelconque du créancier, des indices suffisans pour reconnaître le propriétaire de la créance annoncée dans le titre ? »

D'après l'article 2148, les bordereaux doivent également contenir le domicile du créancier.

La cour de Paris, par arrêt du 16 février 1809, a jugé valable une inscription où le domicile réel du créancier avait été omis, mais où se trouvait le domicile élu et toutes les autres conditions prescrites par l'article 2148 du Code civil, conforme quant à ce à la loi de brumaire qui régissait l'espèce.

La même cour, par un arrêt du 9 juin 1814, a également jugé valable une inscription où le domicile réel de l'inscrivant était seulement indiqué à Paris, sans mention de la rue ni de la maison.

Par arrêt du 29 août 1811, elle a validé une inscription où il n'était fait aucune mention de domicile réel, et cet arrêt a été confirmé par un autre de la cour de cassation du 17 novembre 1812, attendu que, suivant l'article 17 de la loi du 11 brumaire an 7, l'indication du domicile réel n'était qu'un élément qui entrait dans la désignation du créancier et du débiteur, qu'elle n'était pas une formalité substantielle et de rigueur lorsque l'inscription hypothécaire contenait d'autres indications qui désignaient et faisaient connaître suffisamment le créancier et le débiteur, et que dans l'espèce le créancier et le débiteur étaient suffisamment connus et désignés d'après les termes de l'inscription.

Un autre arrêt de la cour de Rouen du 22 mai 1818 (Sirey, tome XVIII, IIe partie, page 230) a jugé valable une inscription prise pour le trésor, dans laquelle était omis le domicile réel de l'agent.

Un arrêt de la cour de cassation du 6 juin 1810 a rejeté, il est vrai, le pourvoi contre un arrêt de la cour de Montpellier qui avait annulé une inscription comme ne contenant pas la mention du domicile réel du créancier; mais les motifs de cet arrêt font voir que la nullité a été prononcée non pas uniquement parce que cette mention était omise, mais parce que rien ne la remplaçait et qu'il n'y avait pas de désignation suffisante de l'individualité du créancier, « attendu, porte l'arrêt, que dans l'espèce dont il s'agit « l'inscription ne fait point mention du domicile réel « de l'inscrivante, et que cette mention n'est suppléée « par aucune énonciation équipollente.

Enfin Merlin, cet estimable auteur que nous ne saurions trop citer, s'explique ainsi à ce sujet : « Je « ne saurais être aussi rigide sur le domicile ; le « créancier doit en élire un pour son propre intérêt, « mais je ne saurais entrevoir un seul motif qui puisse « rendre nécessaire ou utile la désignation de son domicile réel. Et qu'importe le domicile réel d'un « créancier inscrit aux créanciers qui ont traité après « lui avec le même débiteur ? Si le créancier inscrivant a omis d'élire domicile, je crois que le tiers « créancier ou acquéreur est dispensé de notifier soit « au domicile élu, puisque je suppose qu'il n'y en a « pas, soit au domicile réel, parce que la loi ne l'y « oblige pas. Ainsi le créancier inscrit sans élection « de domicile se présentera spontanément ou ne se « présentera pas lors de la formation de l'ordre. S'il « ne se présente pas, il sera déclaré déchu faute de « produire ; s'il se présente on discutera ses titres. « Quel préjudice auront souffert les tiers ? aucun ; et « conséquemment la nullité serait superflue : le « créancier est assez puni de sa négligence pour les « risques auxquels il s'expose. »

Ces raisons nous paraissent assez concluantes, mais ces mêmes raisons et les arrêts que nous venons de rapporter doivent-ils paraître suffisans pour établir et démontrer que l'omission de mention de domicile réel du créancier dans l'inscription ne doit pas en entraîner la nullité ? A cela on pourrait peut-être répondre que le texte de la loi est là, qu'il est difficile de lui résister, que si la jurisprudence de la cour de cassation, de la cour royale de Paris et d'autres cours royales ne reconnaît la nullité que lorsque la mention omise du domicile réel du créancier n'est suppléée par aucune énonciation équipollente, il n'en demeure pas moins constant que le système des équipollences admis généralement par les cours ne relève pas d'une manière absolue l'inscription du défaut de mention de domicile réel du créancier; que l'équipollence étant soumise à l'arbitraire du juge, laisse la jurisprudence sur ce point dans un état de vague et d'incertitude, et que par suite il y a toujours lieu de craindre l'application de l'article littéral de la loi à défaut de son exécution.

L'article 2148 veut encore l'indication de la profession du créancier.

La cour de Bruxelles, par arrêt du 20 février 1811 (Sirey, t. II, 2e partie, p. 375) a jugé valable une inscription qui n'énonçait ni la profession du créancier ni celle du débiteur, attendu que les noms, prénoms, la demeure, la section, le numéro y étaient exprimés et ne laissaient aucune incertitude sur l'identité des personnes désignées, et que conséquemment dans l'espèce la mention de la profession n'était qu'une formalité accidentelle dont l'omission ne pouvait entraîner la nullité de l'inscription.

Par arrêt du 1er octobre 1810 (Sirey, t. X, 1re partie, p. 383) la cour de cassation a cassé un arrêt de la cour de Besançon du 21 juin 1808, qui avait annulé une inscription pour cause de mention de profession, sous l'empire de la loi du 11 brumaire an 7, conforme en ce point à l'article 2148 du Code civil; attendu, porte l'arrêt, que la désignation de la profession du créancier inscrivant n'étant pas requise par la loi, à peine de nullité, cette peine ne pourrait être suppléée par le juge qu'autant que cette désignation pourrait être considérée comme une formalité substantielle et intrinsèque de l'inscription, mais qu'on ne peut qualifier de formalité substantielle et intrinsèque à l'acte d'inscription la désignation de la profession du créancier inscrivant, qui n'en est qu'un accessoire purement accidentel, surtout lorsque comme dans l'espèce le débiteur hypothécaire n'a pu se méprendre et ne s'est aucunement mépris en effet sur la personne du créancier inscrivant; qu'il suit de là qu'en annulant, sur ce seul motif, l'inscription hypothécaire prise par le demandeur en cassation, la cour d'appel de Besançon a fait dans l'espèce particulière une fausse application de l'article 17 de la loi du 11 brumaire an 7.

Par son arrêt du 17 novembre 1812, que nous venons de rapporter plus haut, la cour de cassation a adopté à l'égard de l'omission de mention de la profession du créancier inscrivant les mêmes considérans qu'à l'égard de l'omission de son domicile et a rejeté la demande en annulation d'inscription pour cause de cette omission.

C'est encore au surplus l'opinion de Merlin.

D'après tout ce que nous venons de dire, on peut regarder comme constant et passé en force de chose jugée que l'omission de la profession du créancier inscrivant ne vicie point l'inscription.

L'article 2148 exige l'élection d'un domicile pour le créancier dans un lieu quelconque de l'arrondissement du bureau.

L'omission de cette formalité entraîne-t-elle la nullité de l'inscription ?

Cette question grave trouve des opinions diverses et des deux côtés on trouve des autorités remarquables. La cour suprême, quelques cours royales, M. Persil *se sont prononcés pour l'affirmative*, mais la cour royale de Paris dans plusieurs arrêts et les cours de Bordeaux, Metz, Grenoble et Riom (2 juillet 1812, 10 juillet 1823, 8 janvier 1824, 7 mars 1825 et 8 août 1832, Merlin, *Inscription hyp.*, § IV, Grenier, T. I, no 97. Toullier, T. VII, p. 589. Battur, T. III, nº 433. Dalloz, T. IX, p. 263) *ont embrassé la négative*.

L'arrêt du 8 août 1832 de la cour royale de Paris porte : « considérant que l'article 2146 du Code civil « ne prescrit pas l'observation de ses dispositions à « peine de nullité ; que dès lors il n'y a lieu de prononcer la nullité des inscriptions hypothécaires que « pour cause d'inobservation des formalités substantielles ; que du principe de notre régime hypothécaire il résulte qu'il n'y a de formalités substantielles « que celles qui ont pour objet de faire connaître aux

« tiers qui traitent avec le propriétaire de l'immeuble « la position hypothécaire de celui-ci ; que l'élection « d'un domicile dans l'inscription n'a et ne peut avoir « ce but ; considérant en outre que l'élection de do- « micile n'est pas de nature à porter préjudice aux « intérêts légitimes des tiers, par ce motif la cour « confirme. »

A ces motifs et considérans il faut ajouter ceux des auteurs et notamment ceux donnés par Merlin, et que nous avons déjà fait connaître ci-dessus à l'égard du domicile réel.

Que décider dans ce conflit d'opinions et de décisions ?

Le plus prudent est de s'en tenir au texte de la loi jusqu'à ce que la jurisprudence soit entièrement fixée à cet égard. Quant à nous, nous regardons l'élection de domicile comme une formalité substantielle et nous disons que si le défaut de cette formalité ne nuit pas à la publicité du régime hypothécaire, il en entrave l'exécution en certains cas, tels que ceux de notification par les tiers détenteurs aux créanciers inscrits pour parvenir à purger les priviléges et hypothèques grevant les biens par eux acquis.

L'article 2148 exige encore les nom, prénoms, domicile du débiteur, sa profession, s'il en a une connue, ou une désignation individuelle et spéciale, telle que le conservateur puisse reconnaître et distinguer dans tous les cas l'individu grevé d'hypothèque.

La jurisprudence que nous venons de faire connaître à l'égard de la désignation du créancier est applicable au débiteur, et cette désignation peut être exigée avec non moins de rigueur, attendu qu'elle devient encore plus nécessaire aux tiers qui se trouvent avoir à traiter avec ce dernier. En effet, l'essentiel pour eux est de pouvoir distinguer et reconnaître ce dernier, afin de savoir complétement sa position hypothécaire, tandis qu'ils n'ont pas le même intérêt à connaître individuellement ses créanciers, car le plus souvent dans cette recherche peu leur importe que les créances qui forment l'objet des hypothèques qui grèvent les biens du débiteur soient dues à tel ou tel; l'important pour eux est de savoir que c'est effectivement ce dernier et ses biens qui en sont grevés.

Mais le législateur en exigeant cette désignation aussi circonstanciée qu'à l'égard du créancier n'a pas tenu absolument à la même forme que pour ce dernier, distinction fort sage qu'il a établie et dont il est facile de pénétrer le motif, celui de la position où se trouve le créancier qui pouvant facilement donner une désignation individuelle et exacte en ce qui le concerne, n'a quelquefois pas la même facilité et on peut dire la possibilité pour faire connaître le tiers avec lequel il a traité, notamment dans le commerce, et surtout lorsque l'hypothèque est obtenue par suite de condamnation judiciaire. Le législateur en considération de cette circonstance a donc accordé au créancier la faveur de faire connaître la désignation individuelle de son débiteur par équipollence.

Tout ce que nous venons de dire s'applique au débiteur qui a contracté la dette. Mais il s'élève la question de savoir si, après l'aliénation de l'immeuble, l'inscription doit, à peine de nullité, être prise contre le propriétaire du fonds hypothéqué, parce qu'il est, relativement à l'hypothèque, le seul qu'on doive regarder comme débiteur. D'après la jurisprudence reconnue à cet égard contrairement à celle qui avait été établie dans le principe, il est demeuré consacré que c'est contre le débiteur originaire que l'inscription doit être prise. (Voy. les nombreux arrêts rapportés par Sirey, t. 7, première partie, p. 721, t. VIII, deuxième partie, p. 289, et tom. XII, deuxième partie, p. 305.)

Les bordereaux contiennent la date et la nature du titre.

La cour de cassation a jugé nombre de fois que la mention de la date du titre est nécessaire dans l'inscription, à peine de nullité, notamment le 22 avril 1807, le 11 novembre 1811, le 7 septembre 1807, dans des espèces soumises à la loi de brumaire, mais en cela conforme au Code civil.

Elle vient de confirmer cette jurisprudence par un autre arrêt assez récent, et en date du 19 juin 1833. — Cet arrêt est remarquable en ce qu'il consacre deux autres principes, le premier que la représentation au conservateur du titre de créance, n'a été exigée par la loi que dans l'intérêt de ce fonctionnaire; que la loi n'ayant prescrit aucune formalité pour constater le fait de cette représentation, on ne peut la considérer comme substantielle; que dès lors l'omission de cette représentation ne peut emporter la nullité de cette inscription; — le deuxième, que l'hypothèque judiciaire peut être inscrite aussitôt que le jugement qui y donne lieu a été rendu et avant que ce jugement ait été expédié et enregistré.

Mais l'énonciation de la date du titre n'étant exigée que pour mettre les tiers à même de s'assurer de l'existence de ce titre, une inscription ne peut être annulée sous le prétexte qu'elle ne fait pas mention expressément de la date du titre, lorsqu'elle contient cette énonciation implicitement et de manière que personne n'ait pu raisonnablement en prétendre cause d'ignorance ou être induit en erreur (cassation, section civ., 2 août 1820, cassant un arrêt de la cour d'Amiens du 1er juillet 1817). Une erreur dans cette énonciation ne devra non plus entraîner la nullité de l'inscription, si cette erreur ne cause de préjudice à personne et si l'indication est du reste telle qu'elle n'empêche point de trouver ce titre. (Cour de Metz du 12 juillet 1811, Sirey, tom. 12, deuxième partie, p. 72; cour de cassation, section civ., 17 août 1813, rejetant le pourvoi contre un arrêt de la cour de Riom du 5 mars 1815. J. P., deuxième de 1815, p. 134. —id. section des req., 9 novembre 1815, rejetant le pourvoi contre un arrêt de la cour de Toulouse du 17 mars 1814, J. P., premier de 1816, p. 460). Dans les espèces, jugées par ces arrêts, les titres étaient énoncés, l'un de 1793, au lieu de 1792, l'autre du mois de juin, au lieu de celui de février, et le troisième du 13 au lieu du 3 brumaire; mais on avait exactement indiqué dans tous le notaire qui les avait reçus.

Il existe encore plus de raisons pour se montrer

indulgent à l'égard de l'omission de l'énonciation de la nature du titre qui est moins importante que celle de la date. C'est ainsi que la cour de cassation a jugé valable une inscription où n'était point faite cette énonciation, mais où se trouvait, outre les mentions indiquées par la loi, celle du notaire qui avait reçu l'acte.

Voici les considérans de l'arrêt :

Vu l'art. 2148 du Code civil, considérant que cet art. exige que toute inscription hypothécaire énonce la date et la nature du titre; que si l'on doit considérer comme substantielle l'énonciation de la date du titre, parce qu'il importe au public de pouvoir vérifier si l'hypothèque a une cause légitime, il n'en est pas de même de la nature du titre, lorsque, comme dans l'espèce, l'inscription fait connaître la date du titre authentique, le nom du notaire qui l'a reçu, le montant de la créance inscrite et l'époque d'exigibilité; que ces énonciations en effet donnent aux tiers intéressés connaissance de tout ce qui leur serait important de savoir, en leur offrant les moyens de prendre tous les renseignemens qu'ils croient convenables; qu'une telle inscription ne saurait les induire en erreur, puisqu'ils peuvent vérifier, quand bon leur semble, le titre qui donne naissance à l'hypothèque, et que dès lors le but de la loi se trouve rempli (cassation, sect. des requêtes, 11 mars 1816; rej. le pourvoi contre un arrêt de la cour de Poitiers du 28 juillet 1814, J. P.; premier de 1817, p. 65. — Sirey, tom. XVI, première partie, p. 407. — Denevers, tom. XIV, première partie, p. 320).

Par arrêt du 30 janvier 1818, la cour royale de Besançon a déclaré valable une inscription qui, portant l'énonciation du titre, sans indiquer sa nature, se référait à une inscription antérieure où la nature du titre avait été exprimée. Cet arrêt a été confirmé par la cour de cassation le 16 mars 1820. (Sirey, t. XX, première partie, p. 353.)

Par arrêt du 7 janvier 1819 (Sirey, tom. XX, deuxième partie, p. 99), la cour de Douai a jugé que la mention de la nature du titre pouvait, ainsi que toute autre mention, être exprimée en termes équipollens, et que par suite on pouvait regarder comme suffisante celle qui énonce que l'inscription est prise en vertu d'une créance reconnue par acte notarié, que cette créance porte intérêt et qu'elle est exigible à tel terme fixé.

Par arrêt du 23 mai 1820 (Sirey, t. XX, deuxième partie, p. 292), la cour de Toulouse a décidé que la mention de la nature du titre était suffisamment exprimée par ces mots : Pour sécurité d'une créance résultant d'un acte du..., reçu par N. notaire, à.., etc., si d'ailleurs les autres énonciations requises par la loi se trouvaient dans l'inscription.

Par arrêt du 9 novembre 1811, (J. P. première de 1812, p. 524,) la cour de Paris a jugé que la loi n'exigeait pas, pour la conservation du privilége, qu'il fût nommément énoncé, et que l'inscription une fois prise conservait le privilége du créancier tel qu'il résulte du titre. Ainsi décidé sous la loi de brumaire (conforme en ce point au Code civil), dans une espèce où il avait été pris inscription en vertu d'un partage, sans qu'il ait été dit que cette inscription était pour privilége.

Nous ne pouvons approuver cet arrêt et nous ne le trouvons pas conforme à la loi. Nous disons qu'en matière d'inscription, *ce n'est pas tant le titre* qui est inscrit que l'hypothèque ou le privilége même; que l'on ne peut venir dire que les tiers intéressés peuvent se référer aux titres qui pour lors leur feront connaître la nature du privilége ou de l'hypothèque; que de l'inscription même on doit apercevoir cette nature et avoir tous les élémens pour parvenir à connaître les causes légitimes de préférence qui peuvent exister à l'égard de la créance pour laquelle on a requis l'inscription de privilége ou d'hypothèque. En effet, que deviendrait la publicité des hypothèques, si, pour apercevoir ces causes, on se trouvait obligé de recourir à des actes passés quelquefois à plus de cent lieues du bureau des hypothèques où ils sont inscrits. Nous pensons donc que l'arrêt du 9 novembre 1811 n'a pas rempli le vœu de la loi.

Par suite des mêmes motifs, nous pensons qu'on doit admettre la même jurisprudence à l'égard des hypothèques légales, qui, aux termes de la loi, jouissent d'un droit de préférence.

Lorsque plusieurs titres concourent au droit d'hypothèque ou de privilége, il est nécessaire de les faire tous connaître dans l'inscription; c'est ce qui a été consacré dans un arrêt de la cour de cassation du 4 avril 1810 (rej. le pourvoi contre un arrêt de la cour de Bruxelles du 31 décembre 1808, J. P. deuxième de 1810, p. 83; Sirey, tom. XX, première partie, p. 218). Ces arrêts ont jugé qu'une inscription qui ne contiendrait mention ni de la date ni de la nature du titre constitutif, n'en devrait pas moins être annulée, bien qu'elle contienne mention de la date et de la nature de l'acte de cession.

Deux autres arrêts de la cour suprême peuvent paraître en opposition avec ceux ci-dessus : ils ont jugé qu'une inscription devrait être validée si elle contient les mentions de la date et de la nature du titre constitutif, bien qu'elle ne contienne pas celle de l'acte de cession. Ces deux arrêts sont du 7 octobre 1812 et du 25 mars 1816. Quoique le premier acte, celui relaté en l'inscription, dans l'espèce, soit, il est vrai, le seul constitutif d'hypothèque, peut-on admettre le principe posé par ces deux arrêts? Cet acte n'établit pas, il est vrai, le droit à l'hypothèque en faveur de l'inscrivant, il ne l'établit qu'en faveur de son auteur; mais nous faisons ici observer que le cessionnaire est le *procurator in rem suam*, et que l'hypothèque contre le débiteur et consentie par lui ne résulte que du premier acte et existe indépendamment du second.

De tout ceci nous concluons que la jurisprudence actuelle, bien moins rigoureuse que la première, n'exige essentiellement que l'énonciation de l'acte ou des actes qui font titre constitutif du privilége ou de l'hypothèque.

La règle que nous venons de poser ne doit pas être suivie à peine de nullité, lorsque l'un des titres est suffisant pour prendre inscription et donner rang à l'hypothèque ou au privilége (ainsi jugé par arrêt de la cour royale de Paris du 3 juillet 1815, J. P., deuxième de 1816, p. 223).

A ce sujet il s'élève la question de savoir si l'inscription de privilége, au profit de celui qui a prêté des fonds à un acquéreur pour rembourser son vendeur, doit faire mention à la fois et de l'acte d'emprunt qui promet l'emploi et de la quittance qui le constate. C'est notre opinion ; mais il y a lieu à entrer dans des détails à cet égard, parce que nous allons faire voir qu'elle est susceptible d'admettre une exception.

Ou la subrogation dans l'effet du privilége du créancier, au profit du bailleur de fonds, a lieu avec le concours et consentement de ce créancier, conformément au premier paragraphe de l'article 1250 du Code civil. Dans ce cas et quand bien même l'acte de subrogation serait précédé d'un premier acte, celui de l'emprunt, nous disons qu'ici le dernier acte, celui contenant la subrogation étant seul suffisant pour la faire acquérir, nous réclamons le principe résultant de l'arrêt précité du 3 juillet 1815, et nous disons que la mention de ce dernier acte dans l'inscription peut être reconnue comme suffisante. Du reste, il est toujours plus prudent, en pareille circonstance, d'énoncer les deux actes, et c'est le conseil que nous en donnons ici.

Ou la subrogation résulte 1° de l'acte d'emprunt avec déclaration et obligation d'emploi; 2° et de la quittance contenant le paiement et la déclaration de l'origine des derniers, le tout purement et simplement, conformément au deuxième paragraphe de l'art. 1250, et par suite, sans le concours et la subrogation expresse de la part de l'ancien créancier. Ici nous prétendons que les deux actes qui font acquérir la subrogation, en ce qui la concerne, ne font qu'un seul et même acte, et que ne pouvant avoir d'effet l'un sans l'autre, la mention de ces deux actes dans l'inscription devient nécessaire. Du reste, si la jurisprudence venant à se fixer, il vient à être décidé que la mention de l'acte constitutif de la subrogation n'est pas absolument nécessaire, on conçoit que l'énonciation des actes qui y donnent lieu ne serait plus de rigueur dans l'un comme dans l'autre cas; mais on va voir dans les arrêts que nous allons rapporter ci-après (arrêts qui se contredisent) que la jurisprudence n'est pas encore fixée à cet égard.

Deux arrêts dans l'espèce ont été rendus par la cour de cassation; le premier, du 16 mars 1813 (cassant un arrêt de la cour de Paris du 29 août 1811, J. P., deuxième de 1813, p. 328); le deuxième du 26 novembre 1816 (rej. le pourvoi contre un arrêt de la cour de Paris du 5 mai 1814, J. P., deuxième de 1817, p. 73). L'espèce était régie par la loi du 11 brumaire, conforme en ce point à l'article 2148 du Code civil.

Le premier de ces arrêts vient à l'appui de l'opinion que nous avons émise relativement à la nécessité de la mention de privilége. Il porte, entre autres considérans, qu'il était possible que l'obligation résultant du titre primitif n'eût pas été remplie, que l'emploi promis n'eût pas été réalisé, et que la défenderesse n'eût pas été réellement subrogée au vendeur; que la seule énonciation de l'acte primitif ne suffisait pas pour avertir les tiers; que la défenderesse avait réellement un privilége, avec d'autant plus de raison qu'elle n'avait aucunement mentionné dans son inscription la qualité privilégiée de sa créance.

Le second arrêt se trouve en contradiction avec celui que nous venons de citer, et accorde l'effet de produire le privilége refusé par le précédent arrêt à une inscription qui n'énonçait que l'acte d'emprunt. Un des considérans a été que le créancier subrogé dans le privilége s'était inscrit en vertu du contrat de prêt, qui indique la date de l'acte constitutif du privilége du vendeur; que le contrat de prêt portait la promesse de subrogation à ce privilége, et que l'inscrivant avait suffisamment déclaré que la subrogation promise avait été effectuée à son profit en s'inscrivant *par privilége ;* que ce n'était qu'à l'ordre que l'on pouvait discuter la validité des quittances qui avaient consommé la subrogation. Ce dernier considérant que nous venons de rapporter mérite attention; il semble attacher une équipollence à la mention dans l'inscription de la qualité de privilége. Cette mention nous la regardons, nous, comme de rigueur et de nécessité par suite des motifs que nous venons de donner plus haut, mais non comme suffisante. Nous ne pouvons donc admettre le principe émis par ce dernier arrêt.

Résumé.

Que faut-il conclure de ces deux arrêts et de tout ce que nous venons d'exposer dans le présent article? d'abord que la jurisprudence n'est pas bien certaine ni fixée à l'égard de la mention des actes constitutifs de subrogation;

Que le législateur penche à se démettre du système de rigueur qu'il avait embrassé dès le principe de la loi; qu'il avait d'abord adopté les systèmes des nullités absolues, et que revenant sur ce système il a introduit celui des équipollences à l'égard des omissions qui ne sont pas susceptibles de nuire aux tiers ou qui peuvent être remplacées par ces équipollences;

Que par suite, en ce qui concerne le paragraphe de la loi qui nous occupe, celui relatif à l'énonciation de la date et de la nature du titre, on voit que les cours souveraines ont dans l'esprit et pour but de jurisprudence de ne plus exiger dans l'inscription, à peine de nullité, que l'énonciation des actes constitutifs d'hypothèque ou qui confèrent cette hypothèque ou le privilége, c'est-à-dire ceux qui émanent du débiteur de la créance, ou du propriétaire du bien grevé, en un mot de celui qui a créé l'hypothèque ou le privilége; tandis que cette énonciation semble n'être plus exigée ou du moins ne plus devoir l'être à l'égard des actes qui, sans conférer et constituer l'hypothèque ou le privilége et n'émanant point du propriétaire du bien grevé ou du débiteur, viennent seulement à l'appui des droits du créancier, tels qu'un acte de cession, un acte de subrogation ou tout autre établissant les droits, soit d'un cessionnaire, soit d'un nouveau créancier subrogé, soit d'un délégataire, héritier ou tout autre.

Cette tendance, cette marche des cours souveraines vers ce système, nous croyons l'apercevoir dans le rapprochement des cinq arrêts de la cour de cassation que nous venons de citer; en effet, dans celui du 4 avril 1810 ne trouvant point de mention du titre constitutif de l'hypothèque dans l'inscription, il en prononce la nullité;

Dans celui du 16 mars 1813 trouvant bien l'énonciation du titre constitutif du privilége, mais point de celui de la subrogation par l'ancien créancier au profit d'un nouveau, il prononce encore la nullité;

Dans celui du 26 novembre 1816, d'une espèce absolument pareille au précédent, il ne prononce point cette nullité; enfin dans ceux des 7 octobre 1812 et 25 mars 1816 trouvant bien la mention du titre constitutif de l'hypothèque dans l'inscription, mais point celui de la cession par l'ancien créancier au profit d'un nouveau, il ne prononce pas non plus de nullité. Nous conseillons toujours néanmoins et pour plus de prudence de se conformer à l'article littéral de la loi, jusqu'à ce que la jurisprudence ait été définitivement fixée à cet égard.

Les bordereaux doivent encore contenir le montant du capital des créances exprimées dans le titre, ou évaluées par l'inscrivant, pour les rentes et prestations, ou pour les droits éventuels, conditionnels ou indéterminés, dans les cas où cette évaluation est ordonnée; comme aussi le montant des accessoires de ces capitaux.

L'énonciation du montant du capital déterminé de la créance et l'évaluation du capital de celle conditionnelle ou indéterminée, sont regardées par les auteurs comme une forme substantielle et nécessaire à l'inscription, et on est d'ailleurs obligé de convenir que l'inscription a principalement pour objet de faire connaître les dettes et charges et la position hypothécaire du débiteur, et que par suite elle doit procurer tous les élémens suffisans pour faire acquérir cette connaissance aux tiers, sans quoi le but du législateur serait manqué; nous ferons cependant remarquer ci-après quelques exceptions dans certains cas à la règle que nous venons de poser.

La désignation des accessoires de la créance, tels que les intérêts, les dépens, les dommages et intérêts, ne peut pas être exigée avec la même rigueur, et s'il y avait omission à cet égard dans l'inscription, tout ce que l'on pourrait prétendre (et ce serait sans succès à notre avis) serait de s'opposer à la collocation du montant de ces accessoires dans l'ordre, sans du reste pouvoir arguer de nullité à l'égard de l'inscription.

Peu d'auteurs se sont occupés de déterminer la nature des accessoires. D'après ce qu'en dit Merlin, on ne peut guère comprendre sous le nom d'accessoires que les intérêts de la créance, surtout lorsque la créance dérive immédiatement d'un contrat. Si elle dérivait d'un jugement, on pourrait, sous certains rapports, donner le nom d'accessoires aux dépens, dommages et intérêts adjugés au créancier, mais on pourrait aussi sous d'autres rapports appeler ces dépens une créance capitale exprimée dans le titre, puisque le jugement donne un titre hypothécaire, pour le recouvrement de toutes les sommes au paiement desquelles le succombant est condamné, et que les dépens font partie de ces sommes. On ne doit pas comprendre sous le nom d'accessoires les frais de justice faits ou à faire, pour la poursuite du paiement, pour la vente du gage et la distribution du prix qui en provient; ces frais sont mis, par l'article 2101 du Code civil, au rang des priviléges qui produisent tous leur effet sans le secours de l'inscription.

Nous pensons que les frais et coût du titre de créance doivent être considérés comme accessoires du capital et étant par suite inhérens à cette créance. En effet si ces frais résultent d'une condamnation judiciaire, on ne peut faire aucune objection pour repousser ce principe, et on ne voit pas pourquoi il n'en serait pas de même lorsque la créance résulte d'un simple contrat, si par cet acte il a été convenu que le débiteur paierait les frais.

L'évaluation des créances éventuelles ou indéterminées est-elle nécessaire, à peine de nullité, dans l'inscription des hypothèques judiciaires? Ainsi l'inscription prise sur les biens du notaire séquestre d'une faillite, en vertu d'un jugement qui le condamne à rendre compte, est-elle nulle pour défaut d'évaluation du reliquat éventuel que le créancier déclare ne pouvoir fixer ni évaluer quant à présent?

Cette question a été décidée négativement par la cour de cassation le 4 août 1825; et cependant cette décision est contraire à l'opinion des auteurs. En effet M. Tarrible (*Répertoire de jurisprudence*, inscription hypothécaire, section V, n° 11,) s'exprime ainsi: « Nous avons vu plus haut, en rapportant la disposition de l'article 2132 du Code civil, que si la créance conventionnelle résultant de l'obligation est conditionnelle pour son existence, ou indéterminée dans sa valeur, le créancier ne pourra requérir l'inscription que jusqu'à concurrence d'une valeur estimative par lui déclarée expressément. L'article 2148 envisageant le même cas veut que les créances soient évaluées par l'inscrivant, pour les rentes et prestations, ou pour les droits éventuels conditionnels ou indéterminés, dans les cas où cette évaluation est ordonnée. L'article 2153, n° 3, ne dispense de cette évaluation que les droits de ce genre accompagnés d'une hypothèque purement légale appartenant soit à l'état, aux communes, et aux établissemens publics, sur les biens des comptables; soit aux mineurs ou interdits, sur les biens de leurs tuteurs; soit enfin aux femmes mariées, sur les biens de leurs époux. Il résulte de cette combinaison que les droits conditionnels, éventuels ou indéterminés dérivant de la loi, d'un jugement, ou de toute autre cause que celles exprimées dans l'article 2158, n° 3, doivent être nécessairement évalués. » Telle est aussi l'opinion de M. Grenier dans son Traité des hypothèques n° 201.

La cour royale de Metz et celle de cassation ont embrassé l'opinion contraire. Les motifs de la cour royale de Metz, dans son arrêt qui a été approuvé et confirmé par la cour de cassation, ont été : qu'il faut reconnaître que l'article 2148 qui constitue aujourd'hui notre législation sur ce point n'impose pas d'une manière absolue aux créanciers hypothécaires l'obligation d'évaluer dans leur inscription le montant des créances indéterminées, qu'il la prescrit seulement dans les cas où cette évaluation est ordonnée, ce qui renvoie aux autres dispositions du code qui peuvent y être relatives; que l'on n'en trouve que deux, savoir l'article 2132 qui soumet à cette formalité pour l'hypothèque conventionnelle, et l'article 2153 qui en dispense pour l'hypothèque légale; que le code ne statue rien quant à l'hypothèque judiciaire; que dès lors et dans le silence de la loi on doit nécessairement décider qu'il y a pareille dispense à l'égard de cette hypothèque; qu'en pareille matière, on ne peut ni par argumentation, ni par indication, ajouter à la loi, exiger des formalités qu'elle n'a pas absolument prescrites, et, par suite introduire des nullités qu'elle n'a pas formellement établies.

Les motifs de la cour de cassation, indépendamment de ceux particuliers à la circonstance de la cause, ont été : que l'arrêt de la cour royale de Metz, loin de violer aucun texte de la loi, avait au contraire saisi le sens de la législation actuelle sur les hypothèques et fait une juste application des articles 2132, 2148 et 2153 du Code civil, dont le premier exige impérativement l'évaluation, dans les inscriptions, des créances indéterminées ou éventuelles pour la conservation des hypothèques conventionnelles, où elle est facile, possible et toujours à la disposition du créancier; tandis que si l'article 2148 n'exige la formalité de l'évaluation que dans les cas où elle a été ordonnée, si l'article 2153, s'occupant de la manière de formaliser les inscriptions des hypothèques légales, avertit de l'inutilité de l'évaluation pour la validité de celles-ci, on ne peut induire ni de l'un ni de l'autre de ces deux derniers articles que les hypothèques judiciaires soient rangées dans la même classe que les conventionnelles. En effet, puisque, d'après l'article 2148, l'évaluation des créances n'est indispensable que lorsqu'elle a été ordonnée, on ne peut induire de là que les hypothèques judiciaires, sur lesquelles la loi a gardé le silence, soient assujéties à une formalité souvent impossible à remplir dans l'intérêt des tiers.

Les considérans des cours de Metz et de cassation nous paraissent clairs, concordans et d'une justesse remarquable. Nous trouvons même que ceux de la cour de Metz sont d'une nature à faire considérer l'exception contenue au quatrième paragraphe de l'article 2148 sous un jour véritable, et qu'il n'avait pas eu jusqu'alors. Nous nous rangeons donc de l'avis de ces cours, et ne pouvons admettre l'opinion contraire des auteurs que nous venons de citer.

Il suffit que la qualité de *rente viagère* soit énoncée dans l'inscription prise pour sûreté d'une rente de cette nature, soit qu'il y ait ou non énonciation d'un capital, pour que le créancier ait droit d'exiger sa collocation dans l'ordre, pour un capital suffisant au paiement des arrérages de la rente : c'est ce qui a été décidé par deux arrêts de la cour royale de Paris du 30 mai 1831 et du 10 mars 1832. La cour a considéré que dans l'espèce il était question d'une rente viagère; que l'inscription prise énonçait la quotité de la rente qui était due : que dès lors l'acquéreur de l'immeuble affecté au service de la rente devait conserver entre ses mains somme suffisante pour assurer le service de la rente dont il s'agissait.

Cette doctrine nous paraît juste, car il est difficile, nous pourrions même dire impossible, d'évaluer avec justesse le capital d'une rente viagère. Il est vrai qu'il est possible de fixer et déterminer un capital dont les intérêts puissent servir à acquitter les arrérages de cette rente; mais si les parties ne se sont pas expliquées et n'ont pas arrêté de conventions à cet égard, la disposition des articles 2132 et 2148 sera-t-elle suffisante pour autoriser le créancier à prendre inscription pour un capital aussi considérable? nous le pensons; c'est pourquoi nous disons qu'il vaut mieux se conformer au texte de la loi; cependant nous disons aussi que l'énonciation de la quotité d'une rente viagère fait connaître par elle-même son importance, et que le tiers intéressé à connaître cette importance est aussi apte que le créancier viager à en faire le calcul éventuel, calcul tout-à-fait hypothétique, puisqu'il est soumis à la durée de l'existence de ce dernier. Le calcul, l'évaluation peuvent-ils être faits avec plus de justesse et d'exactitude par lui, pourra-t-il donner plus d'éclaircissemens? c'est ce qu'on ne peut soutenir. Si donc les tiers ne peuvent pas être plus éclairés par le créancier viager que par eux-mêmes, si donc cette évaluation ne devient plus qu'un accomplissement de forme inutile par elle-même, puisque ce n'est point l'évaluation, mais bien la durée de l'existence du créancier viager qui fera la condition respective de toutes les parties, pourquoi frapper de nullité une inscription pour raison de l'omission d'une formalité sans aucun effet par elle-même? En nous résumant, nous croyons avoir prouvé que l'évaluation à l'égard d'une rente viagère est une formalité inutile; que par suite elle ne peut être considérée comme substantielle; que son omission ne doit pas entraîner la nullité de l'inscription, et que la jurisprudence de la cour royale de Paris est juste et fondée.

Cependant, pour éviter toutes contestations, nous conseillons de déterminer dans le contrat à rente viagère un capital dont les intérêts soient suffisans pour assurer le service de la rente.

Si le taux du capital de la rente viagère n'a pas été exprimé dans le contrat, l'évaluation que le créancier fait de ce capital dans l'inscription après avoir énoncé le taux et la nature de la rente ne peut pas plus lui nuire si elle est trop modique, qu'elle ne peut nuire au débiteur ni aux tiers si elle est exagérée. Il est clair en effet que cette évaluation a été requise seulement pour faire connaître la valeur approximative du capital, et non pour constituer le droit même du créancier, car nul ne peut se faire un titre à soi-même. Il appartient donc au juge de rectifier l'évaluation, et l'inscription sera réputée avoir conservé l'hypothèque pour la totalité de la valeur réelle de la rente ou prestation nonobstant l'erreur d'évaluation, si d'ailleurs le taux et la nature de la rente sont exactement exprimés (Nîmes, 11 avril 1807, Sirey, t. VII, 2e partie, p. 336; cour royale de Paris, 30 mai 1831 et 10 mars 1832.)

Par arrêt de la cour de cassation du 2 décembre 1812, il a été jugé qu'une obligation n'est pas nulle par la raison que la cause exprimée comme ayant été fournie en numéraire ne l'a été réellement qu'en effets de commerce à diverses échéances. Le même arrêt a aussi jugé qu'on ne peut prétendre en ce cas que l'hypothèque stipulée ne doit se réaliser qu'à mesure du paiement des effets, et ne prendre rang qu'aux époques de ces paiemens; qu'au contraire l'hypothèque est acquise pour le tout par l'acte même et prend rang pour le tout du jour de l'inscription.

L'article 2132 du Code civil admet la convention d'hypothèque non seulement pour les créances conditionnelles, mais encore pour celles dont la valeur est indéterminée, à la charge seulement par le créancier d'en déclarer expressement la valeur estimative dans l'inscription qu'il en requiert. Il suit de là que lorsque l'inscription contient cette déclaration, les juges ne peuvent pas au préjudice de cette inscription colloquer définitivement et sans caution des créanciers postérieurs, sous prétexte que la créance dépend d'un compte qui n'a été ni apuré ni liquidé. (Arrêt de la cour de cassation du 4 avril 1815, cassant un arrêt de la cour d'Amiens du 13 mai 1813; Sirey, t. XV, p. 275, 1re partie.)

Par un autre arrêt du 21 août 1810, rejetant le pourvoi contre un arrêt de la cour de Metz du 29 janvier 1808, la cour de cassation a jugé qu'on peut prendre une inscription hypothécaire en vertu d'un jugement qui, ordonnant qu'un associé régisseur rendra compte, ne porte toutefois contre lui aucune condamnation pécuniaire déterminée; « Considérant, « porte l'arrêt, que la condamnation prononcée con- « tre un régisseur, à rendre compte de l'objet de sa « gestion, comprend essentiellement celle de payer « le reliquat, s'il s'en trouve après la liquidation et « l'apurement dudit compte, parce qu'elles dérivent « toutes deux d'une seule et même obligation con- « tractée par le régisseur. »

« Si une personne (dit Domat) engage ses biens pour un prêt à venir, l'hypothèque stipulée pour une telle cause sera sans effet, car l'hypothèque n'est que l'accessoire d'un engagement déjà formé, et jusque là il n'y aurait point de prêt, cette personne pouvant même ne pas emprunter. » Nous faisons observer que pour que l'engagement soit formé il n'est pas nécessaire que la somme soit délivrée. « Tous les jours (ajoute le même auteur) on fait des obligations pour des sommes qui ne seront délivrées que quelque temps après; mais l'engagement est déjà formé et l'hypothèque ne laisse pas d'avoir son effet.»

D'après ces principes, l'hypothèque consentie pour sûreté de prêt ou avances qui pourront être faits, sans qu'il y ait engagement exprès de les faire, ou pour sûreté de traites qui pourraient être fournies, sans engagement exprès de les fournir, serait nulle comme l'obligation elle-même dont elle est l'accessoire. (Colmar, 18 avril 1806, Sirey, t. VI, 2e partie, p. 981.)

Mais il n'en est pas de même de l'hypothèque consentie pour sûreté de traites déjà fournies ou de traites à fournir, jusqu'à une concurrence déterminée, car il y a alors obligation valable. Ainsi, la cour de Rouen (24 avril 1812) a jugé valable l'hypothèque consentie par un négociant pour sûreté du reliquat éventuel d'un compte courant et de traites fournies et à fournir jusqu'à concurrence toutefois d'une somme fixée; attendu, porte l'arrêt, que dès l'instant que deux commerçans se mettent ensemble en compte courant, il y a obligation actuelle d'en payer le solde, lors de la liquidation et de l'apurement du compte; que dès-lors l'hypothèque donnée pour sûreté du reliquat est conditionnelle et éventuelle; et que, loin de réprouver les obligations et hypothèques conditionnelles, les lois françaises comme les lois romaines les autorisent formellement. La cour de cassation avec autant de raison est allée encore plus loin : par arrêt du 26 janvier 1814 (Sirey, t. XIV, 1re partie, p. 41), rejetant le pourvoi contre un arrêt de la cour de Caen du

11 août 1812, elle a validé une inscription prise en vertu d'une hypothèque donnée pour sûreté d'un crédit ouvert, jusqu'à concurrence d'une somme fixée, mais dont on n'avait pas encore usé.

Aux exceptions à faire au quatrième paragraphe de l'art. 2148, et que nous venons de faire connaître ci-dessus, il convient d'y joindre celles résultant de l'article 2153 qui porte, entre autres dispositions, que les droits d'hypothèque purement légale de l'état, des communes et des établissemens publics sur les biens des comptables, ceux des mineurs ou interdits contre les tuteurs, des femmes mariées contre leurs époux, seront inscrits sur la représentation de deux bordereaux sans être tenu de fixer le montant de la valeur des droits à conserver quant à ceux qui sont conditionnels, éventuels ou indéterminés.

Ces dernières exceptions, étant désignées littéralement dans le texte de la loi, ne peuvent donner lieu à aucune interprétation; au surplus, nous en parlerons plus amplement lorsque nous traiterons de l'inscription des hypothèques légales.

Les bordereaux doivent encore contenir l'époque d'exigibilité des créances inscrites.

La mention de l'exigibilité est sans contredit reconnue comme étant encore une formalité substantielle de l'inscription; la cour de cassation l'avait déjà désignée comme telle, conformément au quatrième paragraphe de l'article 2148 du Code civil, lorsque parut la loi du 4 septembre 1807, dans le but de consacrer ce principe avec plus de force et d'une manière encore plus formelle, et ensuite pour remédier à l'infraction qui avait été faite beaucoup trop souvent à ce principe, et prévenir les conséquences fâcheuses qui devaient en résulter par suite de l'omission à cet égard qui se trouvait avoir été commise dans un très grand nombre d'inscriptions, omission qui devait entraîner une multitude de déchéances d'hypothèques; nous allons rapporter le texte de cette loi qui fait voir la nécessité en même temps que la recommandation du principe dont nous parlons.

« Art. 1er. Dans le délai de six mois, à dater de la « promulgation de la présente loi, tout créancier qui « aurait, depuis la loi du 11 brumaire an 7 jusqu'au « jour de ladite promulgation, obtenu une inscription « sans indication de l'époque d'exigibilité de sa « créance, soit que cette époque doive avoir lieu à « jour fixe ou après un événement quelconque, est « autorisé à représenter au bureau de la conservation « où l'inscription a été faite, son bordereau rectifié, « à la vue duquel le conservateur indiquera, tant sur « son registre que sur le bordereau resté entre ses « mains, l'époque de l'exigibilité de la créance; le » tout en se conformant à la disposition de l'article « 2200 du Code civil, et sans perception d'aucun « nouveau droit. »

Article 2. Au moyen de cette rectification, l'inscrip« tion primitive sera considérée complète et valable, « si d'ailleurs on y a observé les autres formalités « prescrites. »

« Article 3. La présente loi ne s'applique pas aux « inscriptions qui auraient été annulées par jugemens « passés en force de chose jugée.»

On voit par l'article 2 de la loi du 4 septembre 1807, que l'inscription n'est complète et valable qu'autant que la formalité prescrite par l'article 1er, c'est-à-dire la mention d'exigibilité, se trouve observée, c'est donc une décision bien formelle.

Malgré cette décision législative, quelques cours royales ont essayé, mais en vain, de résister à ce principe si fortement établi; un auteur distingué, Toullier, a partagé leur opinion; il s'est retranché dans cet argument de défense que dès qu'à l'époque où s'exerce l'hypothèque, toutes les créances inscrites deviennent exigibles et sont toutes colloquées à la date de leur inscription sur le prix provenant de l'immeuble, par suite les tiers qui veulent traiter avec le débiteur n'ont pas essentiellement intérêt à connaître les diverses échéances de ses dettes; que lorsque l'inscription garde le silence sur l'époque d'exigibilité, les tiers auxquels il répugnerait de prendre des renseignemens particuliers, doivent alors admettre la supposition la plus défavorable, c'est-à-dire que la dette est exigible actuellement.

La cour de cassation elle-même sembla un instant balancer et parut indécise à une époque; en effet, par un arrêt du 15 de janvier 1817, elle jugea qu'une cour royale en annulant une inscription hypothécaire pour défaut de mention d'époque d'exigibilité, n'était pas formellement contrevenue à la loi, mais elle a définitivement adopté le principe consacré par la loi du 4 septembre 1807. Il demeure donc maintenant pour constant que la mention de l'exigibilité de la créance est une formalité substantielle à l'inscription, à peine de nullité; et cette jurisprudence se trouve consacrée par plusieurs arrêts, notamment de la cour d'Amiens du 2 janvier 1831, de la cour de Liége du 15 avril 1833, de la cour de Nîmes du 28 novembre 1832, de la même cour le 9 janvier 1833, et de la cour de cassation le 9 août 1832.

Mais le système des équipollens a fait admettre des exceptions à cette règle; nous allons les faire connaître.

Par arrêt du 1er février 1825, par un autre du 26 juillet 1825, et encore par un autre du 9 juillet 1811, la cour de cassation a reconnu que lorsque l'époque de l'exigibilité d'une créance est arrivée au moment où l'inscription est requise, la simple mention que le capital est exigible suffit. Cette jurisprudence avait déjà été consacrée par un arrêt de la cour de Rouen du 11 juin 1810, un autre de la cour de Nîmes du 2 décembre 1810, et un autre de la cour de Douai du 28 avril 1810.

Par arrêt du 3 août 1827, la cour de Riom a jugé que la mention que l'inscription prise, faute de paiement de la créance en capital, et pour une somme fixe d'intérêts échus était suffisante.

L'époque d'exigibilité a encore été jugée suffisamment énoncée par la mention que la dette était payable à réquisition (Riom, 16 mars 1811).

A été jugée également suffisante l'énonciation que l'inscription était prise en vertu d'un jugement rendu pour billets de commerce à ordre protestés. (Arrêts de la cour de Liége de 1813 et de la cour de cassation du 23 juillet 1812. Sirey, tome XIII, 1re partie, page 257.) Le vrai motif sur lequel la cour n'a peut-être pas assez appuyé, c'est que la condamnation était prononcée pour billets à ordre protestés, c'est-à-dire pour une dette pour laquelle le tribunal ne pouvait accorder délai; car la simple énonciation que la somme serait due en vertu d'un jugement, n'indiquerait pas l'exigibilité, ne dirait pas que la créance est présentement due, parce qu'il est possible que le jugement qui prononce la condamnation, en vertu duquel la créance est due, accorde en même temps terme et délai. (Rouen, 1er août 1809, Sirey, tome X, 1re partie, page 67; Liége, 24 août 1809, Sirey, tome X, 2e partie, page 272.) A même été annulée, par défaut de mention suffisante d'exigibilité, une inscription *pour une créance liquidée et due, résultant d'un jugement, et pour deux années d'intérêts à échoir* : ces énonciations n'indiquent pas en effet l'exigibilité au moment de l'inscription (Cass., sect. civ., 15 janvier 1817, rejetant le pourvoi contre un arrêt de la cour de Rennes du 22 juin 1813; Sirey, tome XVII, 1re partie, page 148.)

Mais si le délai que peut avoir le débiteur est déterminé par une loi, et que ce délai soit expiré au moment de l'inscription, la mention d'exigibilité ou d'échéance actuelle de la dette sera suffisamment exprimée par ces mots : *en vertu d'un arrêt de .... rendu tel jour.* Il est démontré alors que le délai est échu. (Turin, 11 mars 1807, Sirey, tome VII 2ᵉ partie, page 674.) Nous ajoutons qu'on devrait citer la loi.

L'énonciation de l'inexigibilité peut comme celle de l'exigibilité s'établir par équipollence, lorsqu'elle résulte de la contexture de l'inscription. Ainsi est valable l'inscription prise par une femme pour la sûreté du fonds de son douaire sans énonciation de l'inexigibilité, attendu qu'elle est suffisante pour faire connaître aux parties intéressées que l'exigibilité de la créance tient à des circonstances dont l'événement est incertain. (Paris, 13 mars 1811, J. P. 1ᵉʳ de 1811, page 504.)

Est valable également sans énonciation d'inexigibilité l'inscription prise pour une rente constituée en perpétuel, car le capital d'une rente est inexigible de sa nature. (Bruxelles, 4 avril 1806; *idem*, 17 février 1807; cassation, 2 avril 1811, rejetant le pourvoi contre un arrêt de la cour de Turin du 5 avril 1811; J. P. 2ᵉ de 1811, page 7; Rouen, 21 mai 1812.)

La mention de l'époque d'échéance des arrérages ou intérêts du capital n'est pas voulue à peine de nullité. (Bruxelles, 4 avril 1806; cassation, 2 avril 1811.) D'abord la loi ne l'exige pas, ensuite on n'y voit pas d'utilité pour les tiers. En effet, lors de l'ordre et la collocation, il sera dû au créancier inscrit ou plus de deux années et l'année courante jusqu'au jour de la vente, ou moins; dans ce dernier cas les tiers doivent savoir que la loi conserve de plein droit et jusqu'à cette concurrence les intérêts de la créance inscrite ; c'est ce qui résulte de l'article 2151 ; dans le cas contraire le créancier inscrit ne sera plus admis à faire la répétition des intérêts qui étant dus en sus des deux années et celle courante accordées par la loi, n'auront pas été par lui mentionnées, soit dans l'inscription du capital, soit dans d'autres subséquentes; enfin la seule mention que les arrérages sont échus tient lieu d'énonciation d'exigibilité; c'est ce qui résulte de la jurisprudence et notamment d'un arrêt de la cour de cassation du 2 avril 1811, contrairement à deux décisions, l'une du ministre de la justice du 21 juin 1808, et l'autre du ministre des finances du 5 juillet suivant.

L'erreur qui se glisse dans la mention d'exigibilité est-elle susceptible d'entraîner la nullité de l'inscription ? Cette question délicate est susceptible d'être envisagée sous deux rapports : lorsque cette erreur est susceptible de nuire aux tiers; ainsi lorsque l'époque d'exigibilité a été reculée et reportée à une date postérieure à celle à laquelle le créancier se trouve en droit d'exiger le paiement de sa créance, la considération de l'éloignement du terme d'exigibilité de la créance inscrite a pu engager les tiers à traiter avec le débiteur, et ils se trouveraient déçus s'il en était autrement; en ce cas donc comme dans d'autres étant susceptibles de porter préjudice, on peut s'attendre que les tribunaux frapperont de nullité l'inscription. Dans le cas contraire à celui que nous venons de citer, et lorsque l'erreur n'a pu causer aucun préjudice à la partie qui cherche à s'en prévaloir, il est jugé que cette erreur n'est pas susceptible de vicier l'inscription; c'est ce qui résulte d'un arrêt de la cour de cassation du 3 janvier 1814, qui a rejeté le pourvoi, contre un arrêt de la cour de Metz du 10 juin 1811. (Sirey, tome XIV, 1re partie, page 82.) Mais on conçoit combien est grande la latitude et le pouvoir discrétionnaire des juges à cet égard, on ne saurait donc recommander trop d'exactitude dans l'énonciation de l'èxigibilité de la créance.

Les bordereaux doivent encore contenir l'indication de l'espèce et de la situation des biens sur lesquels le créancier entend conserver son privilége ou son hypothèque.

Le deuxième paragraphe du n° 5 de l'article 2148 du Code civil ajoute : cette dernière disposition n'est pas nécessaire dans le cas des hypothèques légales ou judiciaires : à défaut de convention, une seule inscription pour ces hypothèques frappe tous les immeubles compris dans l'arrondissment du bureau.

Ici s'accomplit et se complète le système encore plus de la spécialité que de la publicité; le législateur après avoir exigé une désignation de personne, de la créance, des titres, finit par exiger une indication de biens, telle qu'on puisse les reconnaître. Mais ce dernier paragraphe a donné lieu à des interprétations et à des opinions bien divergentes, et nous allons tout à l'heure prouver que la cour de cassation n'a pas toujours été maîtresse de maintenir le vrai principe à cet égard.

Pour venir à l'appui d'une juste interprétation du deuxième paragraphe que nous traitons, il est à propos de rapporter l'article 2129 du Code civil ainsi concu : « Il n'y a d'hypothèque conventionnelle valable que « celle qui, soit dans le titre constitutif de la créance, « soit dans un acte authentique postérieur, déclare « spécialement la nature et la situation de chacun des « immeubles appartenant au débiteur, sur lesquels il « consent hypothèque de la créance ; chacun de tous « ses biens présens peut être nominativement soumis « à l'hypothèque. Les biens à venir ne peuvent pas « être hypothéqués. » Ainsi en résumant cet article avec le dernier paragraphe de l'article 2148, la loi exige l'indication de la situation du bien soumis à l'hypothèque, et de son espèce ou sa nature ce qui est la même chose ; mais est-ce à peine de nullité? nous le pensons et nous allons le démontrer.

La peine de nullité pour cause d'omission de cette indication n'a pas fait l'objet d'un doute dès le principe de la loi. Les cours, les tribunaux et les auteurs étaient d'accord sur ce point ; mais on revint sur l'exécution de ce paragraphe de l'article 2148 avec la même indulgence, le même relâchement qu'à l'égard des autres paragraphes, sans considérer qu'à l'égard de celui-ci il y avait nécessité de ne pas se départir autant de la rigueur que l'on a mise d'abord dans l'introduction du nouveau système de spécialité et de publicité du régime hypothécaire. On aurait dû remarquer que la distinction des biens étant dans certains cas, et surtout lorsqu'ils sont de même nature, plus difficile à préciser et à faire connaître que celles des personnes, il y a par suite encore plus de précision à observer dans l'indication d'un bien que dans la désignation d'une personne, et que la loi doit prescrire avec d'autant plus de rigueur ce qui est d'autant plus nécessaire. En combattant ce système d'indulgence, nous allons d'abord nous attacher à détruire un mode d'indication qui en est la fâcheuse conséquence, et qui a été admis par plusieurs cours royales. Nous nous attachons plus particulièrement à la réfutation de ce mode, attendu que nous le regardons comme compromettant le plus le principe que nous soutenons.

Plusieurs cours ont jugé qu'une inscription hypothécaire est valable lorsqu'elle porte sur tous les biens du débiteur situés dans telle commune et autres environnantes, canton de . . . . ou tel arrondissement; et cela résulte de trois arrêts de la cour de Grenoble en date des 27 juillet 1829, 10 juillet 1823 et 8 août 1817, et d'un arrêt de la cour royale de Paris du 23 février 1820. Nous trouvons que ces arrêts ont mal jugé, bien que les deux derniers qui ont été déférés à la cour de cassation n'aient pas été infirmés par elle, ce qu'elle ne pouvait faire par suite d'incompétence, ainsi que nous le prouverons ci-après. Consultons Merlin, qui a partagé le système de relâchement lors de l'établissement du régime hypothécaire, qui a même fait plus, qui a contribué à la rectification de la première jurisprudence, et qui disait à l'occasion d'une nullité relative au défaut de désignation de domicile : « Cette peine de nullité, la loi se « garde bien de la prononcer; et pourquoi ne la

« prononce-t-elle pas? Parce que, mettant toute sa « confiance dans le principe général, qui veut que la « peine de nullité soit suppléée de plein droit, dans « toutes les dispositions qui prescrivent des formes « *substantielles*, et qu'elle ne le soit jamais dans celles « qui prescrivent des formes secondaires, elle se re- « pose sur le juge du soin de distinguer quelles sont « parmi les formes qu'elle prescrit pour les inscrip- « tions, celles qui tiennent ou ne tiennent pas à la « substance de ces actes, c'est-à-dire celles qui sont « ou ne sont pas indispensables *pour faire connaître* « *la créance, le débiteur, le créancier et les biens sur* « *lesquels il s'agit d'acquérir hypothèque.* » Eh bien, Merlin dit en parlant des deux arrêts de la cour de cassation des 6 mars 1820 et 28 août 1821, qui n'ont pas infirmé les arrêts de cours royales des 8 août 1817 et 23 février 1820:

« J'avoue (dit Merlin en parlant de cette nouvelle doctrine) que je ne conçois pas cette manière de juger, et qu'elle me paraît violer ouvertement l'article 2129 du Code civil.

« Quoi de plus positif en effet que la nullité dont cet article frappe expressément toute hypothèque conventionnelle, dont le titre constitutif ne déclare pas spécialement la nature et la situation de chacun des immeubles sur lesquels le débiteur consent l'hypothèque de la créance? Et comment d'après cela juger valable une pareille hypothèque, sous le prétexte que le principal but de la loi, en la déclarant nulle, étant d'empêcher que les tiers n'ignorent quels sont les biens que le débiteur a entendu y affecter, la nullité qu'elle en prononce n'a plus d'effet du moment qu'aucun tiers n'a pu être entraîné dans une erreur préjudiciable à ses intérêts, par les termes employés pour la désignation de ces biens ?

« Si l'on pouvait sous ce prétexte déclarer valable l'hypothèque consentie par un débiteur sur tous les biens qu'il possède dans telle commune, et même dans telles communes et autres environnantes, sans autre désignation, quelle raison y aurait-il de ne pas valider également l'hypothèque consentie par un débiteur sur tous les biens qu'il possède dans tel arrondissement ? aucune. Ce que l'on pourrait faire pour les biens d'une seule commune nommément désignée, on pourrait le faire pour les biens de trois, de quatre, de dix, de vingt communes, soit en les désignant chacune par son nom, soit en n'en nommant qu'une seule ; et ce que l'on pourrait faire pour dix communes, rien n'empêcherait de le faire pour soixante, quatre-vingts, cent, ou cent cinquante communes désignées collectivement par le nom de celle qui leur sert de chef-lieu.

« Mais alors que deviendrait la grande règle qui veut qu'il n'y ait pas d'hypothèque conventionnelle sans spécialité, et en quoi l'hypothèque conventionnelle différerait-elle de l'hypothèque judiciaire ?

« Aussi l'arrêt de la cour de cassation du 23 août 1808, que j'ai rapporté plus haut comme jugeant qu'une hypothèque consentie par un débiteur sur tous ses biens situés dans telle commune est nulle, a-t-il jugé la même chose par rapport à une hypothèque consentie par un débiteur, sur tous ses biens situés dans tel arrondissement.

« Et qu'importe que par les termes qui ne désignent les biens hypothéqués qu'en disant qu'ils sont situés dans telle commune ou tel arrondissement, aucun tiers ne puisse être induit à croire que l'hypothèque frappe sur moins de biens qu'elle n'en embrasse réellement, et que par suite cette manière de les désigner ne puisse tourner au préjudice de personne ? En est-il moins vrai que là où manque la désignation spéciale dont la loi fait la condition de toute hypothèque conventionnelle, là il n'y a point d'hypothèque valablement constituée, et que le tiers qui est assuré par les registres du conservateur qu'elle manque d'effet, peut traiter en toute sûreté avec le débiteur, parce qu'il est autorisé par la loi elle-même à regarder le débiteur comme n'ayant consenti précédemment qu'un vain simulacre d'hypothèque ? Que répondre d'ailleurs aux raisons par lesquelles j'ai établi à l'article hypothèque, section IIe, paragraphe 2, article 10, no 4, dans ce supplément, que, pour qu'un tiers soit admis à relever les vices d'une inscription, il n'est nullement nécessaire que ces vices lui aient causé ou pu causer personnellement quelque dommage.

« Au surplus si sur cette question il existe deux arrêts de rejet pour la validité d'une hypothèque conventionnelle et d'une inscription qui ne désignent les biens que par le nom de commune où ils sont situés, il en existe aussi deux de cassation pour la nullité de l'une et de l'autre, et l'on sait assez que les arrêts de cassation sont d'un bien plus grand poids que les arrêts de rejet. (*Répertoire de jurisprudence*, t. XVI, p. 444.) »

Ainsi s'explique Merlin ; ces raisons nous paraissent d'une grande force, et nous allons essayer d'en ajouter d'autres.

D'abord nous faisons observer que les deux arrêts de rejet ci-dessus de la cour de cassation, contraires à l'opinion de Merlin, ne peuvent influer sur la question, par le motif que les cours avaient jugé en fait et qu'il est de principe et de jurisprudence que la cour de cassation n'est point saisie du contrôle de questions de fait, mais seulement de celles de droit ; et ce n'est pas la première fois qu'il est arrivé à la cour suprême de ne pouvoir infirmer le mal jugé des cours royales, lorsque des circonstances de cette nature se sont rencontrées. Nous pouvons citer une espèce où il s'agissait de faire infirmer un arrêt de la cour d'Aix du 10 août 1809, lequel avait annulé un contrat dans lequel elle avait reconnu toutes les circonstances de celui pignoratif (voir : Question de droit, à l'article pignoratif); eh bien ! Merlin, alors procureur général près la cour de cassation, en concluant que la cour d'Aix avait mal jugé, disait qu'entre mal juger et violer une loi expresse, entre offenser la raison et contrevenir à la volonté formelle du législateur, la différence est pour ainsi dire incommensurable. Il ajoutait : « Messieurs, en vous établissant les gar-

« diens, les vengeurs de la loi, la constitution vous a
« interdit la connaissance du fond des affaires; vous
« ne pouvez donc pas casser les arrêts qui, laissant
« la loi intacte, ne présentent qu'un mal jugé au fond;
« vous ne pouvez donc que rejeter la requête du de-
« mandeur, et c'est à quoi nous concluons. » Aussi, par arrêt du 22 mars 1810, la demande fut rejetée par la cour de cassation.

Enfin, il nous reste à ajouter une dernière raison à laquelle il serait difficile d'objecter; nous la puisons dans le texte même du dernier paragraphe de l'article 2148; nous voulons parler de l'exception qui y est établie et qui porte que la disposition prescrite à l'égard de l'indication de l'espèce et de la situation des biens n'est pas nécessaire, dans le cas des hypothèques légales ou judiciaires, et que l'inscription pour ces hypothèques frappe tous les immeubles compris dans l'arrondissement du bureau. Dans l'espèce donc que nous combattons, on assimilerait l'hypothèque conventionnelle à celle légale ou judiciaire, lorsque le législateur les a formellement distinguées, lorsqu'il établit textuellement une exception en faveur de ces dernières hypothèques. On voit donc bien que le système que nous combattons entraînerait bien certainement la violation de la loi.

Voyons maintenant si la cour de cassation a définitivement confirmé et adopté le système qu'elle avait posé par ses deux arrêts des 23 août 1808 et 20 février 1810, qui n'admettent pas la validité d'une inscription lorsqu'elle porte sur tous les biens du débiteur, situés dans telle commune ou tel arrondissement, et si cette cour suprême n'a pas au contraire confirmé la jurisprudence opposée qu'on voudrait induire de ses deux arrêts de rejet ci-dessus énoncés, des 6 mars 1820 et 28 août 1821.

Nous croyons que cette cour a confirmé le vrai principe résultant des deux premiers arrêts des 23 août et 20 février. En effet, la question s'est présentée de nouveau dans une espèce à peu près pareille, et elle a été jugée tant à l'égard de cette espèce que pour celle positive dont nous parlons. Le 10 septembre 1801, Lenourichel hypothéqua, en faveur de la dame Therillon, les maisons, terres labourables et auberge qu'il possédait à Vaux-sur-Seulles, Nonant et Carcagny, arrondissemens de Bayeux et de Caen. Cette hypothèque a été inscrite à Caen, *sur les maisons et terres situées dans l'arrondissement du bureau.*

Cette inscription a été annulée par un arrêt de la cour de Caen du 12 juillet 1826, ainsi motivé : « considérant que le régime hypothécaire est fondé sur deux bases essentielles, la publicité et la spécialité; que ces deux bases-là et surtout la spécialité appartiennent à des considérations d'intérêt public, à la volonté qu'a eue le législateur que chacun ne subît d'entraves dans la disposition de ses propriétés que jusqu'à concurrence des valeurs nécessairement grevées par les charges qu'il aurait prises ; que le moyen d'assurer cette spécialité se trouve indiqué dans le n° 5 de l'article 2148 du Code civil, qui exige impérieusement que l'inscription énonce l'espèce et la situation des biens sur lesquels le créancier entend conserver son privilége ou son hypothèque; considérant en fait que l'inscription prise à Caen par la dame Therillon, le 14 septembre 1801, ne désigne les biens qu'en disant que ce sont des maisons et des terres sises dans l'arrondissement de Caen; que de pareilles énonciations équivalent à une absence totale de désignation, puisqu'il est évident qu'une inscription quelle qu'elle soit, générale ou spéciale, ne peut frapper que des fonds situés dans le ressort du bureau. »

Cet arrêt a été déféré à la cour de cassation, et le 19 février 1828 le pourvoi a été rejeté par la chambre des requêtes civiles en ces termes : « La cour considérant que l'article 2148 du Code civil exige que l'inscription désigne d'une manière spéciale les immeubles sur lesquels porte l'hypothèque; qu'en décidant que cette disposition n'est pas observée par la désignation faite *de tous les biens situés dans un arrondissement*, la cour royale n'a violé aucune loi, rejette. »

Il peut donc demeurer pour constant qu'une inscription n'est point valable lorsqu'elle porte sur tous les biens du débiteur situés dans telle commune ou tel arrondissement.

Il en serait autrement à notre avis, si l'inscription était prise sur tous les bâtimens, terres, prés, bois et vignes ou biens ruraux appartenant au débiteur et situés dans telle commune . . . . Quoique cette désignation ne soit pas encore aussi complète que nous le désirerions, cependant nous croyons qu'elle est susceptible d'être reconnue comme valable et suffisante. Nous indiquerons au surplus ci-après le mode que nous regardons comme applicable en cette circonstance.

Par arrêt du 16 août 1827, la cour royale d'Angers a frappé de nullité une inscription hypothécaire prise sur différens immeubles situés dans les communes de..., par, entre autres motifs, celui que l'expression *différens immeubles* laisse dans le vague et l'incertitude de savoir si c'est la totalité des biens qui a été soumise à l'hypothèque, ou si ce n'est qu'une partie, et dans ce dernier cas quels sont ceux de ces immeubles qui y ont été assujétis, et quels sont ceux qui en ont été exempts.

L'inscription hypothécaire prise en exécution de l'article 43 de la loi du 11 brumaire an 7, et portant qu'elle frappe sur tous les biens appartenant au débiteur situés dans l'arrondissement, suffit pour conserver l'hypothèque ancienne dans son intégrité, et conséquemment pour frapper les immeubles acquis postérieurement à l'inscription ; c'est ce qui a été jugé par un arrêt de la cour royale de Dijon du 8 mai 1824, confirmé par un arrêt de la cour de cassation du 15 janvier 1828. Ce principe a encore été consacré par un arrêt de la cour de Nîmes du 13 juillet 1808 ; un autre de la cour de cassation du 6 décembre 1813 ; un autre de la même cour en date du 30 janvier 1815 ; un autre de la cour de Metz du 5 août 1819. Nous faisons observer que les inscriptions conservant ces hypothèques qui n'ont pas été prises dans les trois mois de la publication de la loi du 11 brumaire an 7, ne se trouvent plus avoir d'effet qu'à compter du jour qu'elles sont opérées. C'est ce qui a été consacré par l'arrêt du 30 janvier 1815.

Une inscription hypothécaire n'est pas nulle pour défaut de désignation de la commune où sont situés les biens hypothéqués, si d'ailleurs les autres indications qu'elle renferme suffisent pour faire connaître la situation de ces biens. Cette jurisprudence a été consacrée par trois arrêts de la cour de cassation du 14 juin 1831, 6 février 1821 et 25 novembre 1813, un arrêt de la cour de Marseille du 31 août 1819 et un arrêt de la cour de Nancy du 28 avril 1826.

Une inscription, prise sur tel domaine consistant en maisons, bâtimens serres et autres héritages de telle nature, c'est-à-dire en terre, ou prés, ou bois, ou vignes, situés à tel endroit, est valable. Il n'est pas nécessaire d'énoncer les objets article par article. On peut citer plusieurs arrêts où cette espèce, cette sorte d'indication s'est rencontrée, savoir :

Arrêt de la cour d'Amiens du 14 mars 1821, confirmé par arrêt de la cour de cassation du 24 janvier 1825. Dans l'espèce, l'inscription avait été prise sur le domaine de Chevreux, situé terroir de Soissons, consistant en maisons, bâtimens, jardins, terres et autres héritages appartenant au sieur Garnier, et situés sur le terroir de Courmelle. Les considérans de l'arrêt de la cour d'Amiens ont été que l'article 2148 du Code civil n'exige que l'indication de l'espèce et la situation des biens; que les mots *le domaine de*

Chevreux annoncent l'espèce, et ceux *sis terroir de Soissons* désignent la situation; que le château et le domaine de Chevreux sont suffisamment connus dans le pays pour que personne ne puisse s'y tromper; qu'ainsi la plus grande partie des bordereaux d'inscription, produits dans le présent ordre, ne portent pas d'autre désignation; que, dès là qu'il n'y a pas sur le terroir de Soissons plusieurs domaines de Chevreux, personne n'a pu être induit en erreur par cette désignation; que par le domaine de Chevreux on doit d'abord entendre le château et les jardins, les moulins attenant au château et les terres et héritages qui en font partie depuis long-temps; qu'il est même naturel d'y comprendre les acquisitions qui ont été faites successivement pour augmenter ce domaine, et qu'exploitait le sieur Garnier, sauf à n'en faire profiter les créanciers inscrits que sur les portions qui s'y trouvaient réunies à l'époque où l'hypothèque leur a été consentie.

Arrêt de la cour de Bordeaux du 3 mai 1813, confirmé par arrêt de cassation du 15 juin 1815. Dans l'espèce, l'inscription avait été prise contre le sieur Beaudoin sur son bien de Beaudoin, composé de deux domaines et une réserve, situés au lieu de Beaudoin, commune de Saint-Lorey-des-Harleix, canton de Jumillac, arrondissement du bureau des hypothèques de Nontron, département de la Dordogne.

Nous faisons remarquer cependant que cette inscription aurait été plus régulière et exempte d'attaques, si la nature ou l'espèce des biens composant les deux domaines de Beaudoin y avait été exprimée.

Arrêt de la cour de Paris du 6 mars 1815, confirmé par arrêt de cassation du 1er avril 1817. Dans l'espèce l'inscription avait été prise contre la dame Dufour sur les fermes de la Gadelière, département de l'Eure, situées dans l'étendue du bureau des hypothèques de Dreux.

Cette inscription nous paraît plus régulière que la précédente énoncée, sous le rapport de l'indication de la nature du bien qui y est désignée; car le mot *ferme* emporte avec lui la dénomination non seulement des terres et autres biens ruraux qui en dépendent, mais encore des bâtimens qui servent à son exploitation.

Arrêt de la cour de Riom du 24 février 1816, jugeant valable une inscription prise sur un domaine désigné de la même manière.

Arrêt de la cour de Besançon du 22 juin 1810, prononçant la validité d'une inscription prise sur les domaines appartenant au débiteur, sur le terroir de....., composés de maisons, vergers, bois, clos, champs et prés; mais sans désignation spéciale de chacun des immeubles hypothéqués.

Arrêt de la cour de Paris du 9 juin 1814, jugeant valable une inscription prise sur les biens possédés par le débiteur, dans l'étendue du bureau de..., et consistant en une maison et dépendances et..... hectares de terre, prés et bois, mais sans énonciation détaillée de la contenance et de la nature de chaque pièce de terre, pré et bois.

Arrêt de la cour de Paris du 10 juin 1812, jugeant valable une inscription prise sur les maisons, bâtimens, cour et jardin, terres et vignes qui appartiennent au sieur..., dans la commune de..., mais sans désignation de la contenance, désignation qui d'ailleurs ne nous paraît pas exigée par la loi, dans l'espèce dont s'agit, attendu qu'ici cette désignation est générale, et point individuelle ou particulière.

Un arrêt de la cour de Paris du 6 mars 1815 a jugé que la désignation d'une ferme nommée..., située à..., commune de..., ne comprend pas quelques pièces de terre, faisant partie de la même ferme; mais sises dans d'autres communes distinctes quoique du même bureau. Cet arrêt nous paraît fondé en droit, attendu que la désignation de la commune semble exclure implicitement de l'affectation les biens qui ne se trouvent pas situés dans l'étendue de cette commune.

Un arrêt de la cour de Caen du 15 janvier 1814 a déclaré valable une inscription prise sur la ferme de..., située sur la commune de..., consistant en maisons, cour, jardin, herbages, bois, taillis, etc., terres en labour, sans énonciation de l'arrondissement dont dépendait cette commune, « attendu que la loi ne le prescrit pas...; qu'il ne pourrait y avoir d'embarras ou d'incertitude que dans le cas où le débiteur posséderait des biens dans deux communes du même nom, situées dans divers arrondissemens, ce qui n'était point allégué dans la cause. »

Un arrêt de la cour de Riom du 31 août 1816 a également déclaré valable une inscription prise sur *les propriétés* du débiteur consistant en maisons, prés et terres, commune de..., sans qu'on y ait énoncé la section de la commune.

Un arrêt de la cour de cassation du 25 novembre 1813 a rejeté le pourvoi contre un arrêt de la cour d'Aix du 15 novembre 1812, qui avait jugé valable une inscription prise sur une propriété sise quartier de..., dépendant du bureau de..., sans énonciation de la commune, parce que, dans l'espèce, la désignation par le quartier seulement ne pouvait laisser aucune obscurité.

Un arrêt de la cour de Dijon du 5 août 1819 a jugé valable une inscription prise sur un domaine désigné par son nom; mais avec erreur dans l'indication de la commune; considérant, porte l'arrêt, que le domaine de P., situé dans un lieu qui porte son nom, est suffisamment indiqué au public par sa dénomination, parce qu'il est connu dans le pays par son nom même. Le pourvoi a été rejeté contre cet arrêt; mais sans que la cour de cassation ait prononcé sur la question; car le rejet est fondé sur l'unique motif que la cour royale avait *jugé en fait* (cassation, sect. des req., 6 février 1821).

Après avoir fait connaître et ressortir la jurisprudence, nous nous résumons et en tirons la conclusion suivante :

Premièrement, l'indication de la situation et celle de la nature ou espèce des biens soumis à l'hypothèque, sont nécessaires pour valider l'inscription;

Secondement, pour parvenir à se conformer à cette

disposition de la loi, il y a lieu de considérer la circonstance qui motive l'hypothèque et l'inscription. Ou le débiteur affecte tous ses biens; en ce cas, l'affectation se trouvant universelle, la désignation n'a plus besoin que d'être sommaire, en faisant connaître la nature ou l'espèce des biens et leur indication d'une manière générale, et la situation de ces mêmes biens peut être indiquée par la dénomination seulement de la commune ou du territoire; ou, au contraire, le débiteur n'affecte qu'une partie de ses biens; en ce cas, l'affectation se trouve restreinte, et la désignation devenant individuelle, elle doit être détaillée particulièrement, en précisant spécialement l'objet de l'hypothèque et l'indication non seulement de la commune, mais encore du lieu, de l'endroit où il est situé; si c'est une maison, il est à propos d'en faire connaître la rue et le numéro, ou les propriétés limitrophes, s'il n'y avait pas de numéro. Si c'est un champ de terre, ou vigne, ou pré, ou un bois, il est nécessaire d'indiquer la quantité et le lieu particulier du terroir, sinon les tenans et aboutissans; car, dans ce cas, la distinction du bien est, comme nous l'avons dit, plus difficile à observer que celles de la personne, et c'est un motif pour la préciser d'autant mieux, en cette circonstance. En effet, comment reconnaître le champ affecté par un particulier sans dénomination particulière et précise, lorsque ce dernier se trouve propriétaire de plusieurs champs dans la même commune. L'indication de la quantité, nous voulons dire de la contenance, peut même n'être pas suffisante;

car il peut se faire que ce particulier se trouve posséder plusieurs champs de la même contenance, et c'est ce qui arrive assez fréquemment. Que la désignation soit individuelle ou universelle, dans l'un comme dans l'autre cas, il est nécessaire d'indiquer la nature ou l'espèce du bien.

Article 2149 du Code civil. Les inscriptions à faire sur les biens d'une personne décédée pourront être faites sous la simple désignation du défunt, ainsi qu'il est dit au n° 2 de l'article précédent.

Deux motifs, nous le pensons, ont porté le législateur à établir la disposition résultant de l'art. 2149; le premier, il peut se faire que l'héritier ou tous les héritiers du débiteur ne soient pas encore connus du créancier, ou même que le décès du débiteur soit ignoré du créancier; ensuite ce dernier, ayant même cette connaissance, peut se trouver dans la position d'exercer la demande en séparation de patrimoine, en vertu de la faculté réservée par l'article 878 du Code civil, et par suite, de requérir inscription, en vertu de l'article 2111; aussi l'article 2149 nous paraît-il en parfaite harmonie avec l'article 2111, et une conséquence de cet article telle que l'article 2111 ne pourrait recevoir son exécution, sans la disposition de l'article 2149. — En effet, d'après l'article 879, la demande en séparation de patrimoine ne peut plus être exercée, lorsqu'il y a novation dans la créance contre le défunt, par l'acceptation de l'héritier pour débiteur; et nous pensons que cette novation s'opérerait et que l'acceptation résulterait implicitement de l'inscription au profit du créancier contre l'héritier du débiteur.

Ceci nous conduit à savoir si l'inscription peut toujours être prise contre la personne du défunt, lorsque l'acceptation de l'héritier pour débiteur a eu lieu de la part du créancier, soit par suite d'un titre nouvel, soit autrement? les motifs que nous venons de donner à l'article 2149 peuvent nous faire pencher pour décider la négative, puisque dans ce cas-ci ces motifs n'existent plus; cependant on ne peut se dissimuler que l'article 2149 est rédigé d'une manière à laisser douter s'il n'accorde pas une option au créancier pour requérir inscription, soit contre son débiteur, soit contre les héritiers de ce dernier. Mais nous ne pouvons admettre ce système, et nous y voyons un inconvénient très grand, celui de savoir à quelle époque cesserait pour le créancier cette faculté, qui si elle était de longue durée se trouverait entraver la publicité du système hypothécaire. Nous regardons donc l'article 2149 comme faisant exception à la règle établie par le n° 2 de l'article 2148; par suite on ne doit pas étendre cette exception d'un cas qui l'a motivé, à un autre où elle n'est plus nécessaire. En résumé, nous disons que tant qu'il n'y a pas eu novation, tant que le créancier n'a pas reconnu et accepté l'héritier du débiteur pour débiteur, tant que ce nouveau débiteur n'a pas été substitué à l'ancien, le créancier peut réclamer le bénéfice de l'article 2149.

L'article 2149 exige-t-il qu'il soit fait mention du

décès? la négative ne nous paraît faire aucun doute puisqu'un des motifs de l'article a été de prévenir l'ignorance où peut se trouver à cet égard le créancier, et pour qu'en ce cas l'inscription puisse être validée de même que si elle avait été prise du vivant du débiteur. Ce principe au surplus a été consacré par un arrêt de la cour de Paris du 9 décembre 1811, dans une espèce, il est vrai, soumise à la loi du 11 brumaire an 7, mais dont la disposition en cela est la même que celle du Code civil, attendu, porte cet arrêt, que cette énonciation n'est pas exigée par la loi, de laquelle il résulte au contraire que l'inscription qui énonce les nom, prénoms, profession et domicile du débiteur, est valable, soit que le débiteur fût vivant ou décédé, et que la condition du créancier qui aurait connu le décès n'est pas différente sur ce point de celle du créancier qui l'aurait ignoré.

Article 2150, le conservateur fait mention sur son registre du contenu aux bordereaux, et remet aux requérans, tant le titre ou l'expédition du titre, que l'un des bordereaux, au pied duquel il certifie avoir fait l'inscription.

D'après l'article 2134 du Code civil, l'hypothèque ne prend de rang que par l'inscription prise sur les registres du conservateur. D'après l'article 2150 le conservateur est chargé de faire la mention sur son registre des bordereaux. C'est donc cette mention qui établit l'inscription; ce ne sont point les bordereaux qui ne la forment point réellement. Ils servent d'abord de corps de renseignement pour l'établir, et ensuite constituent le contrat particulier et de garantie entre le créancier inscrivant et le conservateur, relativement aux suites et conséquences de cette inscription, ainsi que nous allons le démontrer. En effet, si les bordereaux se trouvant réguliers et conformes à la loi, l'inscription vient à être irrégulière, le créancier porteur du bordereau portant la mention ou le certificat du conservateur, est en droit d'exercer contre lui une action pour raison de dommage qu'il éprouve par suite de la nullité de l'inscription. C'est ce qui ne fait aucun doute; et cela est reconnu par la jurisprudence et se trouve consacré par un avis du conseil d'état du 11 décembre 1810, un arrêt de la cour de Lyon du 29 juin 1821, et un arrêt de la cour de cassation du 17 novembre 1824. La nullité de l'inscription est en outre encourue vis-à-vis des tiers. C'est ce qui résulte de l'avis du conseil d'état et des arrêts ci-dessus énoncés et encore d'un arrêt de la cour de Riom du 8 janvier 1824, de deux autres de la cour de Paris des 10 mars 1809 et 31 août 1810, d'un autre de la cour de cassation du 22 avril 1807 et d'un autre de la cour de Liège du 10 prairial an 12. Si au contraire les bordereaux ou l'un d'eux se trouvent irréguliers et que par suite il en résulte une action contre le conservateur de la part des tiers et par suite un dommage pour ce dernier, il est alors en droit d'actionner en recours et garantie le créancier inscrit qui a fait dans les bordereaux l'omission ou l'erreur qui a donné lieu à l'action contre le conservateur. Ainsi un créancier vient à former et prendre inscription: il produit deux bordereaux, l'un régulier, l'autre irrégulier; le bordereau régulier lui est remis; plus tard il cède sa créance et il arrive que cette créance est rejetée de la collocation, à raison du vice de l'inscription qui a été faite par le conservateur sur le vu du bordereau irrégulier resté en ses mains. En cet état de choses, le créancier cessionnaire a droit d'exercer une action en indemnité contre le conservateur, attendu qu'il est devenu cessionnaire de la créance, sur la foi de la mention de l'inscription mise par le conservateur au pied du bordereau régulier, qu'il a lui, cessionnaire; qu'il n'a pu supposer d'omission dans l'inscription sur le registre; et qu'il n'a pas dû rechercher sur ce registre si celle y porté différait de son propre bordereau. De son côté le conservateur se trouve en droit d'exercer un recours en garantie et dédommagement, aux termes des articles 1382 et 1383 du Code civil, contre le créancier cédant, attendu que si le vice de l'inscription sur le registre est matériellement l'ouvrage du conservateur, ce vice prend sa source dans le fait du créancier, lequel en remettant au conservateur un bordereau irrégulier et non conforme à celui régulier rendu par le conservateur, a induit ce fonctionnaire en erreur et doit être garant des suites de cette erreur. Cette jurisprudence a été consacrée par un arrêt de la cour de cassation du 17 novembre 1824.

Cette jurisprudence, qui nous paraît fondée, se trouve cependant controversée et contestée dans une espèce pareille à celle que nous venons de présenter, à la seule différence qu'il n'y avait point de créancier cessionnaire. La cour royale d'Angers, par arrêt du 16 août 1816, a jugé le contraire, c'est-à-dire que le conservateur qui a remis au créancier inscrit le bordereau régulier, lequel constatait que l'inscription avait été faite d'après ce bordereau, tandis qu'elle n'avait été faite que d'après le bordereau irrégulier, était responsable vis-à-vis de ce créancier de la nullité de l'inscription. Cet arrêt a été confirmé par un autre de la cour de cassation le 29 avril 1829.

A l'égard de l'arrêt de la cour de cassation, nous faisons observer que la cour d'Angers ayant jugé *en fait*, ce qui était souverainement dans ses attributions, la cour suprême ne pouvait que rejeter le pourvoi; car, comme nous l'avons déjà dit, elle n'a le droit de casser les arrêts des cours royales que lorsqu'il y a violation de la loi en matière de droit, n'étant du reste point saisie du contrôle des questions de fait. Cet arrêt, qui d'ailleurs n'est que de rejet, ne peut donc pas être opposé au premier que nous venons de citer, qui est de cassation; et, comme nous l'avons aussi déjà dit, les arrêts de rejet n'ont pas la même force que ceux de cassation.

Quant à l'arrêt de la cour d'Angers, il nous paraît avoir violé la loi, et il ne nous paraît pas difficile de le réfuter; en effet l'article 2150 porte que le conservateur fait mention sur son registre du contenu aux bordereaux. Cela nous paraît formel et démontrer que le conservateur n'est chargé par la loi que de transcrire le bordereau; que cette transcription n'entraîne pas de sa part une rédaction mais une simple copie qui devient la forme de l'inscription; il serait donc injuste de faire peser sur lui une responsabilité si grave et qui se répéterait si journellement, lorsqu'il n'est point rédacteur mais seulement copiste de la pièce, qui d'ailleurs, aux termes de la loi, doit présenter et réunir tous les élémens nécessaires pour établir régulièrement l'inscription.

Aussi par ordonnance ministérielle en date du 11 août 1828, il a été fait défense expresse aux conservateurs des hypothèques de rédiger ou laisser rédiger par leurs commis les bordereaux d'inscription, pour le compte des parties. On voit donc qu'ils ne sont point responsables quant à ce, vis-à-vis de l'inscrivant, mais qu'ils peuvent l'être vis-à-vis des tiers.

A nos observations sur l'article 2150 du Code civil, nous croyons à propos d'ajouter la teneur de l'avis du conseil d'état du 11 décembre 1810, approuvé par l'empereur le 16 du même mois et ainsi conçu : « le conseil d'état qui a entendu la section de législation, sur le renvoi fait par sa majesté impériale et royale, d'un rapport du grand-juge, ministre de la justice, concernant le mode de rectifier, sur les registres hypothécaires, les erreurs ou irrégularités commises par les conservateurs; ledit rapport transmettant la proposition faite par le directeur général de l'enregistrement de faire autoriser les conservateurs par les tribunaux à réparer lesdites erreurs ou irrégularités; considérant qu'une transcription inexacte des bordereaux remis au conservateur des hypothèques par un créancier requérant inscription, donne à celui-ci, s'il en a souffert quelque préjudice, une action en garantie contre le conservateur; mais qu'à l'égard des tiers, la valeur de l'inscription se réduit à ce qui a été transcrit sur le registre, parce que ce registre est la seule pièce que les intéressés soient appelés à consulter, et que le créancier qui a requis l'inscription, a plus spécialement à s'imputer de n'avoir pas veillé à ce que la transcription fût exacte; que du reste au moment même où l'on découvre soit des erreurs, soit des irrégularités dans la transcription faite au registre des conservateurs, il doit sans doute y avoir des moyens pour empêcher que les effets de l'erreur ne se prolongent; mais que, sans recourir à l'autorité des tribunaux, lesquels ne pourraient autoriser à faire sur des registres publics des corrections qui lèseraient des droits antérieurement acquis à des tiers, le conservateur n'a qu'une voie légitime d'opérer la rectification en portant sur ses registres et seulement à la date courante une seconde et nouvelle transcription plus conforme aux bordereaux remis par les créanciers; qu'en cet état néanmoins et pour obvier à tout double emploi, la nouvelle transcription constituant une seconde inscription, doit être accompagnée d'une note relatant la première inscription qu'elle a pour but de rectifier, et que le conservateur doit donner aux parties requérantes des extraits tant de la première que de la deuxième inscription; *est d'avis* qu'au moyen de ces explications il n'y a plus lieu de recourir à une autorisation solennelle, ni de faire intervenir l'autorité judiciaire en chaque affaire où il échерra de rectifier une inscription fautive.

Enfin nous croyons devoir recommander aux conservateurs des hypothèques, dans leur intérêt, d'exiger du créancier inscrivant, lorsqu'il requiert une inscription, que *les deux bordereaux* soient signés de lui ou tout autre pour lui, afin que celui de ces bordereaux qui se trouve rester entre les mains du conservateur, puisse en temps et lieu servir de titre à ce dernier, pour exercer, s'il y a lieu, contre le créancier inscrit le recours en garantie et dédommagement.

Article 2151. Le créancier inscrit pour un capital produisant des intérêts ou arrérages a droit d'être colloqué, pour deux années seulement et pour l'année courante, au même rang d'hypothèque que pour son capital, sans préjudice des inscriptions particulières à prendre, portant hypothèque à compter de leur date, pour les arrérages autres que ceux conservés par la première inscription.

Deux motifs nous paraissent avoir déterminé le législateur dans la décision qui résulte de cet article, et ces deux motifs se font apercevoir; le premier et le principal en faveur des tiers, afin de ne pas laisser venir répéter par le créancier inscrit une masse d'intérêts qu'il aurait laissé agglomérer et qui porteraient l'importance de sa créance à une somme au delà d'une proportion présumable. Cette agglomération pourrait d'ailleurs encore survenir par suite de la mauvaise foi du créancier et du débiteur qui, en cette circonstance, pourraient s'entendre ensemble pour frustrer les autres créanciers; le second motif tout-à-fait en faveur du créancier inscrit, auquel le législateur interdisant cette agglomération, lui laisse cependant l'avantage de répéter une quantité d'intérêts ou arrérages jusqu'à une concurrence raisonnable et connue des tiers.

Cet article a donné lieu d'abord à diverses interprétations, mais la jurisprudence paraît s'être maintenant fixée.

Afin d'expliquer sainement cet article, il est bon de faire observer que la loi a bien limité le nombre des années d'intérêts ou arrérages, mais ne les a pas spécialisés, en sorte que les intérêts ou arrérages dont parle l'article 2151, et conservés de plein droit par cet article, sont ceux qui, ne se trouvant point payés, n'ont pas été inscrits, et sont applicables à une période de temps quelconque, antérieure ou postérieure à l'inscription. Si donc l'inscription du capital fait mention d'intérêts échus, le créancier est habile à jouir du bénéfice de l'article 2151 et jusqu'à la concurrence qu'il détermine, en répétant deux années et l'année courante, pour les intérêts postérieurs à ceux mentionnés dans cette inscription ou dans d'autres que le créancier viendrait à prendre ou aurait prises, pour la conservation de nouveaux intérêts échus depuis ceux énoncés en la première inscription. Mais si l'inscription du capital est muette sur les intérêts, et si le créancier n'a pas requis d'inscription nouvelle pour les conserver, ce dernier ne pourra répéter jamais plus de deux années et l'année courante sur les intérêts qui lui sont dus, que ces intérêts soient antérieurs ou postérieurs à l'inscription.

Un arrêt de la cour de Riom du 16 décembre 1813 avait jugé que l'article 2151 s'appliquait limitativement aux trois premières années d'intérêts échues depuis l'inscription, en sorte que si le paiement en avait été fait, ce créancier n'avait pour les années postérieures d'autres ressources que de requérir de nouvelles inscriptions, sans pouvoir jamais invoquer pour celles-ci le bénéfice de la première; mais cet arrêt a été cassé dans l'intérêt de la loi, sur le réquisitoire du procureur général, le 12 mai 1816. Ses motifs ont été: que l'article 2151 accorde aux créanciers trois années d'intérêts au même rang que le capital, sans indiquer sur quelles années cette collocation doit frapper.

Telle était la jurisprudence avant l'introduction du Code de procédure civile, qui a donné une plus grande extension à la réserve légale, si on peut s'exprimer ainsi, en faveur du créancier, pour raison des intérêts du capital. En effet, l'article 767 concernant l'ordre et la distribution du prix d'adjudication porte: «*quinzaine* après le jugement des contestations, et, en cas d'appel, quinzaine après la signification de l'arrêt qui y aura statué, le commissaire arrêtera définitivement l'ordre des créances contestées et de celles postérieures, et ce conformément à ce qui est prescrit par l'article 759: *les intérêts et arrérages des créanciers utilement colloqués cesseront.*» Il est résulté de cet article et des articles 759 et 770 du Code de procédure que le créancier utilement colloqué qui, aux termes de l'article 2151, ne peut répéter au même rang que pour son capital, sur les intérêts échus avant la vente, que deux années et l'année courante, peut réclamer de plus à la même date tous les intérêts échus depuis la vente. Cette jurisprudence a été consacrée par un arrêt de la cour de cassation du 22 novembre 1809, cassant un arrêt de la cour de Paris du 4 août 1807 ; « vu (dit l'arrêt de cour de cassation), l'article 19 de la loi du 11 brumaire an 7, l'article 2151 du Code civil et les articles 757, 767 et 770 du Code de procédure, et attendu premièrement qu'avant la publication du Code de procédure il était permis de douter si, aux termes de l'article 19 de la loi du 11 brumaire an 7 et de l'article 2151 du Code civil, les intérêts échus depuis l'adjudication étaient dûs à chaque créancier hypothécaire, au même rang que le capital, mais que tout doute à ce sujet a été levé par les articles précités du Code de procédure, de la combinaison desquels il résulte évidemment que le créancier a droit de venir au même rang que le capital pour les intérêts dont il s'agit; secondement, que ces articles ne sont point introductifs d'un droit nouveau, mais seulement applicatifs de l'article 19 de la loi du 11 brumaire an 7, et de l'article 2151 du Code civil, d'où il suit que l'arrêt dénoncé en décidant le contraire est contrevenu à l'article 2151 du Code civil, interprété par les articles 767 et 770 du Code de procédure. »

Lorsque l'adjudication résulte d'une saisie, les intérêts du capital colloqué indépendamment de ceux concernant les deux années et l'année courante, doivent remonter depuis le jour de la collocation définitive jusqu'au jour de la dénonciation de la saisie, par le motif qu'à partir de cette dénonciation les fruits de l'immeuble sont immobilisés, aux termes de l'article

689 du Code de procédure, pour être ajoutés au prix principal et distribués comme ce prix; que dès lors les créanciers n'ayant plus aucun moyen de se faire payer sur les fruits, les deux années et l'année courante doivent être réglées d'après l'époque de l'immobilisation des revenus, et non d'après la date de l'adjudication; que s'il en était autrement, les derniers créanciers inscrits profiteraient seuls de cette accumulation de revenus. Cette jurisprudence a été consacrée par un arrêt de la cour d'Orléans du 10 juin 1825, confirmatif d'un jugement du tribunal de Blois du 23 juillet 1824, et par un arrêt de la cour de cassation du 5 juillet 1827.

Un créancier hypothécaire inscrit qui ne peut être payé que sur un capital resté entre les mains de l'acquéreur, pour le service d'une rente viagère, doit-il être colloqué, 1° pour la somme qui lui est due en capital; 2° pour deux années d'intérêts et la courante; 3° et pour les intérêts qui auront couru depuis la collocation jusqu'au jour du paiement?

Cette question est délicate; elle a été jugée affirmativement par la cour de cassation le 14 novembre 1827, suivant son arrêt dudit jour, qui a rejeté le pourvoi contre l'arrêt de la cour royale de Lyon, du 28 août 1821, confirmatif d'un jugement du tribunal de Lyon, attendu, porte l'arrêt de la cour de cassation, « que la disposition restrictive de l'article 2151 du Code civil, qui se refère à la quotité des intérêts conservés par l'inscription hypothécaire, n'est point applicable aux intérêts et arrérages qui courent depuis la clôture du procès-verbal d'ordre; qu'il faut en effet distinguer les intérêts dus en vertu d'une inscription de ceux qui sont dus en conformité d'un procès-verbal d'ordre clos, et de la collocation arrêtée au profit d'un créancier auquel un capital est adjugé; que dans le premier cas l'article 2151 confère au créancier seulement le droit d'être colloqué pour deux années et la courante au même rang d'hypothèque que pour son capital; que dans le second cas ce n'est point en vertu de l'article 2151 et par la force de l'inscription (qui d'ailleurs a produit tout son effet) que les intérêts du capital pour lequel le créancier a été utilement colloqué, sont dus jusqu'au paiement effectif de ce capital, mais bien par l'effet de la collocation arrêtée au procès-verbal qui a réglé définitivement le sort des créanciers entre eux; attendu enfin que cette distinction qui résulte de la combinaison des articles 2151 du Code civil, et 759, 769 et 770 du Code de procédure, concilie l'intérêt de tous les créanciers; qu'elle est conforme à la raison et à l'équité; qu'il ne serait pas juste en effet qu'un créancier premier en ordre, qui ne peut toucher la totalité de sa créance à l'instant même de la collocation arrêtée définitivement à son profit, par l'effet d'une circonstance indépendante de sa volonté et qui lui est étrangère, fût privé de recevoir, lorsque les deniers deviennent libres, les intérêts qui sont l'accessoire du capital pour lequel il a été colloqué.» Les considérans ci-dessus font voir toute l'équité qui se trouve résulter, non pas du changement introduit, mais du développement amené sur ce point du système hypothécaire par suite de l'introduction du Code de procédure.

La disposition de l'article 2151 est également applicable aux arrérages d'une rente viagère tout aussi bien qu'aux intérêts d'un capital; cela a été consacré par un arrêt de la cour de Besançon du 26 mai 1827, un autre de la cour de cassation du 13 août 1828, confirmatif du premier, et un autre de la cour de Bordeaux du 15 février 1832. Cette dernière cour qui, par un arrêt du 23 août 1826, avait émis une opinion contraire, est revenue sur sa jurisprudence. On peut donc maintenant regarder ce point de droit comme une chose jugée.

La règle introduite par l'article 2151 est-elle applicable au privilége du vendeur et aux hypothèques légales dispensées d'inscription, c'est-à-dire celles des femmes, mineurs et interdits? Nous ne le pensons pas.

A l'égard des hypothèques légales, cela ne peut pas faire de doute; tous les auteurs sont d'accord à cet égard, et en effet, comment voudrait-on assujétir l'accessoire à l'inscription, lorsque le principal en est dispensé? cela serait de la plus grande incohérence, et nous ne voyons pas de motifs à opposer à cet argument, qui est sans réplique.

Et quant aux intérêts du privilége du vendeur, il n'en est pas de même, et la dispense d'inscription pour les intérêts de son capital est contestée par beaucoup d'auteurs, notamment Grenier et Persil. Tout en étant partisan du système de publicité, et nous rangeant en faveur de cette publicité, lorsque nous nous trouvons dans le doute, nous ne pouvons ici partager leur opinion, parce que nous ne voyons pas ici de doute. Bien que nous appellions en faveur de notre opinion deux arrêts de la cour de cassation des 5 mars 1816 et 1er mai 1817; ce dernier rendu par les sections réunies de la cour de cassation, présidée par M. le garde des sceaux, conformément aux conclusions de M. le procureur général Mourre; nous nous basons définitivement sur des motifs que nous trouvons exister dans l'intérêt du vendeur et qui ne nous paraissent pas avoir été produits. Ces motifs sont que puisque la loi dispense indéfiniment le vendeur de l'inscription du principal qui lui est dû, tant que l'immeuble sur lequel repose son privilége n'a pas été revendu, pourquoi la loi l'asujétirait-elle à l'inscription des intérêts de ce principal, et qui en sont l'accessoire? Nous trouvons que c'est encore ici le cas d'appliquer aux intérêts du privilége la règle que nous venons d'appliquer aux intérêts conservés par les hypothèques légales dispensées d'inscription.

La même faveur, la même exception à l'art. 2151 par suite du même principe, des mêmes motifs, peut sembler s'appliquer aux créanciers et légataires d'une succession, vis-à-vis des créanciers de l'héritier du défunt, lorsque les premiers ont requis en temps utile, c'est-à-dire dans le délai voulu par l'art. 2111, l'inscription de privilége pour raison du capital qui leur est dû; mais ici il n'y a pas dispense d'inscription.

Les arrérages et intérêts des rentes et capitaux

créés antérieurement à la loi du 11 brumaire an VII, sont, nous le pensons, assujétis à la règle posée par l'article 2151, pour ce qui s'en trouve échu et couru depuis l'introduction du Code civil. Nous ne voyons dans ce principe aucune atteinte aux lois anciennes ni aucun effet rétroactif de la loi nouvelle, attendu que les arrérages et intérêts courus sous l'empire de cette nouvelle loi, ne peuvent et ne doivent être conservés que par la forme nouvelle qu'elle a prescrite.

L'article 2151, ne concernant que les créanciers entre eux, n'est point applicable et ne peut pas servir de règle entre le créancier et le tiers détenteur. En effet, ici il n'est plus question de la collocation dont parle cet article, collocation qui ne regarde que les créanciers entre eux; mais bien du droit, de l'action résultant en faveur du créancier contre le tiers débiteur, des articles 2167 et 2168 du Code civil, pour raison *de tous les capitaux et intérêts exigibles.*

La règle posée par l'article 2151 est-elle applicable aux priviléges résultant des articles 2109 et 2110, en faveur des cohéritiers et architectes inscrits dans le délai utile et voulu par ces articles pour leur capital et les trois premières années d'intérêt? Peut-on dire que les intérêts postérieurs à ces trois années doivent être colloqués à la même date, au même rang que le principal; qu'autrement le privilége se trouverait détruit, sinon en totalité, du moins en partie, c'est-à-dire quant à l'accessoire; que, puisque la négligence ne peut être reprochée au créancier, puisque la publicité est accomplie, on ne voit pas de motifs pour refuser à ce dernier un droit qui lui étant accordé explicitement pour le principal, semble lui être implicitement réservé pour les intérêts? Tous ces motifs, toutes ces objections que nous posons dans l'intérêt du privilége ne nous semblent pas encore assez forts, assez puissans pour opposer au silence de la loi; d'ailleurs ici il n'y a pas dispense de requérir inscription.

Article 2152. — Il est loisible à celui qui a requis une inscription, ainsi qu'à ses représentans ou cessionnaires, par acte authentique, de changer sur le registre des hypothèques le domicile par lui élu, à la charge d'en choisir et indiquer un autre dans le même arrondissement.

L'instruction générale du 13 ventose an II, sur l'enregistrement et les hypothèques, n° 123, porte que les déclarations portant changement de domicile élu, doivent être faites et rédigées en marge de l'inscription; que le créancier doit les signer, parce que la volonté du créancier de changer de domicile élu n'est constatée par aucun autre acte dont la conservation puisse justifier, en cas de contestation; que si l'espace manquait, elles seraient portées à la date courante du registre, en consignant en marge de l'inscription une note indicative du volume et du numéro où est placé le changement de domicile. Les déclarans doivent rapporter le bordereau d'inscription, pour y faire mention du changement et remettre, s'ils sont cessionnaires, une expédition de l'acte authentique de cession et subrogation de l'hypothèque dans les droits du créancier originaire; et, lorsque les parties ne savent pas signer, il est nécessaire d'agir en vertu d'un acte notarié dont l'expédition doit rester au conservateur.

Le § 8 de l'instruction générale du 7 septembre 1827, n° 1219, est ainsi conçu :

Lorsqu'une créance pour laquelle il existe une inscription est cédée par un acte authentique à un tiers, avec subrogation dans les droits du cédant et dans les effets de l'inscription, le cessionnaire a intérêt à ce que la subrogation soit mentionnée sur le registre de formalité hypothécaire, en marge de l'inscription qui se trouve ainsi modifiée sous le rapport du nom du créancier et de son domicile.

D'après une solution du 22 mai 1817, si l'expédition remise au conservateur de l'acte de subrogation ne renferme pas la déclaration du cessionnaire relativement au domicile, cette déclaration est dans le cas d'être faite et signée sur le registre par lui ou par son fondé de pouvoir spécial, en même temps que la subrogation y est mentionnée par le conservateur : c'est l'application de l'instruction n° 123.

Mais si l'expédition constate que le cessionnaire a élu un nouveau domicile quant aux formalités hypothécaires, ou maintenu l'élection de domicile portée dans l'inscription, rien ne fait présumer que le conservateur puisse être recherché pour avoir fait sur son registre, sans exiger aucune signature du requérant, la mention relative au domicile, en même temps et d'après le même titre que celle de la subrogation.

Toutes ces instructions nous paraissent fondées et en outre parfaitement concorder. Il en résulte que la simple mention de subrogation en marge de l'inscription n'a pas besoin d'être revêtue de la signature du requérant ou d'un fondé de pouvoirs pour lui, attendu que l'acte sur lequel elle repose est authentique, et que l'extrait ou expédition se trouve en rester entre les mains du conservateur; il en résulte encore que la mention de changement de domicile motive cette signature; mais que si cette mention se trouve accompagnée de celle de la subrogation, et que, dans l'acte qui la contient, il soit constaté que ce changement d'élection de domicile ait été déterminé, le conservateur se trouve alors dispensé d'exiger de signature.

La faculté de changer le domicile élu dans l'inscription subsiste pour le créancier hypothécaire, jusqu'au moment de la sommation de produire à l'ordre, en sorte que celui qui poursuit l'ordre doit requérir un nouvel extrait des inscriptions le jour même où il somme les créanciers inscrits de produire. Cette jurisprudence a été consacrée par un jugement du tribunal du Havre du 18 juin 1829, et par un arrêt de la cour de cassation du 2 juin 1831, et par un arrêt de la cour de Rouen du 27 août 1829, attendu, porte l'arrêt du 2 juin, que la faculté accordée à tout créancier par l'article 2152 du Code civil, de changer sur le registre des hypothèques le domicile par lui élu, n'est limitée à aucune époque, et qu'elle deviendrait illusoire si elle n'avait pas pour effet d'obliger le poursuivant l'ordre à faire signifier la sommation de produire au nouveau domicile élu, d'où il suit que l'extrait des inscriptions dont parle l'article 752 du Code de procédure, doit régulièrement être levé par le poursuivant, le même jour où il requiert du juge commis l'ordonnance en vertu de laquelle les créanciers seront sommés de produire.

On peut changer et même rectifier par une seconde inscription toute autre des désignations prescrites par la loi; mais ces changemens ou rectifications ne donneront pas à la première inscription plus de validité qu'elle n'en avait par elle-même; car, d'un côté, ce qui est nul est comme n'ayant jamais existé, et dès lors une seconde inscription régulière ne peut rectifier le vice de la première et lui conserver son effet; et, d'un autre côté, la loi ne permet pas de composer une inscription de deux bordereaux de différentes dates (cour de Turin, 16 mars 1812).

Article 2153. — Les droits d'hypothèque purement légale de l'état des communes et des établissemens publics sur les biens des comptables, ceux des mineurs ou interdits sur les tuteurs, des femmes mariées sur leurs époux, seront inscrits sur la représentation de deux bordereaux contenant seulement :

1° Les nom, prénoms, profession et domicile réel du créancier, et le domicile qui sera par lui ou pour lui élu dans l'arrondissement;

2° Les nom, prénoms, profession, domicile ou désignation précise du débiteur;

3° La nature des droits à conserver et le montant de leur valeur quant aux objets déterminés, sans être tenu de le fixer quant à ceux qui sont conditionnels, éventuels ou indéterminés.

Cet article, dont le but est de faire exception et modification à l'article 2148, en ce qui concerne l'inscription des hypothèques légales, se trouve par le fait les affranchir 1° de la représentation du titre, 2° de l'énonciation de l'époque de l'exigibilité de la créance, 3° de la mention de la date du titre, 4° de l'évaluation des droits à conserver quant aux objets qui sont conditionnels, éventuels ou indéterminés, 5° et enfin de la désignation des biens soumis à l'hypothèque. C'est ce qui résulte très clairement et positivement de la comparaison des articles 2148 et 2153 et notamment des termes : sur la représentation de deux bordereaux contenant *seulement*.

Au reste, toutes les autres formes que nous avons indiquées ci-dessus à l'égard des hypothèques conventionnelles et judiciaires, se trouvent applicables à l'inscription des hypothèques légales.

L'omission d'une de ces formes ou une erreur commise à leur égard serait-elle susceptible de vicier l'inscription et d'en emporter la nullité ? Nous sommes porté à penser que non à l'égard des hypothèques légales dispensées de la formalité de l'inscription, c'est-à-dire celles au profit des femmes mariées, des mineurs et des interdits; et c'est cette dispense même qui nous fait embrasser cette opinion ; car il serait pour lors bien rigoureux d'anéantir un droit déjà acquis, sans l'accomplissement d'une formalité, par le motif que cette formalité est vicieuse. Cependant il en devrait être autrement si l'erreur commise dans l'inscription était susceptible d'entraîner et entraînait les tiers dans l'erreur, et que par suite il en résultât un préjudice pour eux. Ainsi, supposons que la femme ait pris inscription pour une somme de 20,000 francs, stipulée former le montant de sa dot, et que plus tard il fût reconnu que cette dot se trouve être de 30,000 francs; le tiers qui aurait traité avec le mari, dans la prévoyance que la dot ne s'élevait qu'à 20,000 francs, devrait être admis, il nous semble, à passer en ordre avant la femme qui ne devrait passer qu'après lui pour raison des 10,000 francs de surplus. Ce système d'équité nous paraît fondé, et il peut être réclamé aux termes des articles 1382 et 1383 du Code civil.

Article 2154. — Les inscriptions conservent l'hypothèque et le privilége pendant dix années à compter du jour de leur date : leur effet cesse si ces inscriptions n'ont été renouvelées avant l'expiration de ce délai.

Cet article, nous trouvons, est un de ceux qui contribuent le plus au maintien et à la conservation de la publicité du régime hypothécaire. En effet, que deviendrait cette publicité si elle n'était pas renouvelée après un certain nombre d'années? La difficulté des recherches, et par suite la confusion, finiraient par détruire cette publicité et lui ôter ce grand jour, cette clarté continue dont le système hypothécaire a constamment besoin. Par l'introduction de cet article, cette clarté se renouvelle, se perpétue, et il en résulte un autre avantage particulier, mais très important, celui de mettre une limite nécessaire à la responsabilité des conservateurs d'hypothèques, responsabilité déjà si grande et qu'on ne saurait trop mettre à l'abri.

Tels sont les motifs de cette partie de la loi, motifs

que nous nous plaisons toujours à rechercher dans son étude, parce qu'une fois connus, l'application et l'interprétation de la loi deviennent plus faciles.

Quoique cet article soit très clair, qu'il ne paraisse pas souffrir d'exception et qu'il n'ait pas besoin d'être combiné avec d'autre article de la loi, il a cependant donné lieu à un avis interprétatif du conseil d'état du 15 décembre 1807, approuvé le 22 janvier 1808, que nous jugeons à propos de rapporter ici : cet avis porte :

« La section de législation avait proposé de laisser aux inscriptions tout leur effet, pendant tout le temps que dureraient l'obligation et l'action personnelle contre le débiteur, ou pendant celui que durerait l'action hypothécaire contre le tiers débiteur, quand le bien chargé d'hypothèques serait dans ses mains.

Cette proposition fut rejetée : ce n'est pas qu'on ne trouvât un avantage pour les citoyens à n'être pas obligés de renouveler les inscriptions qu'ils auraient prises, mais l'article de la section présentait de grands inconvéniens dans son exécution; on se réunit même à penser que l'exécution en serait impossible.

En effet l'obligation personnelle dont le terme devait, suivant l'avis proposé, régler la durée de l'inscription, pouvait se prolonger un siècle peut-être, soit par des actes conservatoires, soit par une suite de minorités; or comment un conservateur aurait-il pu se retrouver dans cette foule de registres qu'il eût été forcé de consulter tous les jours, à chaque fois qu'on lui eût demandé un certificat d'inscriptions?

Cette objection parut insoluble; et tout en reconnaissant qu'il eût été à désirer qu'il fût possible d'épargner aux citoyens l'embarras d'un renouvellement d'inscription, on pensa qu'il n'y avait pas de moyens pour y parvenir, l'article passa tel qu'il est aujourd'hui, sans exception, c'est-à-dire que les inscriptions ne conservent les hypothèques et priviléges que pendant dix ans, et que leur effet cesse si elles ne sont pas renouvelées avant l'expiration de ce délai.

Le code ne fait aucune exception, et c'est en quoi le nouvel article diffère de la disposition de la loi du 11 brumaire an 7 sur la durée des inscriptions.

L'article 23 de la loi présente d'abord la même disposition que celle de l'article 2154 du Code; il offre ensuite deux exceptions à cette règle : la première en faveur des inscriptions prises sur les comptables et leurs cautions, lesquelles, est-il dit, auront leur effet jusqu'à l'apurement définitif des comptes et six mois au-delà, la deuxième en faveur des inscriptions sur les biens des époux, pour leurs droits et conventions, lesquelles dureront pendant tout le temps du mariage et une année après.

Si ces exceptions ne sont pas retracées dans le Code civil, ce n'est point un oubli, mais avec réflexion et par suite des principes qui sont la base des nouvelles dispositions concernant les hypothèques.

D'abord les inscriptions relatives aux droits des femmes et des mineurs ne sont plus nécessaires pour la conservation de leur hypothèque qui existe indépendamment de toute inscription, suivant l'article

2135 du Code; on n'a donc pas dû ordonner pour la conservation de cette hypothèque le renouvellement d'une inscription qui n'était plus nécessaire pour son établissement.

Quant aux inscriptions sur les biens des comptables, il est constant que les créances du trésor public n'ont pas été affranchies de la formalité de l'inscription par le Code civil; l'article 2135 ne donne ce privilége qu'aux mineurs, aux interdits et aux femmes; l'administration qui a partout des agens qu'on doit supposer plus actifs et plus éclairés que le commun des citoyens, peut sans contredit faire renouveler les inscriptions qu'elle a dû prendre.

On sent d'ailleurs que les inconvéniens sans nombre qui ont empêché de donner aux inscriptions un effet indéfini, se trouveraient tous dans une disposition qui affranchirait celles prises sur les comptables de la nécessité du renouvellement avant l'expiration du terme des dix ans, généralement fixé par toutes les inscriptions.

On vient de dire que l'hypothèque légale des femmes et des mineurs, existant indépendamment de l'inscription, il n'y avait pas lieu de leur part à renouveler une mesure dont ils étaient dispensés.

C'est ici le moment de remarquer qu'en affranchissant les droits des femmes et des mineurs de la nécessité d'une inscription pour l'existence des hypothèques, on a cependant pris des mesures sévères pour que ces droits fussent rendus publics, et pour que ceux qui traiteraient avec les maris et les tuteurs ne fussent pas les victimes d'une clandestinité que le régime hypothécaire actuel a voulu proscrire.

En conséquence, l'article 2136 du Code porte que les maris et les tuteurs seront tenus de rendre publiques les hypothèques dont leurs biens seront grevés, à raison du mariage ou de la tutelle; il leur est ordonné d'en requérir eux-mêmes l'inscription sur leurs propres biens, sous peine d'être réputés stellionataires, et comme tels contraignables par corps.

L'hypothèque n'existe pas moins à défaut de cette inscription de la part des maris et des tuteurs, mais ceux-ci sont punis personnellement s'ils ont négligé de faire inscrire l'hypothèque.

C'est ainsi qu'on a cherché à concilier dans cette occasion l'intérêt général, qui veut la publicité des hypothèques, et l'intérêt particulier des femmes et des mineurs, qui ne doivent pas être victimes du défaut d'une inscription qu'ils seraient souvent dans l'impossibilité de former.

Mais il est hors de doute que les maris et les tuteurs sont tenus, sous les peines portées en l'article 2136, de renouveler avant l'expiration du délai de dix ans les inscriptions des hypothèques dont leurs biens peuvent encore être chargés. Le motif qui leur a fait ordonner d'inscrire, leur prescrit aussi de renouveler l'inscription toutes les fois que leurs biens continuent d'être grevés à raison du mariage ou de la tutelle.

Il ne reste plus qu'à s'expliquer sur le renouvellement des inscriptions prises d'office. Le texte de l'article 2154 du Code et les développemens qu'on vient de donner, ne doivent plus laisser de doute sur la nécessité de ce renouvellement avant l'expiration de dix années : on ne pourrait en élever que sur la personne chargée de prendre ce soin; mais avec un peu de réflexion on demeure convaincu que, même sur ce point, il est impossible d'élever un doute sérieux.

L'article 2108 porte que la transcription vaut inscription pour le vendeur; le même article charge le conservateur de faire d'office l'inscription sur son registre. La raison en est sensible; le conservateur trouve dans l'acte de vente qu'on lui présente tous les élémens du bordereau qu'un créancier ordinaire doit fournir pour faire incrire son titre; le conservateur a donc sous les yeux tout ce qu'il peut désirer pour être en état d'inscrire la créance du vendeur : la loi l'oblige à cette inscription sans qu'il soit nécessaire de lui faire à ce sujet une réquisition particulière, la présentation de l'acte à la transcription équivaut à cette réquisition.

Résulte-t-il de là que l'inscription ainsi faite d'office ne doive pas être renouvelée? en résulte-t-il que lorsque l'époque du renouvellement est venue, ce soit au conservateur à y pourvoir? il est évident que non : le conservateur ignore au bout de dix ans si la créance du vendeur est ou non soldée; il lui serait d'ailleurs impossible de tenir note de toutes les ventes qu'il aurait transcrites, pour veiller chaque jour à ce que chaque inscription d'office fût renouvelée à son terme.

On n'a pas dû, on n'a pu imposer une pareille

charge au conservateur; on n'a pas pu davantage l'obliger, à chaque demande d'un certificat d'inscription, de consulter tous ses registres depuis quarante ans et plus, pour s'assurer qu'il n'existe pas quelque inscription d'office; recherche qui serait cependant indispensable, si les inscriptions d'office n'étaient pas renouvelées.

Il est donc vrai de dire que l'inscription d'office doit être renouvelée, comme toute autre, pour la conservation de l'hypothèque, et que c'est au vendeur à veiller au renouvellement : il ne doit pas se trouver blessé par une obligation qui lui est commune avec tous les créanciers sans exception, quand ils veulent conserver leurs droits.

Les principes que nous venons d'établir s'appliquent aussi à une autre espèce d'inscription d'office ordonnée par l'article 7 de la loi du 5 septembre 1807.

Les conservateurs des hypothèques sont tenus, sous peine de destitution et de dommages et intérêts, au vu des actes translatifs de propriété passés par les receveurs généraux et payeurs, de faire d'office une inscription au nom du trésor public, pour la conservation de ses droits et d'en envoyer un bordereau à l'agent du trésor public.

Il est facile à l'administration de tenir un registre de ces envois, et de faire renouveler ces inscriptions dans les délais prescrits; il n'y a ici aucun motif d'exception à la règle générale.

Ainsi pour se résumer : 1° Toute inscription doit

être renouvelée avant l'expiration du laps de dix années;

2° Lorsque l'inscription a été nécessaire pour opérer hypothèque, le renouvellement est nécessaire pour sa conservation;

3° Lorsque l'hypothèque existe indépendamment de l'inscription, et que celle-ci n'est ordonnée que sous des peines particulières, ceux qui ont dû la faire doivent la renouveler sous les mêmes peines;

4° Enfin, lorsque l'inscription a du être faite d'office par le conservateur, elle doit être renouvelée par le créancier qui y a intérêt.»

L'avis interprétatif que nous venons de rapporter jette, comme on le voit, un très grand jour sur la matière et sur la saine interprétation de l'article 2154. Il nous reste cependant encore plusieurs solutions à donner sur l'exécution et application de cet article.

Il est bien constant que l'hypothèque et le privilége doivent, pour produire effet, être suivis et revêtus de formalité de l'inscription, si ce n'est dans certains cas et à l'égard de certaines hypothèques, celles légales, ainsi que nous l'avons établi dans le cours de cet ouvrage; mais si cet effet est produit et obtenu, s'il est légalement acquis vis-à-vis des tiers qui doivent en connaître, alors dans ce cas le renouvellement de l'inscription n'est-il plus nécessaire? C'est ce qui est admis par la jurisprudence qui d'abord incertaine a fini par se fixer, et paraît maintenant assise sur des principes reconnus et que l'on peut regarder à présent comme certains et invariables. Pour mieux nous éclairer sur ces principes, selon notre méthode accoutumée, nous allons en rechercher la cause et le motif.

Nous voyons d'abord celui de ne plus exiger une formalité du moment qu'elle est devenue inutile. Ainsi, lorsque l'immeuble sur lequel repose l'hypothèque ou le privilége est vendu, lorsque le débiteur commun se trouve dépossédé, lorsqu'il ne s'agit plus de la revendication de l'immeuble, mais seulement d'un recours sur le prix, lorsque le gage d'immeuble qu'il était a changé de nature, est devenu meuble, il semble non seulement juste mais encore conséquent de ne plus exiger une inscription qui par rapport au débiteur se trouve réellement sans effet; puisqu'il n'est plus propriétaire, cette inscription ne se trouve plus avoir d'objet, quant au premier gage, auquel est substitué un nouveau d'une autre nature, lequel est distribué entre les créanciers d'après leurs droits respectifs sur ce premier gage, à l'époque de sa conversion.

Mais on va voir que ce principe n'est pas absolu, et qu'il donne lieu à une distinction et une exception que nous allons établir d'après la jurisprudence reconnue.

Nous disons donc :

Si l'aliénation de l'immeuble a lieu par suite de saisie immobilière, la dispense du renouvellement d'inscription entre les créanciers a lieu à compter du jour de l'adjudication définitive, attendu que les inscriptions ont pour objet d'assurer la publicité des créances hypothécaires ou privilégiées, et d'attribuer aux créanciers, dans le cas de non paiement, le droit de procéder à l'expropriation publique des immeubles hypothéqués ; que par conséquent dès que l'expropriation est consommée par l'adjudication, les inscriptions ont produit leur effet et ne doivent plus être renouvelées. Nous ajoutons que les inscriptions qui seraient renouvelées après l'adjudication ne grèveraient plus l'immeuble du débiteur qui en est dessaisi par la justice, mais bien l'immeuble adjugé; que cependant l'adjudicataire n'est tenu que du paiement de son prix, qui ne forme qu'une chose mobilière.

Cette jurisprudence a été consacrée par un arrêt de la cour de Bruxelles du 26 juin 1813, un autre de la cour de Paris du 19 août 1820, un autre de la cour de cassation du 31 janvier 1821, un autre du 14 juin 1831, un autre du 7 juillet 1829, un autre du 20 décembre 1831 ; ces trois derniers de la même cour.

L'adjudication seulement préparatoire d'un immeuble ne dispense pas le créancier hypothécaire de faire renouveler l'inscription à l'expiration des dix années de sa date ; ainsi jugé par la cour de cassation le 9 août 1829, et la cour royale de Caen le 6 avril 1824. En effet, l'adjudication préparatoire ne peut entièrement dessaisir de la propriété.

Par suite, la nécessité du renouvellement décennal de l'inscription subsiste même après que l'immeuble a été saisi, et la saisie dénoncée aux créanciers inscrits. Ainsi jugé par un arrêt de la cour de Rouen le 14 février 1826, et par la cour de cassation le 18 août 1830.

Mais si l'aliénation n'est que volontaire, ou autrement que sur saisie immobilière, la dispense du renouvellement de l'inscription *entre les créanciers inscrits* ne cesse qu'à partir du jour de la notification faite par l'acquéreur à ces derniers, conformément aux articles 2183 et 2184 du Code civil.

Cette jurisprudence est fondée sur ce que la transcription qui a précédé cette notification a eu pour effet d'empêcher après quinzaine toute nouvelle inscription, en sorte que les droits des créanciers du vendeur sont irrévocablement fixés; que la transcription du contrat, l'expiration postérieure du délai de quinzaine, la notification aux créanciers inscrits et la soumission faite par l'acquéreur d'en payer le prix à qui serait dû par justice, font produire à l'inscription son effet légal; que la surenchère qui peut encore survenir après ces formalités ne fait que substituer un nouvel acquéreur au premier, ce qui assure de plus en plus les droits des créanciers en augmentant le montant des sommes à distribuer.

Cette jurisprudence a été consacrée par un arrêt de la cour de Montpellier du 3 janvier 1827, un autre de la cour de cassation du 30 mars 1831, un arrêt de la cour royale de Paris du 21 février 1825, un autre de la même cour du 29 août 1815, et un arrêt de cassation du 18 février 1834.

La simple transcription, non suivie de notification, ne dispense pas les créanciers de renouveler leurs inscriptions; s'ils négligent ce renouvellement l'acquéreur n'est pas tenu de payer les créances inscrites lors de la transcription. Ceci a été consacré par un arrêt de la cour de Rouen du 1er février 1825, un autre de la cour royale de Metz du 16 janvier 1827, un autre de la cour de cassation du 15 décembre 1829. Il a été même jugé par un arrêt de la cour royale de Toulouse du 23 août 1820, confirmé par un arrêt de la cour de cassation du 3 février 1824, que le créancier hypothécaire était tenu de renouveler son inscription et n'était pas dispensé de le faire, quoiqu'il eût déjà sommé le tiers acquéreur d'acquitter sa créance ou de déguerpir, et que l'époque du renouvellement ne fût arrivé que pendant la durée d'une instance introduite par le tiers acquéreur pour faire prononcer la nullité de l'inscription.

Le tiers détenteur qui use de la faculté à lui accordée par l'article 2173 de reprendre l'immeuble dont il avait fait le délaissement, contracte par là même, aux termes de ce même article, l'obligation personnelle de payer la dette à raison de laquelle il avait fait abandon au créancier hypothécaire; conséquemment, il ne peut invoquer plus tard la péremption décennale de l'inscription pour s'affranchir de l'action de ce créancier. Ainsi jugé par un arrêt de la cour royale de Bordeaux du 14 août 1828, et par un arrêt confirmatif de la cour de cassation du 24 février 1830.

La notification que l'acquéreur du bien hypothéqué fait aux créanciers inscrits, aux termes de l'article 2183 du Code civil, ne les dispense du renouvellement décennal de leurs inscriptions qu'entre eux seulement et en ce qui concerne leur ordre respectif; mais tant que le prix de cette vente n'a pas été distribué entre eux par une collocation, la nécessité du renouvellement de leurs inscriptions subsiste à l'égard des tiers ; par exemple, à l'égard du nouvel acquéreur auquel le bien pourrait être revendu, et des tiers auxquels il pourrait être conféré hypothèque. Ainsi jugé par un arrêt de la cour de cassation du 29 juillet 1828.

Cette jurisprudence nous paraît fondée; elle met une juste limite au système d'exception apportée à la régle générale résultant de l'article 2154, et fait voir que cette exception se trouve renfermée dans une règle particulière que nous allons essayer ici de définir et faire ressortir, afin d'en faire mieux l'application. Cette règle particulière nous paraît se réduire à ce raisonnement : s'il y a contrat, s'il y a lien de droit, l'exception existe; mais l'exception ne peut nuire à ceux qui n'ont pas contracté, qui ne sont pas intéressés ou co-intéressés. Ainsi par l'adjudication sur saisie immobilière, l'acquéreur se trouve lié *ipso facto*, il devient du jour même de l'adjudication débiteur du prix dont les créanciers inscrits se trouvent définitivement saisis. La vente volontaire, ou à tout autre titre que par expropriation forcée, n'opère pas le même effet du jour du contrat, et nous le concevons très bien. En effet, d'après l'article 2168, le tiers détenteur est tenu ou de payer tous les intérêts et capitaux exigibles grévant l'immeuble, à quelque somme qu'ils puissent monter, ou de délaisser l'immeuble hypothéqué, sans aucune réserve. Il n'est donc pas définitivement lié, puisqu'il peut se décharger du paiement du prix et des dettes qui grèvent l'immeuble en le délaissant; mais si persistant à demeurer acquéreur, il fait aux créanciers inscrits la notification voulue par l'article 2183, et que par une suite et conséquence de cette notification il déclare, pour se conformer à l'article 2184, qu'il est prêt à acquitter sur le champ les dettes et charges hypothécaires, jusqu'à concurrence seulement du prix; du jour de cette notification, il devient définitivement débiteur de ce prix, et de ce jour seulement les créanciers en sont définitivement et seulement saisis. Alors, comme nous l'avons déjà dit, lorsque le gage commun des créanciers inscrits, d'immeuble qu'il était est devenu meuble, lorsque le but de l'hypothèque, celui de suite sur l'immeuble, c'est-à-dire de le faire vendre, se trouve consommé, pourquoi exiger une formalité qui n'est prescrite par la loi que pour vivifier cette hypothèque dont non seulement les créanciers n'ont plus que faire, mais qu'on peut regarder comme éteinte? ne peut-on pas dire alors que l'action hypothécaire ou l'action réelle sur l'immeuble s'est convertie en action personnelle sur le prix vis-à-vis de l'acquéreur? Qu'on ne vienne pas dire qu'une surenchère soit susceptible de détruire, de changer la nature du droit des créanciers; car dans ce cas, comme l'a fort bien observé le dispositif de l'arrêt précité de la cour de cassation du 30 mars 1831, en ce cas, la surenchère qui peut encore survenir après ces formalités ne fait que substituer un nouvel acquéreur ou un nouveau débiteur au premier, ce qui assure de plus en plus les droits des créanciers en augmentant la somme à distribuer.

Nous venons donc de poser les élémens, la base et les motifs de la règle particulière dont nous parlons; mais, comme nous l'avons dit, cette règle étant particulière et d'exception, elle ne doit point par suite détruire le principe de la règle générale; elle ne doit concerner que ceux qu'elle intéresse particulièrement, et ne doit pas nuire aux tiers, qui, venant à traiter, soit avec l'acquéreur, soit avec ses successeurs, ne trouveraient plus vis-à-vis d'eux la même garantie, les mêmes élémens de sécurité que la loi sur le régime hypothécaire doit offrir à tout le monde.

Tel est notre résumé sur le système d'exception apporté à l'article 2154: nous allons maintenant faire connaître diverses solutions de jurisprudence sur diverses questions auxquelles son application a donné lieu.

Le créancier inscrit qui achète l'immeuble grevé, est-il tenu de renouveler l'inscription, lorsque les dix ans expirent avant la transcription et la notification du contrat, encore bien que la compensation ait été stipulée du prix de son acquisition avec la dette du vendeur?

Cette question qui présente de l'intérêt, attendu les argumens de considération qui se présentent en faveur de l'acquéreur, a été jugée affirmativement, c'est-à-dire contre ce dernier, par un arrêt de la cour royale de Grenoble du 10 mars 1832, par un autre arrêt de la cour royale de Caen du 30 janvier 1816 et par un autre de la cour de cassation du 5 février 1828.

Parmi les motifs de considération en faveur de l'acquéreur, combattus par la cour de Grenoble et relatés dans les considérans fort étendus de son arrêt, le plus fort sans doute est celui de la compensation, qui, au moment de la vente, dit la défense, se trouve saisir l'acquéreur de la portion qui doit lui revenir dans le prix comme créancier inscrit, et, par suite, doit le dispenser de renouveler son inscription qui, du jour du contrat, se trouverait avoir acquis son effet légal. Ces motifs assez graves de considération sont très bien combattus par les dispositifs des arrêts du 10 mars 1832 et 30 janvier 1826. Nous nous rangeons du côté de ces arrêts, et nous ajoutons que nous ne pouvons ici admettre de compensation, attendu que la compensation, aux termes de l'art. 1291, n'a lieu qu'entre deux dettes qui sont également exigibles; en conséquence que, dans l'espèce et vis-à-vis des autres créanciers inscrits, la dette du créancier acquéreur ne peut pas être considérée comme exigible, ni relativement à l'immeuble faisant l'objet de la vente, ni d'après la liquidation et la distribution de son prix, puisque l'ordre n'a pas encore été réglé et que le sort de la créance n'est pas encore définitivement connu qu'il n'y a donc pas de droit acquis.

L'action hypothécaire est nécessairement éteinte lorsque l'obligation principale n'existe plus; en conséquence la prescription acquise au débiteur principal profite au tiers détenteur, encore que, dans l'intervalle pendant lequel cette prescription s'est accomplie, une instance relative à la créance hypothéquée sur l'immeuble possédé par ce tiers détenteur, ait existé entre ce dernier et le créancier hypothécaire. — Ainsi jugé par la cour royale de Metz, par arrêt du 5 juillet 1822, confirmé par la cour de cassation le 25 avril 1826.

Lorsqu'après une aliénation volontaire, un créancier a formé une surenchère, est-il obligé de renouveler son inscription, quoique les dix ans ne viennent à expirer que pendant l'instance?

Cette question neuve a été décidée affirmativement par la cour royale de Grenoble le 12 mai 1824. Nous sommes loin de partager son avis. En effet, cette jurisprudence tendait à détruire celle d'exception ci-dessus posée à la règle générale résultant de l'article 2154. Nous renvoyons, pour réfuter cette jurisprudence, aux motifs que nous avons ci-dessus établis en faveur de la règle d'exception. Nous faisons observer d'ailleurs que l'arrêt de la cour de Grenoble a été rendu à une époque où la jurisprudence sur la matière et l'espèce n'était pas encore fixée, et ce qui le fait voir, c'est un des motifs établis par les premiers juges, et adoptés par la cour de Grenoble, celui que l'article 2186 du Code civil n'autorisait à considérer l'hypothèque comme ayant produit son effet, que lorsque les créanciers, sur la notification qui leur a été faite du contrat, n'ont point requis la mise aux enchères, et que, dans l'espèce, il y avait surenchère déclarée. On peut donc voir que, d'après la nouvelle jurisprudence fixée depuis l'arrêt, cet arrêt se réfute de lui-même.

L'état de guerre qui a existé dans plusieurs parties de la France n'a pas dispensé de renouveler les inscriptions hypothécaires dans le délai de dix ans, si d'ailleurs il n'y a pas eu d'obstacle invincible.

Cette jurisprudence a été consacrée par un arrêt de la cour royale de Bordeaux du 24 juin 1826.

Il n'est pas nécessaire pour le renouvellement de l'inscription d'une créance postérieure à l'établissement du Code civil de représenter les titres au conservateur des hypothèques.

Il résulte de décisions ministérielles et d'un arrêt de la cour suprême du 14 avril 1817 que le conservateur des hypothèques ne peut pas exiger la représentation des titres pour le renouvellement des inscriptions de créances antérieures à la loi du 11 brumaire an VII; mais, suivant une instruction de la régie du 11 septembre 1806, n° 316, § Ier, 5e, cette représentation de titres était nécessaire pour le renouvellement des inscriptions de créances d'une date postérieure à l'établissement du Code civil. D'après un arrêt de la cour royale de Paris du 27 décembre 1831, confirmatif d'un jugement du tribunal de Tonnerre du 20 août 1830, il a été décidé, contrairement à l'instruction, que, quelle que soit la date des titres de créances, leur représentation n'est point obligatoire pour le renouvellement des inscriptions.

Le vendeur dont le privilége est conservé par une inscription d'office est-il tenu de la renouveler lui-même avant l'expiration des dix ans?

L'affirmative a été jugée par un jugement du tribunal de Château-Thierry du 26 juillet 1823, un arrêt de la cour d'Amiens du 13 août 1824, un arrêt de la cour de cassation du 27 avril 1826 et un arrêt de la cour de Toulouse du 23 mars 1829.

Cette jurisprudence est trop positive pour donner lieu à aucun développement; nous renvoyons au surplus à cet égard à l'avis interprétatif du conseil d'état du 15 décembre 1807 ci-dessus rapporté.

Le renouvellement d'une inscription doit-il à peine de nullité rappeler la date de l'inscription renouvelée ?

Dans l'intérêt de la publicité et par motif d'équité vis-à-vis des tiers qui autrement pourraient être induits en erreur, enfin, par une juste application de la loi, nous pensons qu'il doit en être ainsi décidé, et cette jurisprudence a été consacrée par un arrêt de la cour de cassation du 14 juin 1831; attendu que le renouvellement d'inscription n'ayant d'autre objet que de proroger l'effet de l'inscription primitive, et ne formant avec elle qu'une seule et même inscription, il est nécessaire de rappeler par sa date cette inscription primitive, afin que l'on puisse s'assurer si elle existe réellement, si elle a la date qu'on lui assigne et si elle a été régulièrement opérée; d'où il suit que, lorsqu'un créancier a pris originairement plusieurs inscriptions en vertu du même titre, il n'y a de renouvelé que celle de ces inscriptions qui est rappelée dans le renouvellement.

Est-il nécessaire à peine de nullité que l'inscription de renouvellement répète toutes les énonciations exigées par l'article 2148 du Code civil, si d'ailleurs elle relate la première inscription par sa date, son volume et son numéro ?

L'affirmative est enseignée par les auteurs; cependant la cour de cassation a jugé le contraire par arrêt du 22 février 1825, infirmatif d'un arrêt de la cour de Rouen du 21 juillet 1821. Les motifs de l'arrêt de cassation ont été que les énonciations de l'inscription en renouvellement avaient mis à même de vérifier l'inscription primitive, qu'ainsi elles n'avaient laissé les parties dans la privation d'aucun renseignement.

Si le système d'équipollence dont nous avons déjà parlé est définitivement admis, nous disons que la jurisprudence de la cour de cassation est admissible; mais jusque là nous conseillons de donner à l'inscription de renouvellement tous les élémens de la première.

Le jour où une inscription est prise n'est pas compris dans le délai de dix ans fixé pour le renouvellement; ainsi une inscription prise le 14 avril 1799 est valablement renouvelée le 14 avril 1809.

En cela notre droit est conforme au droit romain, suivant lequel le jour de l'acte, *dies à quo*, n'est pas compris dans le terme. Cette jurisprudence, professée par les auteurs, est au surplus consacrée par un arrêt de la cour de Caen du 18 décembre 1823, un autre arrêt de la cour de cassation du 5 avril 1825 et un autre de la cour de Nîmes du 7 mars 1826.

L'acceptation d'une succession sous bénéfice d'inventaire ne dispense pas les créanciers hypothécaires du défunt du renouvellement décennal de leurs inscriptions.

Cette jurisprudence, conforme à la disposition résultant de l'article 2154 et à l'avis du conseil d'état du 22 janvier 1808, rapporté ci-dessus, se trouve consacrée par un arrêt de la cour de Bordeaux du 15 décembre 1826, un autre de la cour de la Guadeloupe et un autre de la cour de cassation du 29 juin 1830. Cependant cette jurisprudence ne nous paraît pas concorder avec le système émis par la cour de cassation dans les considérans établis en son arrêt du 18 novembre 1833, rapporté article 5 du § VI.

La nécessité du renouvellement décennal d'une inscription ne cesse point par suite de la faillite du débiteur.

Cette jurisprudence a été confirmée par un arrêt de la cour de Metz du 16 janvier 1827 et un autre de la cour de cassation du 15 décembre 1829. Aux motifs donnés par ces cours, nous ajoutons, que de la combinaison des articles 2146 du Code civil et 443 du Code de commerce, il ne résulte point une prohibition de conserver le droit d'hypothèque et par suite de renouveler une inscription, mais bien d'acquérir hypothèque et par suite de requérir une inscription primitive. Telle est, à notre avis, la jurisprudence qui doit être établie à cet égard, et le principe dont elle découle peut être applicable au renouvellement d'inscription à l'égard des biens dépendant d'une succession bénéficiaire.

Les créanciers opposans aux lettres de ratification, qui n'ont pas formé d'inscription sous les lois nouvelles, n'ont qu'une action personnelle en représentation du prix de la vente prescriptible par le laps de trente ans.

Ainsi jugé par un arrêt de la cour royale de Paris du 22 août 1825, et cette jurisprudence doit être maintenue sous l'empire de toutes les coutumes, où l'action personnelle jointe à celle hypothécaire n'est pas de plus longue durée.

FORMULES DE BORDEREAUX D'INSCRIPTION D'HYPOTHÈQUES ET DE PRIVILÉGE.

Observation. Il n'est ici donné de formules qu'à l'égard des divers cas qui peuvent se rattacher au prêt sur hypothèque.

N° 1. — *Inscription par suite d'une obligation devant notaire.*

Bordereau à fin d'inscription d'hypothèque conventionnelle.

Au profit du sieur (*mettre les nom, prénoms et profession du requérant s'il en a une*), demeurant rue...., n°...., commune de...., canton de...., département de...., qui fait élection de domicile en la demeure du sieur.... (*désigner une personne domiciliée dans l'arrondissement du bureau des hypothèques*, et faire cette désignation comme ci-dessus.)

Contre le sieur....et dame....(*mettre les noms, prénoms des débiteurs, leur profession s'ils en ont une connue, ou une qualification pouvant servir à les faire reconnaître*), demeurant rue de...., n° ...., commune de...., canton de...., département de....

Pour sûreté et conservation,

1° De la somme de...(*mettre la somme en toutes lettres*) de principal, exigible le...., productible d'intérêts à raison de....pour cent par an, sans retenue, à compter du...., et résultant d'un acte passé devant Me...., notaire à...., et son collègue (*ou en présence de témoins*), le...., contenant obligation solidaire par lesdits sieur et dame...., au profit dudit sieur...., de ladite somme principale ;

2° Des intérêts de ladite somme principale dont l'inscription concerne le rang ci....mémoire;

3° De .... pour .... années ou mois échus le...., des intérêts de ladite créance (*l'inscription ne devant conserver que 2 à 3 années au plus d'intérêts, pour mémoire, applicables à ceux postérieurs comme à ceux antérieurs à l'inscription, il est important de faire un article particulier à l'égard des intérêts échus à l'époque où l'inscription est prise si le montant en est déjà assez élevé*);

4° Et des frais et loyaux coûts évalués à....

Sur les biens ci-après désignés, appartenant aux Sr et De...., lesquels biens se composent, savoir; 1° de tous les bâtimens, cours, jardins, ainsi que de tous les terres labourables, prés et vignes qui dépendent de la ferme de...., sise commune de....; 2° d'une pièce de terre de la contenance de...., sise...., commune de...., dépendant de la même ferme. Tous lesdits biens situés dans l'arrondissement du bureau des hypothèques de....

Il est en outre requis au profit du même contre ledit sieur...., débiteur, inscription de la subrogation consentie suivant l'acte ci-devant énoncé par ladite dame...., au profit dudit sieur...., créancier, par préférence à elle-même et jusqu'à concurrence du montant des causes de la présente inscription, dans l'effet de l'hypothèque légale de ladite dame, contre ledit sieur son mari, à l'égard des biens ci-dessus désignés (*ou à l'égard de tous les biens dudit sieur, débiteur, situés dans l'arrondissement du même bureau*).

Pour bordereau.

N° 2. — *Inscription contre les cautions par suite d'une obligation.*

Bordereau à fin d'inscription, etc., etc. (*tout comme dans la formule qui précède jusqu'à*) résultant d'un acte passé devant M^e^....et son confrère, notaires à...., le...., contenant obligation de ladite somme principale par le sieur.... (*ici les nom, prénoms, profession et demeure du débiteur direct*), sous le cautionnement solidaire desdits sieur et dame....(*la suite comme en la formule qui précède*).

N° 3. — *Inscription de renouvellement au profit d'un cessionnaire.*

Bordereau à fin de renouvellement d'une inscription d'hypothèque conventionnelle prise au bureau des hypothèques de...., le...., vol...., n°....

Au profit du sieur.....(*dénommer le créancier et indiquer son domicile comme et ainsi qu'il est dit au n° 1 er*), lequel fait élection de domicile en la demeure du sieur....

Contre le sieur....et dame...., son épouse (*dénomination et indication de domicile comme dessus*).

Pour sûreté et conservation, PREMIÈREMENT, de la somme de....de principal, exigible le...., productible d'intérêts à raison de...pour cent sans retenue, à compter du....et résultant, 1° d'un acte passé devant Me...et son collègue, notaires à..., contenant obligation solidaire de ladite somme par lesdits sieur et dame...., au profit du sieur....(*dénommer ici le créancier originaire par ses nom, prénoms, profession et demeure*); 2° d'un autre acte passé devant Me...et son collègue, notaires à...., contenant transport de ladite somme par ledit sieur...., au profit dudit sieur...., requérant, avec subrogation dans l'effet de l'inscription ci-dessus énoncée ; ledit transport notifié auxdits sieur et dame...., par exploit de Me...., huissier à..., en date du....(*ou accepté par lesdits débiteurs suivant autre acte passé devant le même notaire et son collègue le....*).

SECONDEMENT, des intérêts de ladite somme principale dont l'inscription conserve le rang ci....mémoire.

TROISIÈMEMENT, et de la somme de...., pour.... années ou....mois échus le...., des intérêts de ladite somme principale.

Sur cinq hectares vingt ares de terres labourables

en trois pièces, situées commune de. . . . , la première de trois hectares, sise lieu dit. . . . , la seconde de deux hectares, sise lieu dit. . . . , et la troisième et dernière de vingt ares, lieu dit. . . .

(*Les débiteurs pouvant avoir d'autres pièces de terre de même contenance sur la même commune, il est à propos d'indiquer le lieu particulier où chaque pièce se trouve située, et si deux pièces de même quantité n'étaient pas toutes les deux hypothéquées et se trouvaient toutes les deux situées au même lieu, il serait à propos d'indiquer dans le titre comme dans l'inscription les tenans et aboutissans ou les nos qui ont les pièces hypothéquées sur la matrice cadastrale.*)

Tous lesdits biens situés dans l'arrondissement du bureau des hypothèques de. . . .

La présente inscription prise comme dit est en renouvellement de celle précitée, prise audit bureau des hypothèques de. . . . , au profit dudit sieur. . . . , cédant du requérant, contre lesdits sieur et dame. . .

Pour bordereau.

N° 4. — *Inscription au profit d'un bailleur de fonds subrogé dans le privilége de vendeur.*

Bordereau à fin d'inscription de privilége en vertu de l'article 2108 du Code civil.

Au profit du sieur. . . (*désigner le créancier comme et ainsi qu'il est dit au n°* 1), lequel élit domicile en la demeure du sieur. . . .

Contre sieur. . . . et dame. . . . son épouse (*même désignation que dessus*).

Pour sûreté et conservation :

PREMIÈREMENT, de la somme de.... de principal, exigible le...., productible d'intérêts à raison de.... pour cent par an, à compter du.... formant le montant du prix de la vente faite par le contrat ci-après daté et énoncé et résultant, 1o d'un acte passé devant Me.... et son collègue, notaires à...., contenant vente par le sieur.... (*désigner le vendeur*), auxdits sieur et dame...., d'une maison sise à....; 2° d'un autre acte passé devant les mêmes notaires le...., contenant obligation solidaire par lesdits sieur et dame...., au profit dudit sieur...., requérant, de la somme de...., avec obligation de l'employer au paiement du prix de la vente ci-dessus énoncée; 3o et enfin d'un autre acte passé devant les mêmes notaires le...., contenant paiement du prix de ladite vente, avec déclaration par lesdits sieur et dame.... qu'il a été fait avec les deniers empruntés à cet effet par eux, dudit sieur...., suivant l'acte dudit jour ci.... ;

SECONDÉMENT, des intérêts de ladite somme principale dont l'inscription conserve le rang ci.... mémoire ;

TROISIÈMEMENT, et de.... pour (*mois ou années*) échus le.... desdits intérêts ;

Sur la maison formant l'objet du contrat de vente ci-devant daté et énoncé, situé à...., rue...., no...., composée de.... corps de bâtiment, cour, jardin, circonstances et dépendances, tenant d'un côté à...., d'autre à...., par devant à la rue et par derrière à....

Le tout dans l'arrondissement du bureau des hypothèques de....

Pour bordereau.

Observation pour l'emploi de la formule ci-dessus.

Lorsque le contrat de vente se trouve avoir été transcrit, il devient inutile de requérir l'inscription dont la formule précède; attendu que l'inscription d'office ayant été prise, il ne suffit plus que de faire opérer en marge de cette inscription une mention faisant connaître le subrogé et la nouvelle élection de domicile par ce dernier.

N° 5. — *Inscription à prendre pour parvenir à faire subroger le bailleur de fonds dans le privilége résultant de l'article* 2110 *du Code civil, en faveur des architectes, entrepreneurs, maçons ou autres ouvriers employés à des travaux de bâtimens et autres.*

Observation. Nous pensons que ces inscriptions doivent être prises directement au profit de ceux qui ont fait ou fait faire ces travaux, attendu que, d'après l'article 2110 du Code civil, l'inscription du procès-verbal qui constate les travaux à faire et l'état des lieux, se trouve prise à un époque où les travaux ne peuvent encore avoir été payés, puisque à cette époque ils n'ont pas encore été effectués. Il est donc à propos de requérir au nom et profit des entrepreneurs des travaux l'inscription du procès-verbal qui constate l'état des lieux et celle du procès-verbal de leur réception, et de faire opérer ensuite de ces inscriptions la mention de subrogation en faveur du bailleur des fonds qui ont servi à payer les entrepreneurs.

Inscription du 1er procès-verbal constatant l'état des lieux.

Bordereau à fin d'inscription de privilége en vertu de l'article 2110 du Code civil.

Au profit du sieur...., etc., etc...., pour lequel domicile est élu en la demeure de....

Contre sieur....etc., etc....

Pour sûreté et conservation,

1° De la valeur des travaux de....(*désigner ici le genre de ces travaux*) à faire dans les lieux dépendant d'une maison située à....(*ou tout autre immeuble qu'il faut désigner*), appartenant audit sieur.... lesquels travaux doivent être exécutés par le requérant, et ont été constatés ainsi que les lieux, suivant procès-verbal reçu et dressé le...., dûment enregistré, par M...., expert nommé et choisi à cet effet par jugement du...du tribunal de première instance de...., duquel procès-verbal l'inscription est présentement requise.

2° Et des frais et loyaux coûts évalués à....

Sur l'immeuble ci-devant désigné, situé dans l'arrondissement du bureau des hypothèques de....

Pour bordereau.

Inscription du 2e procès-verbal constatant la réception des travaux.

Bordereau à fin d'inscription de privilége en vertu de l'article 2110 du Code civil.

Au profit du sieur....etc., etc...., pour lequel domicile est élu en la demeure de ....

Contre sieur....etc., etc....

Pour sûreté et conservation,

1° de la somme de...., exigible le.... *ou présentement exigible*), et formant le montant des ouvrages faits par le requérant dans les lieux dépendant d'une maison située à....(*ou tout autre immeuble qu'il faut désigner*), appartenant audit sieur...., résultant d'un procès-verbal de réception desdits ouvrages dressé le...., dûment enregistré par M....., expert nommé et choisi à cet effet par le tribunal de première instance de...., suivant jugement dudit tribunal, en date du...., duquel procès-verbal l'inscription est présentement requise;

2° Et des frais et loyaux coûts évalués à....

Sur l'immeuble ci-devant désigné, situé dans l'arrondissement du bureau des hypothèques de....

Pour bordereau.

§ IX.

DE L'ANTICHRÈSE.

Par ce contrat le créancier acquiert la faculté de percevoir les fruits de l'immeuble de son débiteur, à la charge de les imputer annuellement, d'abord sur les intérêts s'il lui en est dû, et ensuite sur le capital de sa créance. (Article 2085 du Code civil.)

Le créancier est tenu, s'il n'en est autrement convenu, de payer les contributions et les charges annuelles de l'immeuble qu'il tient en antichrèse, il doit aussi pourvoir à l'entetrien et aux réparations utiles et nécessaires de l'immeuble, sauf à prélever sur les fruits toutes les dépenses relatives à ces divers objets. (Article 2086.)

Le débiteur ne peut, avant l'entier acquittement de la dette, réclamer la jouissance de l'immeuble qu'il a remis en antichrèse; mais le créancier qui veut se décharger des obligations ci-dessus, peut toujours, à moins qu'il n'ait renoncé à ce droit, contraindre le débiteur à reprendre la jouissance de son immeuble. (Article 2087.)

Le créancier ne devient point propriétaire de l'immeuble par le seul défaut de paiement au terme convenu; toute clause contraire est nulle : en ce cas, il peut poursuivre l'expropriation de son débiteur par les voies légales. (Article 2088.)

Lorsque les parties ont stipulé que les fruits se compenseraient avec les intérêts, ou totalement ou jusqu'à une certaine concurrence, cette convention s'exécute comme toute autre qui n'est point prohibée par les lois (article 2089). On va voir ci-après que la loi du 3 septembre 1807, sur le taux des intérêts, se trouve avoir apporté une modification à l'article 2089 et en avoir restreint l'effet.

En résumé, l'antichrèse a pour but principal et particulier de tendre à faire remplir le créancier des intérêts de son capital, indépendamment qu'il peut avoir encore pour objet d'assurer le paiement du capital. Il peut, ainsi qu'on vient de le démontrer, se stipuler de deux manières : le premier mode qui à notre avis est le préférable, et le seul peut-être à mettre en usage, depuis la loi du 3 septembre 1807, résulte de la disposition de l'article 2085. Il fait acquérir au créancier les fruits de l'immeuble, à la charge de les imputer annuellement sur les intérêts, et ensuite sur le capital de sa créance. Le second mode résulte de l'article 2089, c'est celui de stipuler que les fruits de l'immeuble donné en antichrèse se compenseront avec les intérêts du principal de la créance, ou totalement, ou jusqu'à une certaine concurrence.

Nous ne conseillons point d'employer ce second mode, par les motifs que nous allons déduire ci-après: d'abord nous faisons observer qu'à l'époque où l'article 2089, en vertu duquel il résulte, a été décrété, le taux de l'intérêt était illimité. Est intervenue depuis la loi du 3 septembre 1807 qui, ayant prohibé la stipulation des intérêts au delà de 5 pour o/o en matière civile, et de 6 pour o/o en matière de commerce, a restreint implicitement dans cette limite le bénéfice à résulter en faveur du créancier de la disposition de l'article 2089. Ensuite nous disons que de la stipulation résultant de ce dernier mode qui, comme on le voit, se trouve faire courir une chance de perte ou de gain au créancier, il arrive que ce dernier y trouve une perte ou un bénéfice, à moins qu'il y ait compensation exacte de fruits avec les intérêts, au taux légal, ce qui ne peut se rencontrer que très rarement. S'il y a perte, pour lui point de remède pour rentrer dans cette perte, et l'exécution rigoureuse de la convention lui est appliquée. Si au contraire il en résulte un bénéfice, il peut en résulter contre lui une action de la part du débiteur, tendant à faire déclarer la clause comme usuraire. Cette jurisprudence, qui n'émane pas des termes formels et explicites de la loi, paraît devoir s'introduire avec raison contre l'usure. C'est ce qui a été consacré à l'égard d'une vente à réméré, par un arrêt de la Cour de Metz du 23 juin 1812, confirmé par un autre de la Cour de cassation du 18 janvier 1814, fondé sur ce que la Cour de Metz avait pu, sans contrevenir à aucune loi, décider, d'après les circonstances énoncées dans les motifs de son arrêt, que l'acte dont il s'agissait n'était qu'un prêt déguisé. En effet d'après l'article 1156 on doit, dans les conventions, rechercher quelle a été la commune intention des parties contractantes plutôt que de s'arrêter au sens littéral des termes. Si donc cette jurisprudence est introduite à l'égard d'une vente à réméré, par les motifs qu'elle peut être considérée comme un prêt déguisé, à plus forte raison le sera-t-elle vis-à-vis de l'antichrèse qui est la suite et la conséquence d'un véritable prêt. Enfin cette jurisprudence résulte de l'application de la loi du 3 septembre 1807 précitée.

Nous venons d'indiquer les suites et conséquences de l'antichrèse vis-à-vis du débiteur. C'est maintenant le cas et lieu d'en faire connaître les effets vis-à-vis des créanciers de ce dernier, autres que celui auquel cette antichrèse se trouve profiter.

Nous disons d'abord qu'aux termes de l'article 2091 du Code civil, tout ce qui résulte de l'antichrèse, en faveur du créancier, ne peut préjudicier aux droits que des tiers pourraient avoir sur le fonds de l'immeuble remis à titre d'antichrèse. Nous disons encore qu'avant de déduire ces effets et pour être à même de les établir et faire ressortir avec le plus d'exactitude et de clarté désirable, il est bon de se reporter au principe de l'antichrèse qui n'étant qu'un nantissement immobilier ou, vulgairement parlant, un gage en immeuble aux termes de l'article 2072, ne donne que le droit d'en percevoir les fruits, en déduction et compensation de la créance, sans en attribuer la propriété. L'antichrèse, disons-nous, par suite, ne pourrait-elle pas être assimilée au droit d'usufruit pendant un temps illimité, il est vrai, quant à la forme, mais conditionnel quant au fond, c'est-à-dire jusqu'à l'extinction de la créance. Alors la stipulation de l'antichrèse emporterait-elle par elle-même une véritable cession d'usufruit?

Ce principe une fois reconnu ferait de suite ressortir dans leur plus grand jour tous les effets qui résulteraient de l'antichrèse, en faveur de celui au profit duquel elle a été stipulée vis-à-vis des autres créanciers du débiteur qui l'a contracté. L'usufruit étant de sa nature immobilier, la cession d'usufruit ou stipulation d'antichrèse serait donc immobilière, et par suite la transcription pourrait en devenir nécessaire en certains cas. Enfin si l'exécution pouvait en être contestée également en certains cas, la solution des difficultés et contestations qui pourraient s'élever à cet égard se résoudrait par cette seule hypothèse et serait renfermée dans cette seule question: les créanciers dont nous voulons parler seraient ou antérieurs ou postérieurs au contrat d'antichrèse, et nous n'entendons ici parler que de créanciers hypothécaires ou privilégiés, ceux chirographaires n'ayant point de droits à faire valoir dans cette circonstance. S'ils étaient antérieurs, le débiteur commun n'aurait pu par la convention d'antichrèse détruire les droits des créanciers de cette nature, s'ils les avaient fait inscrire au bureau des hypothèques avant la transcription du contrat d'antichrèse. Si au contraire ces créanciers étaient postérieurs à ce contrat, ou si encore étant antérieurs ils n'avaient point fait inscrire leur titres avant la transcription du contrat, ou dans la quinzaine de cette transcription, alors dans l'un comme dans l'autre de ces deux derniers cas, l'exécution de l'antichrèse ne pourrait être contestée au créancier auquel elle se trouverait profiter, par le motif qu'il se trouverait avoir des droits acquis antérieurement aux tiers créanciers. Enfin nous ajoutons encore que l'exécution de l'antichrèse pourrait encore se trouver maintenue et conservée à l'égard des créanciers ayant des droits antérieurs et inscrits, si cette exécution ne se trouvait pas blesser leurs droits.

De tout ceci on conclurait que le prêt sur hypothèque avec stipulation d'antichrèse se trouverait renfermer les deux avantages suivans : le premier résultant de l'hypothèque, de créer un droit réel sur les biens qui y sont affectés du débiteur, et par suite d'avoir sur ces mêmes biens une cause de préférence vis-à-vis de tous autres créanciers postérieurs, avec droit de les faire vendre, et le deuxième résultant de l'antichrèse, celui de transmettre au créancier une partie du droit de propriété sur ces mêmes biens, c'est-à-dire le droit d'en percevoir l'usufruit pendant un certain temps, et par là lui procurerait les moyens de rentrer dans l'intégralité des intérêts à lui dus, quelque arriérés qu'ils fussent, en lui conservant également son capital; mais telle n'est pas la jurisprudence, et sous l'empire de notre droit, la convention à titre d'antichrèse ne jouit pas d'une faveur plus grande que celle d'où résulte une délégation ou cession de loyers, ou fermages, ainsi que nous le démontrerons ci-après.

Formule de clause d'antichrèse.

(Faire précéder cette clause de la reconnaissance de la dette et de l'affectation hypothécaire.)

Pour assurer plus particulièrement le paiement de la somme ci-dessus reconnue, en principal et intérêts, le sieur...., débiteur, a par ces présentes remis et laissé à titre d'antichrèse audit sieur...., créancier, qui l'accepte,

Tous les biens immeubles ci-dessus hypothéqués et désignés sans aucune exception ;

Pour par ledit sieur...., créancier, percevoir en conséquence les fruits et revenus desdits biens, savoir: à l'égard de ceux qui sont loués et affermés par la perception des loyers et fermages à compter du..., et à l'égard de ceux non loués et affermés, et qui se trouvent produire des fruits naturels, par la perception des revenus provenant de la vente des récoltes, à compter de ce jour, le tout à valoir et imputer d'abord sur les intérêts courus et échus, et subsidiairement sur le principal de la créance ci-dessus reconnue et jusqu'à son entier acquittement.

Il sera déduit avant tout et par préférence sur lesdits fruits et revenus, savoir : 1° les sommes qui seront nécessaires pour acquitter les contributions, rentes et charges annuelles desdits biens, à compter de leurs dernières échéances; 2° et les sommes qui seront également exigées pour l'acquittement et paiement des réparations qui seront nécessaires, et généralement de toutes autres dépenses nécessitées.

Cette antichrèse est encore accordée et soumise aux conditions qui suivent, indépendamment de celles de droit auxquelles il n'est pas dérogé par ces présentes, savoir :

1° Les parties non louées et affermées, et celles qui pendant le cours de l'antichrèse viendraient à ne plus l'être, par suite de cessation de baux et locations, seront affermées et louées de nouveau pour un temps qui ne pourra excéder plus de neuf ans, et moins de trois ans, aux enchères devant notaire et après affiches dûment apposées, le tout à la requête dudit sieur . . . ., créancier, en la présence dudit sieur. . . ., débiteur, ou lui dûment appelé, et tant en son absence que présence.

2° Il est fait exception à l'égard des bois et prés dont les coupes seront vendues également aux enchères, en observant les mêmes formalités. On observera l'aménagement des bois, pour la vente de leurs coupes, ainsi que les usages et réglemens pour les réserves qui en seront à faire ; et la vente des bois de futaie, ainsi que des anciens et modernes ne pourra avoir lieu sans le consentement du débiteur, à moins que la nécessité en soit reconnue et jugée sous le rapport de l'état de ces derniers bois, et encore après que ledit sieur... débiteur, aura été appelé pour faire reconnaître vis-à-vis de lui cette nécessité.

3° Les conventions d'antichrèse ci-dessus stipulées ne nuiront pas, du reste, au terme d'exigibilité de la dette ci-dessus reconnue, en sorte qu'à l'échéance de ce terme ledit créancier aura le droit, soit d'exiger son remboursement, soit de s'en tenir à cette antichrèse, jusqu'à l'extinction de la dette, toutes les conventions ci-dessus n'ayant été arrêtées que comme dit est pour assurer plus particulièrement le paiement en principal et intérêts de cette dette.

Délégation de loyers et fermages.

Un des moyens à employer encore pour faire parvenir le créancier à toucher exactement les intérêts de son capital, est la délégation ou le transport des loyers ou fermages des biens soumis à l'hypothèque.

On reconnaît l'efficacité de ce moyen vis-à-vis du débiteur personnellement, mais on est obligé de reconnaître qu'il ne peut pas toujours avoir son effet et recevoir son exécution vis-à-vis des tiers, c'est-à-dire des créanciers autres que celui auquel la délégation se trouve profiter. Cependant on doit admettre que les seuls créanciers hypothécaires ou privilégiés sont seuls habiles à empêcher cet effet s'ils viennent à poursuivre la vente de l'immeuble dont les loyers sont délégués. On est encore obligé de reconnaître que les créanciers même postérieurs à la délégation et jouissant d'une hypothèque sont également habiles à en empêcher l'exécution par la voie de la vente. En effet, en ce qui concerne les créanciers antérieurs, le débiteur ne peut par des actes postérieurs détruire les droits de ces derniers, et ce serait effectivement les détruire si on admettait que la vente de l'immeuble soumis à l'hypothèque ou au privilége n'emportât pas au profit de l'acquéreur la jouissance des loyers, parce qu'ils auraient été délégués. Quant aux créanciers postérieurs, leur droit ne paraît pas plus incertain, et si comme ceux antérieurs ils n'ont pas des droits acquis au moment de la délégation, si au contraire ceux qui leur sont conférés d'après viennent la détruire, c'est la préférence qui leur est accordée et qui, résultant de la constitution d'hypothèque, résulte plus encore de la loi, et c'est ici le cas de faire l'application de l'article 2094 du Code civil qui porte : « les causes légitimes de préférence sont les priviléges et hypothèques ».

Enfin on se demande si une délégation de loyers à venir et non échus n'est pas susceptible d'être contestée sous le rapport de sa validité en droit, ces loyers au moment de leur cession, n'étant pas encore définitivement acquis au cédant ? A cela nous disons que la convention d'où résulte la délégation doit, il nous semble, être considérée comme étant contractée sous une condition suspensive, permise par l'article 1181 du Code civil ; nous disons encore qu'aux termes de l'article 1130 les choses futures peuvent être l'objet des conventions, ensuite qu'une pareille cession est au fond une véritable antichrèse, dont elle ne diffère que par la forme ; que, puisque l'antichrèse est valable et permise, il doit en être de même de cette cession. Enfin, nous ajoutons que la validité de la délégation n'est du reste pas plus absolue que celle de l'antichrèse, qu'elle n'est que relative ; qu'ainsi elle doit recevoir son effet vis-à-vis du débiteur qui l'a faite et les créanciers chirographaires de ce dernier, qui n'ont point formé des oppositions antérieurement à la signification de cette délégation, ou son acceptation, mais qu'elle ne peut être opposée non seulement aux créanciers hypothécaires dont nous venons de parler, mais encore aux tiers acquéreurs, donataires, et généralement à tous ceux ayant *jus in re*, parce que, le droit qui résulte de la délégation n'ayant pas le même degré de force, il se trouve primé ou plutôt anéanti.

Comme la délégation a toute la nature du transport, pour sa validité vis-à-vis des tiers et afin qu'aux termes de l'article 1690 du Code civil, le créancier cessionnaire soit saisi de la propriété des loyers ou fermages qui en font l'objet, il faut que l'acte qui la contient soit notifié au tiers débiteur, c'est-à-dire au locataire ou accepté par lui.

Formule de clause de délégation.

Par ces mêmes présentes, lesdits sieur et dame....

débiteurs, pour assurer plus particulièrement le service exact des intérêts de ladite somme de.... ont par ces présentes cédé, délégué et transporté solidairement et avec toute garantie audit sieur..., qui l'accepte, la somme annuelle de cinq cents francs à toucher et recevoir du sieur Pierre-Pascal Gilbert, négociant, demeurant à...., par préférence aux cédans, en déduction de celle de douze cents francs, montant annuel des loyers du bail fait par ces derniers audit sieur Gilbert, d'une maison et dépendances situées à...., pour neuf années consécutives qui ont commencé le 1er janvier 1830.

Pour par ledit cessionnaire toucher et recevoir d'autant desdits loyers, jusqu'à ladite concurrence et comme dit est avec ladite préférence, à compter du 1er janvier dernier, en compensation des intérêts de ladite somme de dix mille francs, à l'effet de quoi lesdits débiteurs mettent et subrogent ledit créancier dans leurs droits et actions jusqu'à ladite concurrence contre ledit sieur Gilbert. Les loyers à provenir du bail sus-énoncé étant payables par moitié les 1er janvier et 1er juillet de chaque année, le paiement de la somme annuelle de cinq cents francs ci-dessus déléguée se fera par moitié en déduction du montant de chaque terme, pour en conséquence le premier paiement s'effectuer le 1er juillet prochain, et ainsi de suite de six en six mois.

Lesdits débiteurs ont présentement représenté la grosse du bail sus énoncé, laquelle à la réquisition des parties est demeurée ci-annexée, pour par le notaire soussigné en délivrer deux ampliations auxdites parties, afin de leur servir de titre exécutoire jusqu'à concurrence de leurs droits respectifs.

A ce faire fut présent et est intervenu M. Gilbert, ci-dessus dénommé, qualifié et domicilié.

Lequel a déclaré se tenir la délégation ci-dessus pour bien et dûment notifiée et en outre n'avoir aucune opposition entre les mains contre les débiteurs.

Considérations sur la nature et l'emploi de l'antichrèse et de la délégation des loyers et fermages.

On ne voit pas que ces deux sortes de conventions diffèrent entre elles de nature ou effet.

Examinons d'abord la nature de l'antichrèse. Elle n'est plus sous l'empire de notre droit ce qu'elle était sous le droit romain, et le Code civil en conservant cette espèce de convention en a modifié de beaucoup les effets. Sous le droit romain, l'antichrèse pouvait être définie comme une convention par laquelle un débiteur convenait avec son créancier de lui accorder et à ses successeurs le droit de jouir d'un certain héritage jusqu'au paiement de la somme qui lui était due, pour lui tenir lieu des intérêts de cette somme. (La loi II, § Ier, H. de Pig. et Hyp. porte : *Si antichresis facta sit et in fundum, aut in œdes aliquis inducatur, eo usque retinet possessionem pignoris loco, donec illi pecunia solvatur, cùm in usuras fructus percipiat, aut locando, aut ipse percipiendo, habitandoque; itaque si amiserit possessionem, solet in factum actione uti.*)

D'après l'article 2085 du Code civil, le créancier n'acquiert par le contrat de l'antichrèse que la faculté de percevoir les fruits de l'immeuble, à la charge de les imputer annuellement sur les intérêts, s'il lui en est dû, et ensuite sur le capital de sa créance. Ainsi, d'une part, la compensation admise par le droit romain n'existe plus, et celle qui pourrait résulter de la disposition de l'article 2089 se trouve entièrement abrogée par la loi du 3 septembre 1807, ainsi que nous l'avons démontré ci-dessus; ensuite, la préférence, le droit de jouir des fruits de l'héritage jusqu'à l'acquittement de la dette, à l'exclusion des autres créanciers, à titre de *jus in re*, nous paraissent entièrement détruits, ne plus exister. En effet, le Code civil (article 2073) porte bien que le gage, c'est-à-dire le nantissement d'une chose mobilière, confère au créancier le droit de se faire payer sur la chose qui en est l'objet par privilége et préférence aux autres créanciers; mais il ne contient point cette disposition à l'égard de l'antichrèse, c'est-à-dire du nantissement d'une chose immobilière, et cette différence d'effets nous paraît résulter bien clairement de l'article 2090, où le législateur, voulant déterminer la communauté d'effets de ces deux espèces de nantissemens, ne l'établit que sous deux rapports, celui de l'indivisibilité et celui de la constitution du nantissement par un tiers pour le débiteur. Le législateur n'a donc point voulu établir en faveur du nantissement d'immeuble la préférence qu'il a accordée en fait de nantissement mobilier. Enfin ce qui nous paraît tout-à-fait concluant à cet égard c'est la disposition de l'article 2094 du Code civil, qui porte que les causes légitimes de préférence entre les créanciers sont les priviléges et hypothèques. Il ne parle point encore là de cette préférence qu'on voudrait réclamer en vain en faveur du droit résultant de l'antichrèse.

D'après tout ce que nous venons de dire, il résulte que l'antichrèse, quant à ses effets, ne peut être assimilée qu'à une simple cession mobilière de fruits et revenus, telle qu'une délégation de loyers et fermages, et nous voyons deux causes bien positives pour lesquelles sa nature primitive, sous le droit romain, a été abrogée par notre droit, la haine de l'usure d'une part, et ensuite la publicité des hypothèques qui pourrait se trouver compromise et entravée par un contrat dont les formes et les effets peuvent être occultes.

Quant à la délégation des loyers ou fermages, sa nature, ses effets sont encore plus faciles à apercevoir; comme ceux de l'antichrèse, ils ressortent entièrement de la cession mobilière. Nous en avons déjà parlé et, pour en terminer, nous ajoutons que de la délégation il résulte le bénéfice, la perception des fruits civils, tandis que de l'antichrèse il s'ensuit la perception des fruits civils ou naturels indistinctement.

En résumé, nous avons traité la matière de ces deux contrats plutôt pour en faire connaître les écueils et imperfections qu'ils présentent et entraînent, que pour en recommander l'usage, qui, comme on le voit, ne serait pas toujours susceptible d'atteindre le but qu'on se proposerait en y ayant recours, c'est-à-dire celui de parvenir à récupérer l'intégralité des intérêts du capital prêté quelque arriérés qu'ils fussent.

§ IX.

DU PRÊT PAR VOIE DE TRANSPORT OU DE SUBROGATION PAR SUITE DE PAIEMENT.

Distinction du transport d'avec la subrogation.

Le transport et la subrogation par suite de paiement diffèrent très peu quant à la forme, et sont quelquefois même difficiles à distinguer, par la nature des nuances délicates et subtiles dont ils se trouvent assez souvent revêtus. Mais il n'en est pas de même quant au fond, et leurs effets sont très différens, ainsi que nous allons le démontrer, ce qui va nous donner lieu de combattre l'opinion de quelques auteurs distingués, entre autres celle de Toullier, qui prétendent ne voir aucune différence entre le transport et la subrogation. Du reste, cette matière passe pour une des plus subtiles du droit.

Le transport est la cession ou vente pure, simple et entière de la créance ainsi que de ses accessoires. Cette créance continue de subsister; il n'y a de changé que la personne du créancier auquel est substitué un nouveau. En effet d'après l'article 1692 du Code civil, la vente ou cession d'une créance comprend les accessoires de cette créance tels que caution, privilége et hypothèque. Enfin le transport qui est une vente réelle en a tous les effets. Il tire son principe de la vente; et il lui doit son origine. Voilà notre conclusion à l'égard du transport. Nous engageons le lecteur à y revenir au besoin, et nous lui faisons remarquer en passant que pour parvenir à déterminer et trouver la nature et l'essence de toute chose quelconque, il faut remonter à son principe et voir d'où elle sort et ce qui lui donne naissance.

La subrogation est la conséquence pure et simple du paiement avec les modifications, suites et effets qui y sont attribués et attachés, soit par la loi, soit par les conventions qui surviennent entre la personne qui paie, celle qui reçoit, ou encore celle qui doit. Il en résulte qu'il y a plusieurs sortes ou plusieurs natures de subrogations, ainsi que nous le verrons ci-après, et leurs effets en sont définis sous les articles 1249, 1250, 1251 et 1252; mais on est toujours obligé de reconnaître que toutes ces subrogations ressortent et dérivent du paiement proprement dit, et dans l'acception de la loi; elle doivent donc leur naissance au paiement, qui par suite en est le principe.

Il est donc bien démontré que le transport dérive de la vente et la subrogation du paiement.

Quel est l'effet de la vente? c'est de transmettre la propriété d'une chose dans toute la plénitude des droits qui y sont attachés, et nous faisons remarquer ici qu'elle emporte même de la part du vendeur ou cédant l'espèce de garantie qui y est attachée et déterminée par la loi, sauf les conventions de restrictions et modifications qui peuvent y être apportées par les parties contractantes.

Quel est l'effet du paiement? c'est d'éteindre la dette et d'opérer l'extinction de l'obligation à laquelle elle se rattache. Continuons; le paiement pur et simple, c'est-à-dire sans subrogation, entraîne l'extinction de l'obligation et de la dette qui en est la cause, aux termes de l'article 1234 du Code civil. Mais lorsque ce paiement vient à être effectué par un tiers et qu'il s'ensuit une subrogation, il en résulte une modification à l'article 1234. Quels sont les effets de cette modification? ce sont ceux résultant des articles précités 1249, 1250, 1251 et 1252 du Code civil; c'est-à-dire que la créance est éteinte, mais que les droits y attachés restent conservés au profit du tiers subrogé.

Voilà, nous le pensons, la distinction du transport ou cession d'avec la subrogation clairement établie.

Toullier, comme nous venons de le dire, pense cependant avec divers auteurs qu'il n'y a pas de différence entre la cession et la subrogation consenties par le créancier. Entre autres motifs assez spécieux, il ne voit pas d'autre différence qu'entre la cause et l'effet. La cession est la cause, et la subrogation l'effet. Le tiers qui paie, dit-il, n'est subrogé ou mis à la place du créancier que par la cession des droits de ce dernier; c'est par elle que le subrogé lui succède et représente sa personne. Cet argument, qui au premier abord peut paraître fondé, nous a paru le plus fort, mais il est facile d'y répondre et de le réfuter.

A cela nous disons qu'il est en effet une espèce de subrogation existant par suite de la cession, et résultant de l'article 1692 du Code civil, c'est celle dont parle effectivement Toullier; mais il est encore une autre espèce de subrogation, qui existe même lorsqu'il n'y a pas cession; cette seconde espèce dérive du paiement opéré par un tiers subrogé et résulte de l'article 1250. Nous disons encore que la cession transmet non seulement la créance, mais aussi les droits y attachés, tandis que le paiement avec subrogation ne transmet que les droits qui conservaient l'ancienne créance pour venir consolider la nouvelle. On voit donc que Toullier n'a pas entièrement abordé la question, ne l'a traitée que du côté favorable à son opinion, et ne l'a point envisagée sous tous les rapports; enfin qu'il a confondu les deux espèces de subrogations que nous venons de signaler.

En faveur de notre opinion nous invoquons celle de Pothier, Merlin et Grenier, elle a au surplus été consacrée par les arrêts ci-après rapportés, et nous rapportons le texte de l'opinion de Pothier ainsi conçue : « Il est à observer que ce n'est que par une fiction de droit établie en faveur de celui qui a payé avec subrogation que la créance est réputée subsister. Dans la vérité elle est payée et éteinte, car la véritable intention des parties a été de faire un paiement et non un transport. C'est pourquoi lorsque quelqu'un, en remboursant une rente dont il était débiteur solidaire ou caution, s'est fait subroger aux droits du créancier de cette rente, il n'est pas sujet aux hypothèques que les créanciers du créancier propriétaire de cette rente avaient sur cette même rente, comme le serait un véritable cessionnaire à qui le créancier en aurait fait le transport. Le remboursement qu'il en a fait quoique avec subrogation, étant un véritable paiement, a éteint la rente et par conséquent les hypothèques qui s'éteignent, *rei obligatæ interitu.* La subrogation aux actions du créancier, n'étant qu'une fiction en faveur de celui qui a payé, ne peut lui être opposée suivant la maxime : *Quod in favorem alicujus introductum est, non debet contra ipsum retorqueri.* »

Merlin, dans son Répertoire de jurisprudence, au mot Subrogation, expose avec la plus grande clarté les véritables effets de la subrogation, et leur différence avec ceux du transport. « On voit (dit-il) qu'il faut bien prendre garde de confondre la cession proprement dite avec la subrogation. Et en effet y eut-il jamais rien de plus différent? Tous nos livres sont pleins de leurs diversités essentielles; la cession est toujours l'ouvrage du créancier, la subrogation est souvent l'ouvrage du débiteur, quelquefois même l'effet de la loi seule. La cession transfère la dette même; la subrogation en transmet seulement quelques prérogatives. Le créancier est garant de la cession, il ne l'est point de la subrogation. La cession passe avec les charges du créancier, la subrogation les anéantit. Tel veut une cession pour se procurer un garant, et tel une subrogation pour conserver les effets des hypothèques du créancier qu'il paie. En un mot, donner à la subrogation toute la force de la cession, c'est identifier deux droits qui n'ont pas le moindre rapport ensemble. »

Maintenant que nous avons établi la dstinction qui existe entre le transport et la subrogation, nous allons traiter de leurs effets respectifs vis-à-vis des tiers.

Des effets respectifs du transport et de la subrogation à l'égard des tiers.

Le transport n'éteignant pas la créance et ayant au contraire pour effet de la conserver, pour n'opérer de changement qu'en la personne du créancier primitif auquel un nouveau est substitué, la créance qui en fait l'objet se trouve subsister dans son entier, et ne point diminuer, bien que le prix du transport soit inférieur; le nouveau créancier est toujours en droit de répéter le montant de la créance.

Il n'en est pas de même à l'égard de la subrogation : l'ancienne créance se trouve éteinte par suite du paiement, et la nouvelle a pour principe l'effet de la loi, qui, considérant celui qui a fait le paiement pour le débiteur comme le *negotiorum gestor*, lui accorde le droit de répéter à ce dernier seulement ce qu'il a payé pour lui, en lui attribuant seulement les droits et actions qui conservaient l'ancienne créance. En effet il a fait non une acquisition mais seulement un paiement; il est donc juste qu'il ne soit rempli que de ce qu'il a payé et avancé; c'est ce qui a été consacré par deux arrêts, le premier, en date du 5 avril 1808, de la cour de Paris, et le deuxième, en date du 21 mars 1810, de la cour de cassation.

Le transport a pour effet de rendre le cédant garant de la solvabilité du débiteur au moment du transport, à moins de convention contraire.

Lorsqu'une partie de la créance se trouve cédée,

le cédant et le cessionnaire exercent concurremment les droits et actions qui profitent à la créance, sans préférence, l'un à l'égard de l'autre, à moins de stipulation contraire.

Lorsqu'au contraire le créancier se trouve avoir reçu une partie de sa créance et avoir consenti une subrogation au profit du tiers qui l'a payée, le créancier conserve vis-à-vis du tiers subrogé, pour raison de ce qui lui reste dû, la préférence qui lui est à cet effet réservée par l'article 1252 du Code civil, sans même qu'il soit nécessaire que cette préférence soit stipulée, le tout sauf également toutes stipulations contraires, qui sont permises attendu qu'elles ne sont pas prohibées par la loi.

Lorsque plusieurs cessionnaires ont été successivement subrogés par le créancier, ils viennent tous par concurrence, sans distinction des premiers d'avec les derniers; la même concurrence existe entre les bailleurs de fonds subrogés qui ont payé en l'acquit du débiteur, ou qui ont prêté les deniers qui ont servi à le libérer, le tout à moins de conventions contraires. Cette jurisprudence a été consacrée par un arrêt de la cour de cassation du 4 août 1817, un autre du 2 août 1820, un arrêt de la cour royale de Caen du 19 novembre 1817, et un autre de la cour royale de Paris du 13 mai 1815.

Il a même été jugé que le créancier après avoir reçu en partie le remboursement de sa créance et s'être réservé la préférence, pour la portion qui lui en restait due, ne pouvait transmettre cette préférence à celui dont il recevait le paiement pour solde. Cette décision résulte de l'arrêt de la cour royale de Paris du 13 mai 1815, attendu que la subrogation, en quelques termes qu'elle soit conçue, ne peut transporter au subrogé le droit que le créancier a d'être préféré à ceux qui ont prêté les deniers pour acquitter partie de sa créance; que ce droit qui divise le privilége, naturellement indivisible de la créance, et qui fait qu'une partie en est préférée à l'autre, est fondé uniquement sur la faveur spéciale de la loi pour assurer le paiement du prix dû au vendeur, mais que dès que le vendeur est payé cette préférence est anéantie par le paiement, et qu'il est contraire à l'équité de perpétuer une préférence au profit de l'un des bailleurs de fonds qui sont tous devenus créanciers au même titre et pour le même objet; qu'aussi il a été de jurisprudence constante que quel que soit l'ordre dans lequel les bailleurs de fonds ont été subrogés au privilége du vendeur, ils sont tous, lorsque le vendeur est payé, appelés en concurrence sur le prix de l'immeuble, et qu'il n'y a dans le Code civil aucune dispositition d'où l'on puisse inférer que cette jurisprudence doive être changée.

Du reste, cette décision ne peut être applicable à une subrogation résultant d'un transport. En effet, par l'arrêt précité du 13 mai 1815, il a été également jugé que le cessionnaire par voie de transport d'une partie de créance privilégiée devait être préféré à tous les prêteurs de fonds qui avaient payé en l'acquit du débiteur et qui avaient été subrogés par le créancier, bien que quelques unes de ces subrogations fussent antérieures au transport.

L'arrêt du 13 mai 1815, en ce qui concerne la concurrence entre tous les subrogés, par suite de paiement et non de transport, a paru susceptible d'être critiqué. On conçoit bien que cette concurrence doive exister légalement lorsqu'il n'y a pas eu de convention dérogeant au principe légal; mais on ne voit pas pourquoi les parties contractantes ne seraient pas en droit de déroger à ce principe lorsqu'il leur plaît. Dans l'espèce de l'arrêt, le créancier en se réservant la préférence lors du premier paiement partiel de la créance, avait inutilement fait la réserve de cette préférence qui lui était attribuée par l'article 1252 du Code civil. Cette préférence dérivait donc non pas tant de la réserve mais bien de la loi. Par suite le principe légal a pu être justement appliqué dans l'espèce; mais il n'en est pas moins vrai que les motifs de l'arrêt tendent à émettre et professer un principe qui aurait pour effet de prohiber le droit que les parties contractantes nous paraissent avoir de déroger par des conventions à l'effet du principe légal. Ainsi on ne voit pas pourquoi les bailleurs de fonds subrogés ne pourraient pas stipuler entre eux des degrés de préférence, ou consentir cette même préférence au profit de ceux qui postérieurement à eux prêteraient des deniers ou feraient des paiemens ayant pour objet de libérer le débiteur commun. Il est à remarquer que dans l'espèce de l'arrêt du 13 mai 1815 la préférence avait été stipulée et réservée seulement au profit du créancier qui n'avait reçu le remboursement que d'une partie de sa créance. Aussi, comme nous venons de le dire, l'arrêt nous paraît juste; mais admettez un instant que cette préférence eût été réservée du consentement des premiers subrogés en faveur des subrogés postérieurs, le dispositif de l'arrêt semble alors condamner cette stipulation, et c'est en cela qu'il nous paraît susceptible d'être critiqué.

Telle est la critique à laquelle l'arrêt du 13 mars 1815 a donné lieu; mais en examinant bien on voit que cette critique est susceptible de tomber, car on peut dire que l'arrêt ne semble parler que des subrogations successives consenties par le vendeur, sans l'intervention des subrogés, ce qui n'exclurait pas la modification au principe légal par suite du consentement de ces derniers.

Nous persistons donc à reconnaître et professer que la concurrence doit effectivement avoir lieu légalement entre plusieurs subrogés, sans distinction des premiers d'avec les derniers, mais qu'il peut être apporté des modifications à ce principe lorsque les subrogés y consentent.

Des formes du transport et de ses effets particuliers entre les parties contractantes.

Le transport d'une créance peut être fait ou par acte devant notaire, ou par acte sous seing privé. Mais l'acte sous signature privée étant susceptible de faire éprouver des obstacles, selon qu'on le verra ci-après, il est à propos d'avoir recours à un acte devant notaire. En effet le débiteur peut opposer le défaut de reconnaissance d'écriture. Ensuite la radiation des inscriptions s'il en existe, à l'appui de la créance, ne peut avoir lieu sans la justification de cette reconnaissance, et alors il devient nécessaire de l'obtenir, soit à l'amiable devant un notaire, soit judiciairement si le créancier qui a cédé ou ses héritiers s'y refusent. Alors les frais qu'on a voulu éviter par un écrit sous seing privé deviennent plus considérables et les lenteurs et obstacles s'ensuivent quelquefois.

Aux termes de l'article 1689 du Code civil, dans le transport d'une créance, la délivrance s'opère entre le cédant et le cessionnaire par la remise du titre. D'après l'opinion de Toullier cette remise est nécessaire pour la validité du transport ou plutôt pour le rendre parfait, afin de rendre le cessionnaire définitivement propriétaire de la créance cédée et pour empêcher qu'un créancier de mauvaise foi ne la cède à une autre personne qui serait préférée au premier cessionnaire, si la remise des titres lui était faite avant que le débiteur eût payé ou avant qu'il eût accepté la subrogation ou qu'elle lui eût été notifiée. A l'appui de cette opinion, il ajoute que la créance et les droits du créancier cédant sont des choses purement mobilières, que l'article 1141 porte que : si la chose qu'on s'est obligé de donner ou de délivrer à deux personnes successivement est purement mobilière, celle des deux qui en a été mise en possession réelle est préférée et en demeure propriétaire encore que son titre soit postérieur en date.

Or, suivant l'article 1607, la tradition des droits incorporels se fait par la remise des titres, il faut donc en conclure que le créancier, étant resté saisi de la créance avant la remise des titres, a pu la céder au second subrogé, qui en devient propriétaire par cette remise, et que le premier cessionnaire doit s'imputer la faute de n'avoir pas exigé une remise nécessaire pour lui transférer la propriété et rendre la subrogation parfaite et irrévocable.

L'opinion de Toullier peut paraître rigoureuse: en effet le législateur, après avoir dit, par l'article 1689, que la délivrance s'opère entre le cédant et le cessionnaire par la remise des titres, ajoute par l'article 1690 que le cessionnaire n'est saisi à l'égard des tiers que par la signification du transport faite au débiteur. De la comparaison et du rapprochement de ces deux articles, il semblerait qu'à l'égard des tiers il suffirait, pour que le cessionnaire fût saisi, que la seule signification du transport fût faite, et que la remise des titres concernât seulement le cédant et le cessionnaire. La mise en possession réelle prescrite par l'article 1141 n'est-elle pas susceptible d'être seulement applicable aux choses mobilières qui sont réelles par elles-mêmes, c'est-à-dire d'un corps certain, telles qu'une table, un cheval ou autres objets corporels, mais non aux objets incorporels, tels qu'une créance ou autres droits qui, quoique pouvant avoir des effets réels, n'ont rien de réel dans leur essence? Nonobstant tous ces motifs et toute rigoureuse que peut paraître l'opinion de Toullier, nous sommes cependant portés à l'adopter parce que la question de bonne foi est susceptible d'être élevée entre les deux tiers qui auront traité avec le cédant, et que, par suite, celui d'entre eux qui se trouve détenteur du titre de créance peut l'invoquer avec plus d'avantage.

D'après l'article 1690 du Code civil, le cessionnaire peut être également saisi par l'acceptation du débiteur faite dans un acte authentique. Cette acceptation, qui se trouve tenir lieu de la notification, d'ailleurs ne peut être valable lorsqu'elle émane d'un tiers comme se portant fort du débiteur. Cependant elle peut être validée par la ratification du débiteur, mais elle n'a d'effet que du jour de cette ratification, et cet effet pourrait se trouver anéanti par une opposition formée dans l'intervalle de l'acceptation à la ratification. (Arrêt de la cour royale de Paris du 7 février 1807.)

Le même arrêt a jugé que l'exécution du transport de la part du débiteur emportait cette acceptation; mais il est nécessaire que les quittances de paiement constatant cette exécution soient en forme authentique. Nous pensons qu'il n'en pourrait être de même si elles étaient seulement sous signatures privées, bien qu'elles fussent enregistrées, attendu que si, pour une acceptation explicite, la loi par l'article 1690 du Code civil, exige un acte en forme authentique, elle ne peut affranchir de cette forme, elle ne peut admettre un acte sous signatures privées lorsque cette acceptation se trouve seulement implicite, c'est-à-dire émane seulement de l'exécution du transport par le débiteur.

Une des formalités relatives à l'accomplissement du transport vis-à-vis des tiers est celle de la mention de ce transport en marge de l'inscription de la créance, afin de faire connaître le cessionnaire à ces derniers; la mention d'une nouvelle élection de domicile nous paraît non moins utile. Ces formalités du reste ne sont pas de rigueur, et leur inexécution n'empêche pas la validité du transport; mais elles préviennent les suites fâcheuses qui pourraient résulter de l'ignorance des actes de procédure qui viendraient à être signifiés au domicile élu par le cédant dans l'inscription requise à son profit, et qui ne parvenant pas à la connaissance du cessionnaitre le mettraient dans l'impossibilité d'y répondre, et faire les diligences nécessaires dans ses intérêts.

La garantie de la part de celui qui cède ou transporte une créance est plus ou moins étendue et soumise aux conventions stipulées entre les parties contractantes. Ou les parties ont précisé et déterminé l'étendue de cette garantie, qui en ce cas est de fait ou conventionnelle; ou ils ne l'ont point réglée, alors elle est de droit ou légale et par suite régie par les principes établis par le Code civil, auquel les parties sont censées s'être soumises tacitement.

La garantie légale résulte de l'article 1693 qui porte : « Celui qui vend une créance ou autre droit « incorporel, doit en garantir l'existence au temps du « transport, quoiqu'il soit fait sans garantie. » Il résulte évidemment de cet article que la solvabilité du débiteur, non plus que le recouvrement certain de la créance, ne sont point garantis par le créancier cédant, mais seulement la propriété ou l'existence de cette créance, en la personne de ce dernier; car cette créance ne pourrait être regardée comme existante, si la propriété n'en résidait pas en la personne du créancier. De cette garantie légale il résulte donc deux effets, ou plutôt deux conditions, la première que la créance ne soit pas éteinte en tout ou partie, par suite de paiement, novation, compensation ou toute autre cause déterminée par l'article 1234, et la seconde que le cédant soit propriétaire de la créance et qu'il ne survienne point pour le cessionnaire soit une éviction par suite de vice dans la propriété de la créance, soit un empêchement dans le recouvrement par suite d'un fait personnel au cédant.

Enfin les effets de cette garantie sont déterminés par les principes généraux en matière de vente, et nous faisons observer ici que l'article 1693, que nous venons de citer, n'exclut pas l'application de ces principes.

La garantie de fait ou conventionnelle qui dérive des stipulations à cet égard des parties contractantes peut varier et avoir des effets divers. Nous allons parcourir et traiter les diverses sortes de stipulations de garanties qui peuvent se rencontrer dans les contrats. Avant tout nous faisons observer qu'aux termes de l'article 1628, bien qu'il soit dit que le cédant ne sera soumis à aucune garantie, il demeure cependant tenu de celle qui résulte d'un fait qui lui est personnel et que toute convention contraire est nulle;

qu'aux termes de l'article 1694, il ne répond de la solvabilité du débiteur que lorsqu'il s'y est engagé, et jusqu'à concurrence seulement du prix qu'il a retiré de la créance; et enfin qu'aux termes de l'article 1695, lorsqu'il a promis la garantie de la solvabilité du débiteur, cette promesse ne s'entend que de la solvabilité actuelle, et ne s'étend pas au temps à venir, si le cédant ne l'a expressément stipulé.

1er Cas. — Les parties entendent stipuler une garantie la plus absolue et étendue, en sorte qu'elle concerne non seulement la solvabilité actuelle, mais encore celle à venir du débiteur. Alors on peut se renfermer, pour l'exprimer, dans la stipulation de cette garantie de solvabilité actuelle et future, ou on peut stipuler que le cédant s'oblige de payer la créance en principal, intérêts, et accessoires, à défaut de paiement par le débiteur.

Cette garantie entière étant stipulée, il convient encore d'exprimer de quelle manière les effets en seront exercés par le cessionnaire : Ou le cédant peut s'obliger solidairement avec le débiteur au paiement de la dette, en ce cas les effets de cette obligation seront réglés par les principes en matière de solidarité d'après le Code civil, en sorte qu'à l'époque de l'exigibilité de la créance, le cessionnaire peut s'adresser au cédant, comme au débiteur indistinctement, pour en exiger le paiement; ou le cédant s'oblige seulement à titre de caution à ce paiement, alors les effets de cette autre espèce d'obligation seront régis par les articles 2021 et suivans du Code civil, sur le cautionnement, desquels il résulte que le cédant n'est tenu de payer le cessionnaire qu'après que le débiteur a été préalablement discuté dans ses biens.

C'est ici le lieu de parler d'une clause ou stipulation de garantie qui se rencontre quelquefois dans les contrats de transport de créance, celle par laquelle le cédant promet et s'oblige de fournir et faire valoir la créance qui fait l'objet de la cession. Ce genre de stipulation a élevé deux opinions différentes. Les uns prétendent que la garantie qui en résulte ne s'étend qu'à la solvabilité actuelle. D'autres soutiennent qu'elle embrasse également la solvabilité future. Cette dernière opinion est partagée par Loyseau et Pothier, et elle a été consacrée par un arrêt de la cour royale de Paris du 27 mars 1817, qui, d'ailleurs, a décidé que cette garantie ne devait pas s'étendre au delà du terme d'exigibilité, et que le cédant devait être déchargé de l'effet de cette garantie après le délai que sans son aveu le cessionnaire a accordé au débiteur. La cour a en outre fait la distinction de la garantie qui résulte de cette stipulation d'avec celle qui résulte du cautionnement, et qui subsiste nonobstant le nouveau terme accordé par le cessionnaire, en conséquence de la disposition de l'article 2039 du Code civil. En effet, d'après cet article, la simple prorogation de terme accordée par le créancier au débiteur principal ne décharge point la caution, qui peut en ce cas poursuivre le débiteur pour le forcer au paiement.

Le cessionnaire ne serait plus en droit d'exercer contre le cédant la garantie résultant en sa faveur des stipulations convenues entre eux, si par son fait il venait à diminuer les sûretés attachées à la créance, ou laisser prescrire des droits à l'appui de sa conservation; et ce serait ici le cas de lui appliquer la règle: *non tenetur venditor si ex personâ emptoris vel facto, res evicta sit.* Cette jurisprudence a été consacrée par un arrêt de la cour de cassation du 26 février 1806.

2e Cas. Les parties contractantes ne stipulent quelquefois que la garantie de la solvabilité actuelle du débiteur. Cette stipulation n'est pour lors que l'expression de l'article 1695 précité, qui reçoit pour lors son application.

3e Cas. La stipulation de garantie de tous troubles et empêchemens quelconques, qui se rencontre dans les actes quelquefois, est susceptible de faire question lorsqu'elle n'est pas motivée en même temps d'une autre manière et accompagnée de termes qui en fassent bien connaître les effets à l'égard du transport de la créance. D'après Pothier et Loyseau, la garantie qui résulte d'une clause pareille est la même que celle qui résulte de l'article 1695 précité, c'est-à-dire seulement quant à la solvabilité du débiteur au moment du transport.

Enfin les parties peuvent faire et établir entre elles des stipulations de garantie de la manière et dans les termes qu'il leur conviendra d'indiquer. Mais il arrive quelquefois qu'elles n'entendent point stipuler d'autre garantie que celle légale, c'est-à-dire que la créance appartient au cédant. Il suffit donc pour elles de se soumettre à cette seule garantie.

N° 1. — *Formule de transport de créance avec garantie entière.*

Pardevant M..... et son collègue, notaires à ..... soussignés..... furent présens;

M. Simon Lebas, négociant, et dame Joséphine Ledoux, son épouse, qu'il autorise demeurant à .....

Lesquels ont par ces présentes cédé et transporté, et se sont obligés solidairement garantir la solvabilité actuelle et future du débiteur ci-après nommé.

A M. Jean-Pierre Leroi, limonadier, demeurant à....., à ce présent et acceptant.

La somme de six mille francs due aux cédans par le sieur Joseph Lefèvre, épicier, et dame Rosalie Dumont, son épouse, demeurant à ....., exigible le 5 janvier 1836, productibles d'intérêts à raison de 5 pour cent sans retenue, payables les 5 janvier et 5 juillet de chaque année et formant le montant d'une obligation souscrite solidairement par lesdits sieur et dame Lefèvre au profit desdits sieur et dame Lebas devant M..... et son confrère, notaires à ..... le 5 janvier 1830, avec hypothèque sur une maison située à..... arrondissement de..... bâtimens, cour, circonstances et dépendances, désignés audit acte.

Pour, par ledit sieur Leroy cessionnaire, toucher et recevoir ladite somme de six mille francs des mains desdits sieur et dame Lefèvre ou de tous autres qu'il appartiendra, ensemble les intérêts de ladite somme principale à compter de ce jour, et généralement faire et disposer de ladite somme en principal et intérêts comme de chose leur appartenant, au moyen des présentes à compter également de ce jour.

Par suite, les cédans ont mis et subrogé ledit cessionnaire dans tous leurs droits, actions et hypothèque contre lesdits sieur et dame Lefèvre, et notamment dans l'effet d'une inscription prise au profit desdits cédans contre ces derniers au bureau des hypothèques de ...., le ...., vol...., n°...., pour sûreté de ladite somme de six mille francs.

Ce transport est fait moyennant pareille somme de six mille francs que le cessionnaire a présentement payée aux cédans qui le reconnaissent, en espèces métalliques d'argent ayant cours, réalisées à la vue des notaires soussignés, dont quittance.

Lesdits cédans ont présentement remis audit cessionnaire qui le reconnaît, savoir : 1° la grosse de l'obligation datée et énoncée ; 2° et le bordereau de l'inscription aussi ci-devant énoncée, dont décharge.

Il est et demeure convenu que les cédans seront tenus solidairement, avec lesdits sieur et dame Lefèvre envers le cessionnaire, au paiement de ladite somme de six mille francs en principal et intérêts, en sorte que lesdits sieur et dame Lebas pourront être recherchés par ce dernier, de même que s'ils étaient seuls débiteurs de ladite somme de six mille francs, à défaut de paiement de la part desdits débiteurs et d'après un simple commandement resté infructueux.

A ce faire furent présens et sont intervenus lesdits sieur et dame Lefèvre, ci-devant dénommés, qualifiés et domiciliés.

Lesquels, après avoir pris connaissance et communication de l'acte ci-dessus, ont déclaré se le tenir pour bien et dûment signifié, et en outre n'avoir entre les mains aucune opposition ni empêchement au paiement de ladite somme de six mille francs ci-dessus transportée.

Les frais des présentes seront payés par ....

N° 2.—*Formule de transport avec garantie entière, modifiée, quant à ses effets.*

Pardevant Me .... et son collègue, notaires à .... soussignés .... furent présens:

Le sieur Jean-François Philippeaux et dame Constance Renu, son épouse, qu'il autorise, demeurant à...

Lesquels ont par ces présentes cédé et transporté, promis, et se sont obligés solidairement garantir la solvabilité actuelle et future du débiteur ci-après nommé,

A M. Joseph Lebas, propriétaire, demeurant à.... à ce présent et acceptant,

La somme de .... etc., etc. etc. (*Voir ci-dessus.*)

Il est et demeure convenu qu'à défaut de paiement par le débiteur de la créance ci-dessus transportée, le cessionnaire aura contre les cédans les droits et actions résultant de l'obligation à titre de cautionnement, en sorte que ledit débiteur devra être préalablement discuté dans ses biens meubles et immeubles. Pourtant les effets de cette obligation, ainsi que la garantie ci-dessus stipulée, cesseront d'avoir lieu vis-à-vis des cédans dans le cas où le cessionnaire accorderait une prorogation de terme au débiteur.

N° 3. — *Formule de transport avec garantie de la solvabilité actuelle du débiteur.*

Pardevant M^e .... et son confrère, notaires à .... soussignés,

fut présent :

M. ....

Lequel a par ces présentes cédé et transporté sous la seule garantie de solvabilité actuelle du débiteur et encore des faits et promesses du cédant à M. .... etc., etc., etc. (*Comme ci-dessus.*)

Lorsque la solvabilité du débiteur est connue du cessionnaire, il convient mieux de ne point stipuler ce genre de garantie, qui est susceptible d'engendrer des contestations ultérieures entre les parties contractantes, si l'état de solvabilité du débiteur vient à changer, car il devient quelquefois difficile de constater cet état plus tard. Nous proposons même à cet égard d'établir une clause qui puisse prévenir ces contestations. Cette clause serait ainsi conçue :

L'état de solvabilité ci-dessus garanti à l'égard du débiteur de la créance ci-dessus transportée sera et demeura comme certain, à l'égard des parties contractantes, s'il n'est point prouvé que ce dernier ait manqué à ses engagemens vis-à-vis des tiers d'ici à .... de ce jour.

N° 4. — *Formule de transport avec la seule garantie légale ou de droit.*

Pardevant M^e .... et son confrère, notaires à .... soussignés, fut présent

M. ...

Lequel a par ces présentes cédé et transporté, sous la simple garantie de ses faits et promesses (ou sous la seule garantie de droit, ou sous la garantie de tous troubles et empêchemens provenant de ses faits et promesses);

A M. ...

Des formes de la subrogation par suite de paiement et de ses effets particuliers entre les parties contractantes.

Nous avons ci-dessus fait connaître les effets de la subrogation vis-à-vis des tiers, et les avons comparés avec ceux du transport. Il ne s'agit donc plus que de les faire connaître entre les parties contractantes ; mais si dans le transport ces effets sont susceptibles de recevoir plus ou moins d'extension, et sont quelquefois de nature à subir des modifications assez fortes, il n'en est pas de même à l'égard de la subrogation dont les effets sont très restreints entre les parties.

Effectivement, de la subrogation par suite de paiement, il ne résulte, nous le pensons, qu'une simple garantie de droit de la part de celui qui reçoit, vis-à-vis de celui qui paie; c'est-à-dire que la créance lui appartient bien et légitimement, qu'elle existe, et qu'il n'y a point d'empêchement au paiement. Cette garantie pourrait avoir une plus grande extension, mais ce ne pourrait être que par suite de convention, et ce serait alors une véritable cession sous la forme d'un paiement avec subrogation. Enfin, d'après l'art. 1252 la subrogation ne peut nuire au créancier lorsqu'il n'a été payé qu'en partie; en ce cas il peut exercer ses droits pour ce qui lui reste dû, par préférence à celui dont il n'a reçu qu'un paiement partiel.

Tels sont en peu de mots les effets de la subrogation entre les parties contractantes. Nous passons donc aux formes de la subrogation qui sont aussi simples que claires, et se trouvent déterminées par les articles 1249 et suivans du Code civil, que nous allons rapporter ci-après.

L'article 1249 du Code civil porte que la subrogation dans les droits du créancier au profit d'une tierce personne qui paie est ou conventionnelle ou légale.

L'article 1250 porte: « cette subrogation est conventionnelle, 1° lorsque le créancier recevant son paiement d'une tierce personne la subroge dans ses droits, actions, priviléges ou hypothèques contre le débiteur : cette subrogation doit être expresse et faite en même temps que le paiement; 2° lorsque le débiteur emprunte une somme, à l'effet de payer sa dette et de subroger le prêteur dans les droits du créancier, il faut pour que cette subrogation soit valable que l'acte d'emprunt et la quittance soient passés devant notaires, que dans l'acte d'emprunt il soit déclaré que la somme a été empruntée pour faire le paiement, et que dans la quittance il soit déclaré que le paiement a été fait des deniers fournis par le nouveau créancier. Cette subrogation s'opère sans le concours du nouveau créancier. »

La subrogation conventionnelle s'opère donc des deux manières, avec le créancier ou avec le débiteur.

Nous allons d'abord examiner la subrogation qui s'opère avec le concours du créancier.

C'est ici le lieu de comparer le premier paragraphe de l'article 1250 du Code civil, que nous venons de rapporter, avec l'art. 1236, qui porte, § 1er : « une obli-« gation peut être acquittée par toute personne qui « y est intéressée, telle qu'un co-obligé ou une caution ; « § 2e : l'obligation peut même être acquittée par un « tiers qui n'y est point intéressé, pourvu que ce tiers « agisse au nom et en l'acquit du débiteur ou que, « s'il agit en son nom propre, il ne soit pas subrogé « aux droits du créancier.»

Le paragraphe II de l'art. 1236 au premier aperçu peut paraître se trouver en opposition et contradiction avec le premier paragraphe de l'article 1250, car le tiers qui paie le créancier, et au profit duquel ce dernier consent la subrogation, ne peut qu'agir en son nom propre; s'il agissait autrement, c'est-à-dire en l'acquit du débiteur, ou pour lui, ou à son nom, la dette ainsi que les accessoires seraient entièrement éteints. C'est ce qui est de jurisprudence reconnue.

La comparaison et le rapprochement des articles précités ne nous paraissent pas assez expliqués et traités par quelques auteurs et n'avoir pas été interprétés dans le sens qu'ils doivent avoir par d'autres.

Selon nous, le paragraphe II de l'art. 1236 s'applique au cas où le paiement de la dette est fait malgré la volonté du créancier, qui ne peut s'y refuser. Effectivement, si, recevant de bon gré le paiement de la dette, il peut, d'après le premier paragraphe de l'article 1250, consentir une subrogation au profit du tiers qui le paie, il ne peut être contraint à transmettre les mêmes droits lorsque malgré lui ce paiement vient à être effectué par un tiers en vertu du paragraphe II de l'art. 1236. En effet on conçoit bien que le législateur dans l'intérêt du débiteur ait accordé au tiers le droit d'acquitter la dette au nom et en l'acquit de ce dernier et par suite d'en opérer l'extinction, malgré la volonté du créancier; il ne peut en résulter rien de fâcheux pour le débiteur vis-à-vis duquel le tiers qui a payé ne se trouve plus avoir que l'action du *negotiorum gestor*; mais il n'en serait plus de même si ce tiers, en faisant le paiement en son propre nom, avait par là le droit de se rendre propriétaire de la créance; alors le créancier serait en droit de se plaindre de voir tous ses droits transmis malgré lui; alors aussi le débiteur pourrait rencontrer un nouveau créancier beaucoup plus rigoureux que le premier.

L'article 1236 ne paraît pas exclure la subrogation à l'égard du co-obligé ou de la caution ou de toute autre personne intéressée au paiement de la dette, et c'est effectivement avec raison, car cette subrogation leur est acquise de plein droit et conférée à ce titre par l'article 1251 du Code civil.

On voit donc que la contradiction apparente entre le paragraphe II (art. 1236) et le premier paragraphe de l'art. 1250 n'existe réellement pas, et que ces articles peuvent très bien se combiner.

Quelques auteurs n'ont pas comme nous interprété le deuxième paragraphe de l'article 1236, qui porte que l'obligation peut être acquittée par toute personne qui n'y est pas intéressée, pourvu que, si elle agit en son nom propre, elle ne soit pas subrogée aux droits du créancier. Ils prétendent que de cette disposition le législateur a entendu dire que la dette n'était point éteinte, lorsque le tiers non intéressé en faisant le paiement, agissait en son nom propre et était subrogé aux droits du créancier.

A cette opinion qui est professée par le savant professeur Toullier, nous opposons de nouveau celle de Pothier, Merlin et autres auteurs, que nous avons déjà citée en tête du présent paragraphe; et nous ajoutons que le paiement a toujours pour conséquence d'éteindre la créance, et que la subrogation, par suite de paiement, a pour effet de conserver seulement les droits attachés à cette créance. Cette subrogation ne résulte jamais que de la volonté du créancier ou de celle du débiteur en faveur des tiers non intéressés, aux termes de l'article 1250 du Code civil, ou encore de la loi, aux termes de l'article 1251, en faveur des tiers intéressés; mais que, hors ces trois cas, la subrogation semble, au contraire, exclue par l'article 1236, vis-à-vis des tiers non intéressés, par suite des motifs que nous venons de déduire. Nous disons, si, lorsque le tiers qui paie agit en son nom propre, on en veut conclure que à dette n'est pas éteinte, et par suite donner cette interprétation au deuxième paragraphe de l'article 1236, il en résulterait que le paiement fait dans ce sens et avec subrogation emporterait les mêmes effets que la cession, et on ne voit pas pourquoi celui auquel la créance se trouve profiter ne représenterait pas un véritable cessionnaire. Or nous avons démontré ci-devant que la cession et la subrogation par suite de paiement ne peuvent avoir les mêmes effets; c'est dans ce sens que nous venons d'invoquer l'opinion des auteurs que nous venons de citer; enfin nous invoquons encore en faveur de notre opinion ce même article 1236, qui, en établissant d'une manière explicite l'exclusion de la subrogation à l'égard des tiers non intéressés, dans son dernier paragraphe, fait une différence et ne l'établit pas, dans son premier paragraphe, vis-à-vis de ceux ayant intérêt et qui effectivement se trouvent avoir droit à la subrogation légale, aux termes de l'article 1251.

Tout ce que nous venons de dire nous porte à conclure 1° que le tiers qui, agissant en son nom propre, et ne se trouvant pas intéressé, rembourserait une créance sans obtenir du créancier la subrogation à ses droits, ne pourrait prétendre à représenter ce dernier et par suite jouir des droits attachés à cette créance, qui se trouveraient éteints de même que la créance; 2° et que la subrogation en faveur du tiers non intéressé ne peut s'acquérir qu'avec le concours du créancier ou du débiteur, conformément aux dispositions de l'article 1250, pour n'avoir d'autre effet que de conserver les droits attachés à la créance qui se trouve éteinte, ainsi que nous l'avons prouvé.

Il suit encore de là que toutes les subtilités de droit que divers auteurs et notamment Toullier ont voulu établir à l'égard de la différence qu'ils prétendent faire résulter des diverses formes d'une quittance par suite de paiement suivi de subrogation, toutes ces subtilités, disons-nous, se trouvent écartées et n'existent plus. Au fait, le paiement ayant pour effet d'éteindre la créance, et la subrogation ayant seulement celui de conserver les droits y attachés, il ne reste plus à chercher et déterminer si, d'après les termes de la quittance, le tiers qui a fait ce paiement est ou non cessionnaire, et lui attribuer ou les droits résultant d'une cession ou ceux provenant seulement d'une subrogation, ce qui emporte deux effets bien différens; car comme cessionnaire il peut répéter le montant intégral de la créance qu'il a remboursée, quoique le paiement soit inférieur plus ou moins à cette créance, tandis que, comme simple subrogé, il est assimilé au *negotiorum gestor*, et il ne peut réclamer que jusqu'à concurrence de ce qu'il a payé; il en résulte encore qu'il n'y a pas lieu à examiner si le tiers a fait le paiement en son nom ou en l'acquit du débiteur et en des termes plus ou moins clairs et précis; mais il suffit de considérer s'il a été ou non subrogé et si cette subrogation est expresse. On voit que d'avantages on doit tirer d'une pareille jurisprudence, aussi simple dans son application qu'utile dans ses conséquences par les difficultés qu'elle évite.

La subrogation qui s'opère avec le concours et le consentement du créancier doit être expresse et faite en même temps que le paiement, aux termes de l'article 1250 du Code civil. Cette condition attachée à ce genre de subrogation fait naître la question de savoir si elle doit avoir lieu par acte authentique. Nous ne le pensons pas, puisqu'elle ne se trouve pas recommandée à l'égard du tiers payant, comme elle l'est à l'égard du tiers qui prête au débiteur les deniers nécessaires pour rembourser la créance, ainsi que le prescrit très explicitement le second paragraphe de l'article 1250. Du reste, il serait à propos, pour le tiers subrogé, de retirer une quittance en forme authentique, afin d'être à même de fournir la preuve incontestable que la subrogation a été consentie en même temps que le paiement; il serait aussi à propos de faire revêtir au plus tôt de la formalité d'enregistrement l'écrit sous signature privée qui confère la subrogation: car si le créancier qui l'a consentie venait à la consentir de nouveau au profit d'un autre par acte notarié ou par écrit sous seing privé enregistré, le premier subrogé pourrait voir sa subrogation anéantie aux termes de l'article 1328 du Code civil, et il ne pourrait la faire valoir qu'autant que son titre se trouverait avoir une date certaine antérieure à celui du second subrogé; il pourrait encore courir la même chance si le créancier subrogeant venait à tomber en déconfiture, l'écrit émanant de ce dernier étant susceptible, en ce cas, d'avoir les apparences et nuances d'un acte frauduleux.

La subrogation emportant une partie des effets du transport et pouvant lui être assimilée quant aux formes, il s'élève la question de savoir si la signification de l'acte qui la contient doit, pour sa validité, être faite au débiteur; il y a lieu de douter à cet égard en ce que, la créance se trouvant éteinte, une nouvelle est substituée à l'ancienne. Cependant, si nous ne regardons pas cette signification comme entièrement nécessaire, ainsi que nous allons le développer, nous pensons qu'elle est utile dans certains cas. Si nous la considérons comme inutile vis-à-vis des tiers, puisqu'il ne s'agit plus du saisissement parfait d'une créance éteinte et par suite non transmissible ni saisissable, nous la regardons cependant comme nécessaire vis-à-vis du débiteur, qui, n'ayant point connaissance du paiement qui a opéré la subrogation et n'ayant point été constitué en demeure à cet égard, pourrait valablement se libérer entre les mains du premier créancier. Si encore des termes de l'acte qui la contient on pouvait être porté à conclure qu'il en résultât un véritable transport, et que cette prétention pût être élevée, il serait prudent d'en faire la signification. Dans tous les cas il serait encore à propos de faire opérer la mention de subrogation en marge de l'inscription.

La signification dont nous venons de parler peut être remplacée par un acte d'acceptation de la part du débiteur, dans l'acte qui contient la subrogation ou postérieurement.

Quant à la remise du titre, nous renvoyons à ce que nous avons déjà dit à l'égard du transport à ce sujet.

Nous allons maintenant examiner la seconde espèce de subrogation conventionnelle, celle qui s'opère avec le concours et consentement du débiteur.

Cette nature de subrogation, à l'égard de laquelle il existait des controverses avant le Code civil, a été définitivement consacrée par l'article 1250. Elle repose sur ce principe, expliqué par Dumoulin, que la subrogation consentie par le débiteur, sans le concours du créancier, est conforme à l'équité, parce que, sans nuire à personne, elle est utile au débiteur subrogeant, qui, pour se débarrasser d'un créancier fâcheux ou pour faire un nouvel emprunt plus avantageux que le précédent, confère à un autre des droits pareils à ceux qu'il avait déjà conférés, soit sur sa personne, soit sur ses biens, à un premier créancier ou même à plusieurs. Cet auteur fait observer, ce qui est en effet évident, que le second créancier, n'étant subrogé que par le fait du débiteur seul, sans le concours du premier créancier, ne tient point son droit de celui-ci. *Nullam causam habet à primo, sed solum causam habet à debitore :* d'où il conclut que celui qui est subrogé par le débiteur seul ne succède point précisément au droit du premier créancier, mais seulement à un droit semblable et également fort; *jus simile et æque potens.* Nous ajoutons que l'on ne voit pas pourquoi le débiteur qui a conféré des droits à un premier créancier, droits qu'il peut anéantir par l'effet du paiement à ce créancier, ne pourrait pas les conserver et transmettre à un autre en désintéressant le premier. Si celui-ci n'a aucune raison pour se plaindre, puisque le contrat fait avec lui s'accomplit et reçoit son exécution, on ne voit pas non plus que les créanciers postérieurs à lui soient plus fondés à se récrier; car leurs droits et intérêts ne s'en trouvent pas lésés, et ils conservent leur même rang.

Pour que cette seconde espèce de subrogation soit valable, il faut, d'après l'article 1250 ci-dessus rapporté, que dans l'acte d'emprunt il soit déclaré que la somme qui en fait l'objet est destinée à faire le paiement de la dette au premier créancier, et que dans la quittance il soit encore déclaré que le paiement est fait des deniers fournis par le second créancier.

Des termes de l'article 1250 il n'est pas nécessaire que cette subrogation soit exprimée dans la quittance donnée par le créancier, comme et ainsi que celle qui, d'après le premier paragraphe, résulte du consentement donné par ce dernier; il suffit que le débiteur déclare l'origine des deniers.

Il peut s'élever la question de savoir si, dans la quittance qui contient le paiement, la déclaration des deniers fournis par le second créancier peut être faite par toute autre personne que le débiteur ou fondé de son pouvoir spécial. Cette question, qui paraît n'avoir été traitée par aucun auteur, nous paraît facile à résoudre, d'après les bases et le principe que nous venons d'établir à l'égard de cette seconde espèce de subrogation conventionnelle. Cette subrogation, comme nous venons de le démontrer, est tout-à-fait l'ouvrage du débiteur seul. Nul autre que lui ou son fondé de pouvoirs à cet effet ne nous paraît donc habile à faire cette déclaration. Si donc par l'effet des circonstances il ne devait pas se trouver présent au paiement, il serait à propos de lui faire donner un pouvoir spécial, soit par l'acte même d'emprunt, soit postérieurement.

La déclaration voulue par l'article 1250 ne peut être faite que dans l'acte d'emprunt et la quittance, en sorte que postérieurement à ces actes et par tout autre quoique devant notaire elle ne pourrait être faite valablement.

Pour que la subrogation soit encore valable, il faut aussi, et l'article 1250 le recommande textuellement, que l'acte d'emprunt et la quittance soient passés devant notaire. En cela, le législateur a eu pour but d'éviter la fraude et le préjudice qui pourraient résulter du contraire, à l'égard des tiers et créanciers postérieurs à celui aux droits duquel le prêteur se trouve subrogé, et afin que ce dernier, de concert avec le débiteur et l'ancien créancier, ne puisse point faire revivre au détriment de ces créanciers postérieurs des droits qui se trouvaient éteints.

La signification des actes, emportant la subrogation au profit du second créancier, prêteur de fonds, devient inutile et n'est plus nécessaire à l'égard de cette nature de subrogation, comme à l'égard de celle consentie par le créancier seulement, attendu qu'elle émane directement du débiteur, qui par suite ne peut être supposé ignorer ces mêmes actes.

Quant à la remise du titre de créance, si elle peut être considérée comme étant utile aux intérêts du prêteur, afin de le mettre à même de justifier de ses droits vis-à-vis des tiers, elle n'est point nécessaire pour venir à l'appui de la transmission de ces mêmes droits, comme lorsqu'il s'agit d'une cession ou d'une subrogation émanant du créancier, attendu qu'ici la subrogation émane au contraire du débiteur et que, la créance qui fait l'objet du paiement se trouvant remboursée par ce dernier personnellement et directement, le premier créancier ne peut plus par suite la transférer valablement, et les tiers n'ont pas plus le droit de la saisir que si le paiement en avait été fait purement et simplement.

Le nouveau créancier fera bien aussi de requérir une mention de subrogation en marge de l'inscription conservant la créance, afin de prévenir les inconvéniens résultant du défaut de cette mention, dont nous avons parlé déjà en ce qui concerne le transport.

Nous allons maintenant passer à la subrogation légale.

D'après l'article 1251, la subrogation a lieu de plein droit :

1° Au profit de celui qui étant lui-même créancier paie un autre créancier qui lui est préférable, à raison de ses privilége ou hypothèque ;

2° Au profit de l'acquéreur d'un immeuble qui emploie le prix de son acquisition au paiement des créanciers auxquels cet héritage était hypothéqué ;

3° Au profit de celui, qui étant tenu avec d'autres

ou pour d'autres au paiement de la dette avait intérêt de l'acquitter;

4° Au profit de l'héritier bénéficiaire qui a payé de ses deniers les dettes de la succession.

La subrogation légale ne résultant point des conventions qui font l'objet du présent traité, il nous devient inutile d'en dire plus à cet égard.

FORMULES D'ACTES D'OU RÉSULTENT LES DIVERSES ESPÈCES DE SUBROGATIONS CONVENTIONNELLES.

N° 1. — *Formule contenant subrogation avec le consentement du créancier.*

Par devant Me...et son confrère, notaires à...., soussignés,

Furent présens :

M. Jacques-Nicolas Duret, propriétaire, demeurant à...., d'une part,

Et M. Pierre-Jacques Cocheu, rentier, demeurant à...., d'autre part.

Lesquels, préalablement au paiement qui va suivre, ont dit et observé ce qui suit :

Suivant acte passé devant ledit Me....et son confrère, le 27 juin 1830, ledit sieur Duret a vendu au sieur Pierre-Nicolas Mauduit, marchand épicier, demeurant à...., une maison située à...., moyennant la somme de soixante mille francs, sur laquelle ledit sieur Mauduit a payé de ses deniers personnels audit sieur Duret la somme de dix mille francs, suivant quittance passée devant Me...., le....les cinquante mille francs restant se trouvent exigibles depuis le 1er février 1830, aux termes dudit contrat.

D'après la quittance dudit jour...., il appert que ledit sieur Mauduit a fait transcrire expédition dudit contrat au bureau des hypothèques le.... (*rapporter ici les formalités de transcription et de purge légale, ainsi que ce qui s'en est suivi, afin d'établir et constater qu'il ne se trouve pas d'obstacle au paiement du prix en question.*)

Suivant le même acte, ledit sieur Duret a fait la remise audit sieur Mauduit, qui l'a reconnu, de toutes les pièces et titres justificatifs de la propriété en la personne dudit sieur Duret et ses auteurs à l'égard de ladite maison.

(*Si cette remise n'avait pas été faite, il conviendrait que toutes ces pièces et titres fussent remis au subrogé, afin de ne point éprouver d'entrave lors du paiement de la somme faisant l'objet de la subrogation. Il en serait de même à l'égard des certificats de radiation d'inscriptions survenues aux formalités de purge et transcription.*)

En cet état de choses (*ou cet exposé fait*), ledit sieur Cocheu, agissant en son nom propre, a présentement payé en espèces métalliques d'argent ayant cours, réalisées à la vue des notaires soussignés, audit sieur Duret, qui le reconnaît, la somme de cinquante mille francs pour le complément des soixante mille francs, montant du prix de la vente faite par ledit sieur Duret audit sieur Mauduit, suivant le contrat ci-devant daté et énoncé.

Ce paiement est ainsi fait par ledit sieur Cocheu,

comme dit est en son nom personnel et point pour celui dudit sieur Mauduit, et sous la réserve et condition de conserver par ledit sieur Cocheu tous les droits attachés à la créance ci-dessus énoncée.

Par suite de ce paiement, ledit sieur Duret a mis et subrogé ledit sieur Cocheu dans tous les droits et priviléges résultant à son profit du contrat de vente ci-devant énoncé, et notamment dans l'effet de l'inscription d'office prise à son profit contre ledit sieur Mauduit, au bureau des hypothèques de. . . ., le. . . ., vol. . . ., no. . . ., le tout jusqu'à concurrence de ladite somme de cinquante mille francs.

Cette subrogation est du reste consentie par ledit sieur Duret, sans aucune garantie, restitution de deniers, suite ni recours quelconques.

A ce faire fut présent et est intervenu ledit sieur Mauduit, ci-dessus dénommé, qualifié et domicilié.

Lequel a déclaré se tenir l'acte ci-dessus pour bien et dûment notifié, et n'avoir entre les mains aucune opposition contre ledit sieur Duret, ni aucun empêchement au paiement de ladite somme de cinquante mille francs.

No 2. — *Formule d'acte contenant subrogation partielle.*

Pardevant Me. . . . et son confrère, notaires à. . . ., soussignés,

Fut présent :

M. Jean-Pierre Froment, négociant, demeurant à. . . .

Lequel a par ces présentes reconnu avoir reçu de M. Dominique Florent, propriétaire, demeurant à...., lequel agissant en son nom propre lui a présentement payé en espèces d'argent ayant cours, réalisées à la vue des notaires soussignés, la somme de dix mille francs en déduction de celle de vingt mille francs, montant d'une obligation de pareille somme souscrite par le sieur André Thomas, négociant, et dame Angélique Bardoux, son épouse, demeurant à...., suivant acte passé devant Me.... et son confrère, notaires à....; ladite somme exigible le premier juillet mil huit cent trente-cinq, et jusqu'à son remboursement productible d'intérêts à raison de cinq pour cent par an, sans retenue, à compter du....

Et attendu que ledit sieur Florent fait le paiement ci-dessus de ses deniers personnels, ledit sieur Froment met et subroge ledit sieur Florent dans ses droits et hypothèque contre lesdits sieur et dame Thomas, et notamment dans l'effet de l'inscription prise à son profit contre ces derniers au bureau des hypothèques de...., vol...., no...., le tout jusqu'à concurrence de ladite somme de dix mille francs.

Cette subrogation, du reste, est ainsi consentie par ledit sieur Froment, sans aucune garantie, restitution de deniers, suite ni recours quelconque, et encore sans nuire aux droits dudit sieur Froment, qui se réserve, conformément à l'article 1252 du Code civil, la préférence vis-à-vis dudit sieur Florent, pour raison des dix mille francs restant dus à lui sieur Froment.

Ledit sieur Florent aura droit aux intérêts des dix

mille francs ci-dessus payés à compter de ce jour.

Ledit sieur Froment a à l'instant représenté la grosse et le bordereau de l'inscription ci-dessus énoncés, lesquels sont à la réquisition des parties demeurés ci-annexés, après que dessus il a été fait mention de leur annexe. Pour par ledit Me...., notaire soussigné, délivrer des ampliations de ladite grosse à chacune des parties, pour leur servir jusqu'à concurrence de leurs droits respectifs.

Pour faire signifier ces présentes auxdits sieur et dame Thomas, tous pouvoirs sont donnés au porteur.

Dont acte fait et passé, etc., etc.

No 3. — *Formule d'acte contenant subrogation avec le concours du débiteur.*

En la présence de Me....et son confrère, notaires à...., soussignés.

Le sieur Martin Feuchère, propriétaire, demeurant à....

A reconnu avoir reçu de M. Jacques Gilbert, négociant, demeurant à...., lequel lui a à l'instant payé des deniers ci-après déclarés, et en espèces métalliques d'argent ayant cours, réalisées à la vue des notaires et soussignés, la somme de six mille francs, pour le remboursement de pareille somme, formant le montant d'une obligation souscrite par ledit sieur Gilbert, au profit dudit sieur Feuchère, suivant acte passé devant Me....et son confrère, notaires à...., le....; déclare ledit sieur Gilbert que ladite somme de six mille francs est la même que celle par lui empruntée du sieur Jean-Jacques Flavier, receveur de rentes, demeurant à. . . ., suivant obligation passée devant Me. . . ., avec promesse de faire emploi de ladite somme au présent remboursement.

En conséquence, ledit sieur Gilbert déclare faire la présente déclaration afin de faire acquérir audit sieur Flavier la subrogation dans tous les droits dudit sieur Feuchère, et notamment dans l'effet de l'inscription prise au profit de ce dernier au bureau des hypothèques de. . . , vol. . . ., no. . . ., pour raison de ladite somme de six mille francs.

A ce faire fut présent et est intervenu ledit sieur Flavier, ci-dessus dénommé, qualifié et domicilié,

Lequel a reconnu que ledit sieur Feuchère lui a présentement remis la grosse et le bordereau d'inscription ci-devant énoncés, dont décharge.

§ XI.

DU PRÊT PAR VOIE DE VENTE A RÉMÉRÉ.

Ce mode de prêt, très sûr et très solide, mais engendrant des inconvéniens que nous signalerons ci-après, n'est guère susceptible d'être employé que dans deux cas : soit lorsque la position de l'emprunteur sous le rapport des hypothèques légales dispensées d'inscriptions n'est pas connue avec certitude, soit lorsque l'immeuble qui doit servir de garantie n'offre pas une valeur supérieure de beaucoup au montant du prêt.

Dans le premier cas, le bailleur de fonds n'a pas de moyens à sa disposition pour parvenir à connaître et purger les hypothèques légales dont nous venons de parler; dans le deuxième cas, il est à craindre pour lui que les frais de l'aliénation judiciaire de l'immeuble qui forme son gage, ou toute autre circonstance imprévue, ne viennent à atténuer sa valeur, à un point tel qu'il ne puisse plus rentrer intégralement dans sa créance. Le prêt par forme de vente à réméré se trouve parer entièrement aux inconvéniens qui peuvent résulter des deux cas ci-dessus.

Le droit résultant d'une vente à réméré, se rattachant à la propriété, ne peut s'éteindre qu'autant que cette propriété ou plutôt les immeubles qui s'en nrouvent frappés viennent à périr. Il subsiste en entier sur tous ces immeubles dont aucun ne peut échapper au droit qui les suit non point à titre d'hypothèque, mais bien à titre de propriété. Ce dernier droit, une fois qu'il est acquis, n'exige en outre aucune formalité pour sa conservation. Avec lui il n'existe point de chances de nullité dans les formes qui le font acquérir comme dans les formes prescrites à l'égard de l'hypothèque. Il est aussi clair que simple et facile à établir; et, de la manière que nous allons le combiner ci-après, ce droit de propriété ne sera jamais que proportionné à l'importance de la dette, quelle que soit l'importance de l'immeuble qui y sera assujéti.

Le droit résultant de l'hypothèque ne donne que celui de suivre le bien qui y est assujéti, comme de le faire vendre et d'en toucher le prix, c'est ce que nous avons déjà appelé *jus ad rem*, c'est-à-dire *jus persequendi certam personam, ut rem nobis tradat ab obligatione quam erga nos contraxit.*

Le droit que nous voulons ici faire acquérir et résultant de la vente à réméré confèrera celui de tenir le bien, d'en être propriétaire, soit de la totalité si l'importance de la dette répond à la valeur de l'immeuble qui en sera grevé, sinon et seulement d'une portion indivise proportionnée au montant de cette dette. Ce sera véritablement *jus in re*, c'est-à-dire *jus in ipso rei corpore competens, sine respectu ad certam personam.*

Indépendamment de l'avantage singulier et principal qui en résulte et que nous venons de signaler, il y a encore celui tout particulier de faire remplir le créancier auquel il profite de l'intégralité des intérêts du capital, par la perception des fruits de l'immeuble qui s'en trouve grevé, avantage qui ne résulte pas toujours de l'hypothèque et de l'inscription qui est destinée par la loi à conserver en même temps et cette hypothèque et les intérêts du capital. En effet, d'après l'article 2151 du Code civil, le créancier inscrit pour un capital produisant intérêt a droit d'être colloqué pour deux années seulement et pour l'année courante, au même rang d'hypothèque que pour son capital, sans préjudice des inscriptions particulières à prendre pour raison des intérêts autres que ceux conservés par la première inscription; mais ces derniers intérêts subissent le sort des inscriptions postérieurs qui n'ont de rang que du jour de leur date. Il en résulte donc que si le débiteur vient à ne pas payer exactement les intérêts, le créancier courra la chance de perdre ceux arriérés au delà des deux années.

Mais le prêt par voie de vente à réméré présente des inconvéniens qui font que le plus souvent on évite d'avoir recours à ce genre de prêt. Premièrement, il est susceptible d'occasioner au bailleur de fonds l'embarras de rester propriétaire de l'immeuble ou de la portion de l'immeuble assujéti à la créance; du reste, en dédommagement, il offrira, de la manière dont nous allons le proposer et présenter, un avantage, un gain qui ne sera pas réprouvé par la loi; secondement il donne lieu à des droits d'enregistrement plus considérables; mais il faut bien que l'emprunteur s'y soumette si la sécurité du bailleur de fonds l'exige; et enfin on peut dire que l'on est en droit d'espérer d'ici à peu une loi fiscale qui diminue ces droits à l'égard de cette nature d'acte. Passons à la définition du réméré.

De la nature du contrat de vente à réméré et de celle de l'ancien contrat pignoratif comparées entre elles.

Le contrat de vente à réméré est un acte par lequel le vendeur se réserve de reprendre la chose vendue, moyennant la restitution du prix principal et le remboursement des frais et loyaux coûts de la vente, des réparations nécessaires et celles qui ont augmenté la valeur du fonds, jusqu'à concurrence de cette augmentation (art. 1659 du Code civil).

La faculté de rachat ne peut être stipulée pour un terme excédant cinq années; si elle a été stipulée pour un terme plus long, elle est réduite à ce terme (article 1660).

Le terme fixé est de rigueur et ne peut être prolongé par le juge (article 1661).

Faute par le vendeur d'avoir exercé son action en réméré, dans le terme prescrit, l'acquéreur demeure propriétaire irrévocable (article 1662).

Malgré la disposition si précise de l'article 1662, on avait cependant élevé l'opinion que l'acquéreur était tenu de faire prononcer la déchéance; mais cette prétention a été proscrite par un arrêt de la cour royale de Bruxelles, en date du 2 pluviose an XI, confirmé par un arrêt de cassation du 2 frimaire an XII.

On a aussi voulu comparer et assimiler le contrat de vente à réméré à l'ancien contrat pignoratif. Cette comparaison étant susceptible de nuire au contrat de vente à réméré, nous allons prouver qu'il n'y a pas lieu de l'établir, et que si le contrat de vente à réméré peut participer plus ou moins de la nature du contrat pignoratif, il ne comporte pas le défaut qui entachait ce dernier contrat, et qui, sous l'empire des parlemens, proscrivant le prêt à intérêt, avait fini par le faire prohiber. Ce défaut c'était l'usure. Le prêt à intérêt étant taxé d'usure, sous l'empire de ces parlemens, il en résultait que le contrat pignoratif qui se trouvait par le fait renfermer le prêt à intérêt, était par suite réprouvé par les parlemens, qui n'admettaient pas cette sorte de prêt.

Qu'est-ce que le contrat pignoratif? Le Code civil n'admet pas ce contrat, il n'admet, pour servir à consolider le droit et établir un gage en faveur du créancier, que le privilége (article 2095), l'hypothèque (article 2114) et le nantissement (article 2071 et 2085), qui s'appelle antichrèse s'il est immobilier.

Le contrat pignoratif n'est donc pas reconnu sous l'empire du droit actuel, il n'était en usage que sous l'ancien droit.

« Le contrat pignoratif, dit Pothier, est un contrat « par lequel le propriétaire d'un héritage l'engage à « quelqu'un moyennant une certaine somme d'argent, « et lui accorde et à ses successeurs le droit d'en « jouir jusqu'au remboursement de la somme qu'il a « donnée, qu'il sera permis au propriétaire de faire « toutes fois et quand il voudra rentrer dans son hé- « ritage.

« Le contrat pignoratif est différent de l'antichrèse. « Celui à qui un héritage est donné à titre d'antichrèse « demeure véritablement créancier de la somme, en « compensation des intérêts de laquelle la jouissance « de cet héritage lui a été accordée, et il peut l'exiger « de son débiteur qui la lui a donnée à titre d'anti- « chrèse; au contraire, celui à qui un héritage a été « donné à titre de contrat pignoratif, n'est point « créancier de la somme qu'il a donnée à celui qui lui « a engagé son héritage; il ne peut le poursuivre pour « le paiement de cette somme, puisqu'il n'est obligé

« de la rendre qu'autant et quand il lui plaira de dé-
« gager son héritage.

« Il est aussi différent de la vente d'un héritage avec « faculté de réméré perpétuel ou limité à un certain « temps. Cette vente transfère véritablement la pro- « priété de l'héritage à l'acquéreur; le vendeur ne « conserve qu'un droit et une action pour rentrer « dans l'héritage, en rendant ce qu'il a coûté à l'ac- « quéreur; au contraire, le contrat pignoratif ne trans- « fère point la propriété de l'héritage qui demeure « toujours par devers celui qui l'a engagé. Celui à qui « il a été engagé n'en a que la possession et le droit « d'en jouir, jusqu'à ce qu'il plaise au propriétaire de « l'héritage de le dégager. »

Telle est l'opinion de Pothier, qui est favorable à notre système, puisqu'elle fait distinction de la vente à réméré d'avec le contrat pignoratif.

Cette distinction se trouve encore plus clairement établie dans l'ouvrage de Merlin, où la nature et le caractère du contrat pignoratif se trouvent développés avec une précision remarquable. Nous allons en rapporter les passages les plus saillans.

« On appelle, est-il dit, contrat pignoratif une sorte « de contrat de vente d'un héritage qu'un débiteur « passe à son créancier, avec stipulation que le ven- « deur pourra retirer l'héritage pendant un certain « temps et qu'il en jouira à titre de loyer, moyennant « une certaine somme qui est ordinairement égale aux « intérêts de la somme prêtée et pour laquelle la vente « a été faite.

« Ce contrat est appelé pignoratif, parce qu'il ne « contient qu'une vente simulée et que son véritable « objet est de donner l'héritage en gage au créancier « et de procurer à celui-ci des intérêts d'un prêt, en « le déguisant sous un autre nom. »

La définition donnée par Merlin diffère, comme on le voit, de celle donnée par Pothier; mais nous la trouvons plus exacte, quoiqu'elle ne soit pas autant en faveur de notre système; elle est d'ailleurs plus suivie par les auteurs, ainsi qu'on va le voir ci-après; et, au résumé, l'opinion de Merlin vient à l'appui de ce système, et nous l'invoquerons ci-après.

Merlin continue : « Les contrats pignoratifs diffè- « rent de la vente avec faculté de réméré et de l'anti- « chrèse, en ce que la première transmet à l'acquéreur « la possession de l'héritage, et n'est point mêlée de « la relocation; et, à l'égard de l'antichrèse, elle a « bien pour objet, comme le contrat pignoratif, de « procurer les intérêts d'un prêt, mais avec cette dif- « férence que, dans l'antichrèse, c'est le créancier qui « jouit de l'héritage pour lui tenir lieu de ses intérêts; « au lieu que, dans le contrat pignoratif, c'est le dé- « biteur qui jouit lui-même de son héritage et en paie « les loyers à son créancier pour lui tenir lieu des in- « térêts de sa créance.

« Quoique ces sortes de contrats semblent conte- « nir une vente de l'héritage, cette vente est pure- « ment fictive, tellement qu'après l'expiration du « temps stipulé pour le rachat, l'acquéreur, au lieu « de prendre possession réelle de l'héritage, proroge

« au contraire la faculté de rachat et la relocation, « ou, à la fin, lorsqu'il ne veut plus la proroger, il « fait faire un commandement au vendeur de lui payer « le principal et les arrérages, sous le nom de loyers; « et, faute de paiement, il fait saisir réellement l'hé- « ritage en vertu du contrat, ce qui prouve bien que « la vente n'est que simulée.

« Les circonstances qui servent à faire connaître si « le contrat est pignoratif, sont, 1° la relocation qui « est la principale marque d'impignoration, 2° la vi- « lité du prix, 3° *consuetudo fœnerandi*, c'est-à-dire, « lorsque l'acquéreur est connu pour usurier; la sti- « pulation de rachat peut aussi concourir à prouver « l'impignoration; mais elle ne formerait pas seule « une preuve, attendu qu'elle peut être accordée dans « une vente sérieuse. Les autres circonstances ne for- « meraient pareillement pas seules une preuve, il faut « au moins le concours des trois premières.

« D'après un arrêt de la cour d'appel de Grenoble « du 11 pluviose an XII, la vilité du prix, la faculté « de rachat et la jouissance du bien continuée au ven- « deur pendant toute la durée de cette faculté, ont « motivé la simulation d'un contrat de vente et l'ont « fait considérer comme un contrat pignoratif.

« Examinons donc d'abord si dans les lieux où s'é- « tait établie, avant la loi du 2 octobre 1789 (1) la ju- « risprudence invoquée par la cour d'appel de Gre- « noble, on eût pu, à cette époque, en faire une ap- « plication exacte aux trois faits dont il est ici ques- « tion.

(1) Qui a permis dans toute la France le prêt à intérêt.

« Quelle est l'espèce de contrat que cette jurisprudence qualifiait de contrat pignoratif, ou, ce qui « est la même chose, quels sont les cas où, par l'autorité de cette jurisprudence, un contrat de vente « était réduit aux termes d'un simple engagement?

« Écoutons là-dessus Le Camus d'Houlouve, *Traité « des intérêts*, p. 348 : Le contrat pignoratif est un « contrat par lequel le propriétaire d'un héritage, « pour se procurer les deniers dont il a besoin ou « pour s'acquitter d'une dette pour laquelle on fait « des poursuites contre lui, vend un héritage à son « prêteur ou créancier, sous la condition de pouvoir « le racheter pour le même prix, dans un certain « temps; et, après cette vente, sous faculté de rachat, « l'acquéreur loue ce même héritage à son vendeur, « pour le même temps, moyennant une somme que « celui-ci s'oblige de payer annuellement et qui est « ordinairement égale à l'intérêt du prix pour lequel « l'héritage peut être racheté. Ce contrat a été sub-« stitué, en France, à l'antichrèse qu'on n'osait plus y « pratiquer ouvertement, après qu'elle eut été prohi-« bée par le droit canonique et dans un temps où les « juges ecclésiastiques connaissaient de l'usure.

« Il a donc été constamment jugé que l'on ne *pou-« vait pas convertir* en engagement ou contrat pigno-« ratif le contrat de vente dans lequel la circonstance « de *relocation* au vendeur ne se *trouvait pas réunie* « à la faculté de rachat et à la lésion énorme dans le « prix. » Merlin ajoute :

« Ce que les arrêts ont décidé avec tant de préci-

« sion, tous les auteurs qui se sont occupés de la « matière l'ont professé unanimement.

« (Filleau, partie IV, question 89, dit que les con- « trats de vente sont vrais pignoratifs simulés lors- « que trois choses concourent, la vilité du prix de la « chose vendue, la faculté de réméré, et le bail à « louage de la chose vendue fait au vendeur par le « moyen de quoi il n'est pas dépossédé, qui est la « principale marque du contrat pignoratif.) S'il faut « que ces trois choses concourent, il est bien clair « que le contrat de vente à faculté de réméré, dans « lequel il n'y a pas de relocation au vendeur, ne « peut pas, par le seul fait de la vilité du prix, être « réputé simple engagement du contrat pignoratif.

« Et en effet comme l'observe Ferrière sur le *Traité* « *des droits de justice* de Bacquet, chapitre 21, « n° 234 (quoique la clause de réméré fasse connaî- « tre que l'intention du vendeur n'était pas d'aliéner « incommutablement, toutefois se trouvant seule « dans un contrat, les autres marques d'usure ne s'y « trouvant pas, elle ne le rend pas usuraire et pigno- « ratif; et quant à la vilité du prix, elle n'est pas de soi « suffisante pour faire déclarer un contrat pignoratif, « d'autant que le contrat subsiste si la lésion n'excède « pas la moitié de la juste valeur, étant permis aux « contractans de chercher leur avantage dans le prix « des choses vendues. Mais si la lésion passe la moitié « de la juste estimation, le vendeur peut se servir du « bénéfice de la loi 2, C. *de rescindenda venditione*).

« Gabriel, dans ses observations détachées, tome II,

« page 226, n° 6, dit également que la relocation ou « reconduction est la principale marque d'un contrat « pignoratif. Sans relocation au vendeur, ajoute-t-il « n° 8, la convention serait confirmée partout, tant « en pays de droit écrit que coutumier.)

« Même doctrine dans le traité des *Lods et ventes* « de Fondemaur n° 442 (la vilité du prix avec la « faculté de rachat, ne feraient pas seules déclarer le « contrat pignoratif).

« Louet et Brodeau disent aussi que la vilité du « prix et le pacte de rachat ne font pas présumer que « le contrat de vente sous faculté de rachat soit pi- « gnoratif, mais qu'il faut qu'outre cela l'acheteur ait « baillé à ferme la chose vendue au vendeur, ou à un « de ses proches parens, ou que le fonds ait été baillé « au vendeur à demi-fruits. »

Telle était la jurisprudence ancienne, et toutes les opinions et autorités que nous venons de rapporter ci-dessus, sont, nous le pensons, suffisantes pour nous éclairer sur le véritable caractère de l'ancien contrat pignoratif et nous démontrer qu'il ne pouvait être assimilé au contrat de vente à réméré pur et simple.

En résumant donc les opinions des divers auteurs que nous venons de citer, deux circonstances principales étaient susceptibles de faire considérer le contrat de vente a réméré comme pignoratif, la vilité du prix et la relocation ou continuation de jouissance du bien vendu en la personne du vendeur.

Modification apportée aux principes sur le contrat de vente à réméré considéré comme contrat pignoratif.

Si les deux circonstances de vilité de prix et de relocation au vendeur, faisaient considérer le contrat de vente à réméré comme contrat pignoratif, il est vrai de dire et il est incontestable que la jurisprudence d'alors ne réprouvait les contrats de vente à réméré considérés comme contrats pignoratifs, qu'en haine de l'usure, et parce que dans une très grande partie des parlemens et coutumes, et notamment le parlement de Paris, le prêt à intérêt était prohibé.

Est depuis intervenue la loi du 2 octobre 1789, qui a permis dans toute la France le prêt à intérêt et par suite a apporté un changement dans la jurisprudence sur la matière que nous traitons. Les lois sont l'expression des besoins de la société; aussi le prêt à intérêt était-il déjà toléré avant que cette loi fût rendue, dans les provinces où les lois et coutumes le prohibaient, et le parlement de Paris avait-il fini par admettre le prêt à intérêt et reconnaître la validité du contrat de vente à réméré quoique accompagné de la circonstance de relocation, et nous pouvons citer un arrêt célèbre de ce parlement, du 13 juillet 1782, qui a confirmé un contrat dans cette espèce. Cet arrêt a été rendu sur les conclusions de M. l'avocat général d'Aguesseau, qui a porté la parole dans cette cause et a observé qu'un acte n'est pas usuraire parce qu'il contient vente à faculté de réméré et relocation au vendeur : « Rien n'est plus commun, a-t-il

« dit, que ces sortes de contrats et *l'avantage* qui en « résulte pour le vendeur *est sensible*, il ne *se des-* « *saisit point* pour ainsi dire de sa chose; il en a la « culture, il en conserve la jouissance, son héritage « ne dépérit point entre ses mains, il a l'espoir d'en « redevenir propriétaire. Le fameux contrat moha- « tra si justement proscrit ne l'était pas précisément « par la raison qu'un particulier achetait une chose à « crédit et qu'il la revendait au premier vendeur « pour argent comptant; il était réprouvé parce que « la revente était faite à un moindre prix que la vente, « et que l'usure était frappante malgré la ruse dont « on se servait pour la cacher. Il ne s'agit donc que « de savoir dans l'espèce si la location au vendeur est « usuraire. Quatorze arpens ont été vendus et payés « comptant 1400 livres et la location est faite moyen- « nant 14 setiers de blé par an. Si l'acquéreur eût « fait cette location à une autre personne qu'au ven- « deur et que le locataire la trouvât excessive, quelle « voie aurait-il à prendre? pourrait-il dire la location « est usuraire? Non, il ne pourrait se plaindre que du « dol et de la fraude.» Merlin ajoute :

« Le parlement de Paris, c'est-à-dire le premier « tribunal de France qui eût imaginé en France de « travestir en contrats pignoratifs les actes de vente « qui renfermaient les circonstances dont nous par- « lons, à néanmoins jugé que la vente dont il s'agis- « sait était valable et devait être exécutée comme « telle, par la seule raison qu'il n'y avait point d'u- « sure, comme en effet il ne pouvait pas y en avoir,

« attendu que 14 setiers de blé, ne valant année « commune que 140 livres, n'élevaient pas à beau- « coup près à un taux excessif l'intérêt habituel, « quoique non encore légal à cette époque, d'un capi- « tal de 1400 livres. »

La cour de cassation adopta cette jurisprudence, et Merlin, procureur général près cette cour, en attaquant l'arrêt précité de la cour royale de Grenoble, du 11 pluviose an 12, disait à la cour : « Aussi, Mes- « sieurs, depuis que la loi du 2 octobre 1789 a permis « dans toute la France le prêt à intérêt, depuis que « par là elle a rendu commune à toutes les parties du « territoire Français la jurisprudence que le ci-de- « vant parlement de Grenoble s'était faite sur cette « matière, vous avez constamment jugé que le con- « trat de vente à réméré, *avec relocation au vendeur*, « ne pouvait plus être exécuté que comme contrat « de vente proprement dit; vous avez constamment « jugé que ce contrat ne pouvant plus être suspecté « de servir de voile à des intérêts illicites, on devait « partout le regarder comme sincère, on devait par- « tout le dégager des fictions, des présomptions de « fraude que l'ancienne jurisprudence de quelques « parlemens en avait fait naître. »

Telles étaient les paroles du procureur général de la cour de cassation, et, par arrêt de cette cour du 16 juin 1806, celui précité de la cour de Grenoble a été cassé.

Cette jurisprudence a encore été consacrée par deux autres arrêts de la cour suprême des 6 frimaire an 8 et 22 nivose an 9.

Cette cour est-elle revenue sur cette jurisprudence depuis? Nous ne le pensons pas : et si par deux arrêts, l'un en date du 18 janvier 1814 et l'autre du 3 mars 1825, elle a annulé deux contrats de vente à réméré comme étant simulés et ne pouvant être considérés que comme des contrats pignoratifs, c'est parce qu'il résultait évidemment de ces actes usure et vilité de prix. Deux autres arrêts, l'un de la cour royale de Bordeaux du 19 avril 1828, et l'autre de la cour royale de Paris du 15 décembre 1823, ont été rendus dans le même sens et par les mêmes motifs. On ne voit pas d'ailleurs qu'il puisse en exister d'autres, ni pourquoi sans ces vices radicaux le contrat de vente à réméré, quoique accompagné de la clause de relocation au vendeur, pourrait être annulé. En effet le taux de l'intérêt de l'argent ayant été fixé par la loi de septembre 1807, peut-il venir à l'appui du principe contraire? on répond à cela que le taux de l'intérêt avait été également fixé par la loi du 2 octobre 1789 et d'autres postérieures. Enfin nous faisons observer que sous l'empire des parlemens et coutumes le contrat de vente à réméré accompagné des deux circonstances de relocation et vilité de prix n'était, comme nous l'avons dit déjà, assimilé au contrat pignoratif qu'en haine de l'usure et par suite de la contravention indirecte qui en résultait aux lois prohibitives du prêt à intérêt; c'est ce qui est bien positivement démontré par l'arrêt remarquable du parlement de Paris que nous venons de rapporter ci-dessus. Lorsque donc l'usure n'existe pas et puisque le prêt à intérêt se trouve maintenant permis, on ne voit pas pourquoi la jurisprudence actuelle serait plus sévère que celle de ces parlemens et coutumes à l'égard de ce contrat. Serait-ce parce que, d'après l'article 1156 du Code civil, on doit dans les conventions rechercher quelle a été la commune intention des parties contractantes, plutôt que de s'arrêter au sens littéral des termes? mais nous répondons à cela que sous l'empire des parlemens on admettait la loi romaine : *meliùs videre quod agitur, quam quod simulate concipitur.*

Tout ce que nous venons de dire nous porte donc à conclure que l'acte de vente a réméré doit être maintenu et validé, quoiqu'au fond ce soit seulement un contrat de prêt, si d'ailleurs il n'en résulte ni usure, ni vilité de prix, bien qu'il se trouve accompagné de la circonstance de relocation par l'acquéreur au vendeur, et à plus forte raison lorsqu'il ne comporte pas cette circonstance.

De l'emploi du contrat de vente à réméré comme remplaçant l'ancien contrat pignoratif.

La vente à réméré peut-elle être employée pour consolider le prêt à intérêt, et lorsqu'il est prouvé que cette vente n'est au fond qu'un prêt réel, le contrat est-il susceptible d'être annulé quoique de l'acte et des circonstances qui l'accompagnent il n'y a ni usure, ni vilité de prix?

Nous avons tout à l'heure prouvé que le parlement de Paris avait fini par adopter et que la cour de cassation adopta dès le principe une jurisprudence qui fit admettre le contrat dans l'espèce dont nous parlons ; et tout ce que nous avons dit déjà suffit pour faire admettre ce principe.

Néanmoins ce principe juste et infiniment juste n'a pas été depuis assez explicitement consacré ni positivement adopté par les cours et tribunaux, qui en condamnant l'usure et la vilité du prix dans cette nature de contrat lorsqu'elles s'y sont rencontrées auraient dû reconnaître son bien et son utilité, et par suite consacrer sa validité lorsqu'elles ne s'y rencontrent pas. Cette validité cependant, dans cette dernière espèce, espèce pure de toute fraude, n'a point été jusqu'à présent contestée par eux, et si jamais elle l'était on serait en droit de leur reprocher de ne point satisfaire aux lois qui, comme nous l'avons dit, sont l'expression des besoins de la société, en leur démontrant que le contrat ainsi réprouvé par eux est peut-être le seul à employer pour réaliser le prêt avec sécurité dans bien des circonstances.

Aujourd'hui que le prêt à intérêt est permis, quelles seraient les conséquences pour les parties qui auraient stipulé une vente à réméré accompagnée des circonstances que nous venons de signaler. Enfin quelle serait la position du tiers après avoir acquis de son débiteur et s'être fait consentir par lui une vente avec réserve de réméré et continuation de jouissance de la part de ce dernier ; le contrat de vente doit-il se trouver par suite annulé ? Quelle serait la nature du droit qu'il aurait à exercer pour raison de sa créance, si l'annulation de ce contrat était prononcée? ne pourrait-on pas dire, s'il en était ainsi décidé, qu'il n'existe en sa faveur ni hypothèque, elle n'a point été stipulée; ni privilége, il est acquéreur; ni antichrèse, la jouissance qui résulte de la stipulation d'une antichrèse ayant au contraire été stipulée en faveur de son débiteur? pour lui, un seul droit ne paraîtrait-il pas rester; l'action personnelle contre le débiteur pour raison de la restitution du prix ou de la somme qu'il a avancée? sa créance n'est-elle plus que chirographaire, et n'a-t-il plus, pour raison de cette créance, de cause de préférence sur l'immeuble? Enfin pour le cas d'invalidité du contrat quelle sera la durée du temps de l'action en nullité ou rescision?

Toutes ces objections, qui ne pourraient reposer sur des argumens fondés, ne sont pas susceptibles d'entraver le système que nous voulons proposer sous le présent chapitre; mais comme, par motif de prudence, elles peuvent y faire apporter une modification, nous avons approfondi la question, et, dans le but de la résoudre sous tous ses rapports, nous la présentons sous toutes les formes et conséquences qui peuvent lui être attribuées. On ne pourra pas nous reprocher que nous avons cherché à éviter les difficultés; il est au contraire facile de voir que nous les abordons franchement et les recherchons plutôt, afin de mieux convaincre, si nous parvenons à les résoudre. Dans ce but nous posons les hypothèses suivantes :

I HYPOTHÈSE.

« Le contrat dont nous venons de parler, c'est-à-

« dire celui contenant vente à réméré, avec relocation « au vendeur du bien qui en fait l'objet, sera-t-il « maintenu ? »

Nous avons prouvé plus haut que, même sous l'ancienne jurisprudence, et depuis que le prêt à intérêt a été autorisé, par l'introduction de la loi du 2 octobre 1789, le contrat à réméré, dans cette espèce, était maintenu et validé; à plus forte raison doit-il l'être sous l'empire du Code civil, qui permet explicitement le prêt à intérêt, en même temps que la vente à réméré. Le prêt introduit de cette manière est un véritable alliage de ces deux contrats, et ce contrat mixte ne nous paraît pas susceptible d'être réprouvé lorsqu'il n'est pas accompagné des circonstances d'usure ou de vilité de prix, enfin lorsqu'il n'est pas entaché des vices radicaux qui produisent la nullité des contrats en général. Le contrat ici, ayant une cause légitime, doit être exécuté, n'importe la cause, pourvu que cette cause ne soit pas réprouvée par les lois, et si les tribunaux jugent qu'une donation faite sous la forme d'un contrat de vente doit être exécutée lorsque la portion des héritiers à réserve ne s'en trouve pas entamée, on demande s'il n'en doit pas être de même à l'égard d'une vente à réméré ayant pour cause et principe le prêt à intérêt. Si, aux termes de l'article 1132, la convention n'est pas moins valable, quoique la cause ne soit pas exprimée, on doit en conclure que l'obligation est valable quoique la cause exprimée soit fausse, pourvu qu'il existe une autre cause légitime. Cette jurisprudence a été consacrée par plusieurs arrêts de la cour de cassation.

Enfin, tout ce que nous venons de dire porte à décider que le contrat de vente à réméré, avec relocation au vendeur du bien qui en fait l'objet, doit être maintenu sous l'empire du Code civil, tant que le prêt à intérêt sera autorisé, et tant que le bénéfice annuel qui en résultera pour l'acquéreur ne pourra pas être considéré comme usuraire, c'est-à-dire comme dépassant l'intérêt conventionnel fixé par la loi.

2e HYPOTHÈSE.

« Si le contrat dont nous parlons venait à être annulé, comme étant assimilé au contrat pignoratif, « soit uniquement parce qu'il est accompagné de la « clause de relocation au vendeur, soit encore parce « qu'il peut être considéré comme usuraire, par suite « des circonstances, qu'en résultera-t-il pour l'acqué-« reur ou créancier ? »

Nous ne voyons pas pourquoi le créancier en ce cas serait dans une position plus désavantageuse que l'acquéreur, contre lequel l'action en rescision par suite de lésion est exercée, et qui, d'après la disposition de l'article 1681 du Code civil, a le droit de retirer le prix en rendant l'immeuble. Cette jurisprudence nous paraît d'ailleurs consacrée par un arrêt de la cour de Montpellier du 25 août 1829, et par un autre de la cour d'Aix du 10 août 1809, confirmé par un arrêt de la cour de cassation du 22 mars 1810.

La lésion dans le contrat donnera lieu aux mêmes conséquences, et s'il est résolu seulement par suite d'usure reconnue, le créancier sera tenu d'imputer sur le principal ce qu'il sera considéré avoir perçu en trop sur les revenus de l'immeuble, et qui ne sera pas susceptible d'être compensé avec les intérêts.

3e HYPOTHÈSE.

« S'il y avait lieu à rescision du contrat, soit par « suite de simulation d'impignoration, soit par suite « d'usure ou lésion, quelle serait la durée du temps « pendant lequel le créancier ou acquéreur à titre de « réméré, serait soumis à l'action en rescision ? »

A cela nous répondons :

Ou l'action contre l'acquéreur résultera de la lésion ; en ce cas, d'après l'article 2176 du Code civil, la demande ne sera plus recevable après l'expiration de deux années, à compter du jour de la vente. D'après le même article, ce délai court contre les femmes mariées, les absens, les interdits et les mineurs venant du chef d'un majeur qui a vendu. Il court aussi et n'est pas suspendu pendant la durée du temps stipulé pour le pacte de rachat.

Ou l'action résultera des autres moyens et motifs ci-dessus énoncés.

En ce dernier cas, nous disons qu'il y a lieu d'appliquer l'article 1304 du Code civil, qui porte que dans tous les cas où l'action en nullité ou en rescision d'une convention n'est pas limitée à un moindre temps par une loi particulière, cette action dure dix ans. La loi ne dit point textuellement à compter de quelle époque. Mais il y a lieu de dire que c'est aussi à compter du jour de la vente comme et ainsi qu'il est textuellement prononcé à l'égard de l'action par suite de lésion, avec laquelle il y a analogie parfaite. C'est aussi l'opinion de Toullier, qui ajoute que si le délai fixé pour exercer l'action en restitution est une prescription, c'est une prescription d'une nature particulière, essentiellement différente de la prescription par dix et vingt ans dont parlent le droit romain et les art. 2265 et suivans du Code civil. Dans celle-ci, le titre qui sert de fondement à la prescription est émané à non *domino*; ce n'est point un titre relativement au véritable propriétaire, c'est à son égard une chose passée entre des tiers, dont le plus ordinairement il ne peut avoir aucune connaissance. Il n'a donc pas besoin d'attaquer ce titre ni de le faire annuler. Au contraire, dans l'action en nullité ou en rescision, le titre est émané du véritable propriétaire, qui par conséquent n'en peut raisonnablement ignorer l'existence.

Si ce titre est nul, s'il est infecté d'un vice qui le soumette à la rescision, celui qui y était partie ne peut encore raisonnablement l'ignorer. Cette ignorance du moins ne saurait être supposée. En un mot, il est dans la nécessité d'attaquer ce titre et de le détruire. La prescription de l'action en restitution est donc essentiellement différente de la prescription par dix ou vingt ans, c'est une prescription qui a un objet particulier et à laquelle il ne faut pas appliquer les règles établies pour les règles ordinaires. Le Code a pris soin de nous en avertir dans l'article 2264, qui porte : que les règles de la prescription sur d'autres objets que ceux mentionnés dans le titre des prescriptions sont expliquées dans les titres qui leur sont propres.

Mais il est important d'observer que dans l'un comme dans l'autre des deux cas ci-dessus prévus, ce n'est que l'action qui se trouve limitée et temporaire, tandis que dans ces deux cas l'exception est perpétuelle et peut en tout temps être opposée par le vendeur, s'il est resté en possession et jouissance de l'immeuble par lui vendu à réméré. «Le Code (dit Toullier) a rejeté, et avec raison, la disposition de l'ordonnance de 1539, qui paraissait borner à dix années l'exception. Il faut bien remarquer que ce n'est que l'action dont la durée est limitée à dix années; l'exception est perpétuelle. Supposons que j'aie consenti à Caïus un billet de 3,000 francs par violence ou dol; il laisse écouler dix ans sans former sa demande; je suis fondé à lui opposer l'exception de dol ou de crainte, et à conclure que le billet soit rescindé et annulé. Supposons encore qu'une femme ait vendu son bien sans autorisation; si l'acquéreur a possédé pendant dix ans, depuis la mort du mari, la femme est irrévocablement déchue de l'action en nullité; mais si elle est demeurée en possession, si le contrat n'a pas eu d'exécution, elle pourra perpétuellement se prévaloir de la nullité de l'acte pour conserver la chose aliénée. Aucun laps de temps ne peut empêcher celui contre qui l'on forme une demande fondée sur un titre de soutenir qu'il est nul et de conclure à ce qu'il soit rescindé ou annulé. Ceci s'applique à tous les cas de rescision, pour quelque cause que ce soit. Il paraît même que la disposition de l'ordonnance de 1539, qui limitait à dix ans après la majorité la durée de l'exception, n'a jamais été suivie sur ce point; Dumoulin l'avait justement mais sévèrement censurée, *in hoc iniqua est constitutio*, dit-il; la maxime constante et reçue depuis long-temps est donc que, si l'action en nullité ou en rescision est temporaire et limitée, l'exception est perpétuelle. C'est le sens de la règle qui dit : *quæ temporaria sunt ad agendum, sunt perpetua ad excipiendum*, ou comme disent quelques auteurs : *tant dure la demande, tant dure l'exception.* Cette règle, dit Bretonnier, est triviale au palais. »

De tout ce que nous venons de dire ci-dessus, il résulte que le temps ci-dessus limité pour la durée de l'action en nullité ou rescision contre l'acquéreur à réméré, court, il est vrai, au profit de ce dernier à compter du jour de la vente, mais qu'il ne peut faire valoir ce laps de temps qu'autant qu'il se trouve en possession de l'immeuble qui en fait l'objet. En résumé, s'il est défendeur à l'action en rescision et en même temps possesseur de l'immeuble, le laps de temps voulu par la loi lui profitera, s'il est accompli. Il sera au contraire déchu de ce bénéfice, s'il est demandeur contre son vendeur encore en possession.

Résumé sur l'emploi du contrat de vente à réméré.

Tous les développemens que nous venons de donner sur la jurisprudence actuelle et celle ancienne à l'égard du contrat de vente à réméré, comme étant susceptible de remplacer l'ancien contrat pignoratif, nous amènent à conclure que le contrat de vente à réméré, quoique renfermant des circonstances du contrat pignoratif, ne peut y être assimilé que quant aux effets, et pour cela n'est pas susceptible d'être annulé, s'il ne contient ni usure ni vilité de prix ; que par suite la relocation au vendeur ne serait pas suffisante et concluante pour faire prononcer l'annulation.

Tout cela nous conduit encore à proposer deux modes distincts pour la vente à réméré : le premier qui contiendra la vente pure et simple, avec la seule réserve de réméré en faveur du vendeur; le deuxième, qui, en contenant cette vente avec cette réserve, contiendra encore la relocation par l'acquéreur au vendeur de l'immeuble faisant partie de cette vente. Nous ne désapprouvons pas et ne déconseillons pas ce dernier mode, lorsque les circonstances l'exigeront, et nous reconnaissons au contraire tous les avantages qui en résultent pour le vendeur, qui, lorsqu'il est en possession de sa propre chose, l'objet de la vente, ne se la voit pas ôter des mains, en conserve la jouissance en même temps que l'espoir d'en ressaisir la propriété avec le temps; mais nous disons seulement que, lorsque ces circonstances n'existent pas et ne l'exigent pas, il est plus à propos d'adopter le premier mode qui ne fait courir à l'acquéreur ou créancier aucune chance de contestations que nous regardons comme n'étant point fondées, mais qui cependant peuvent survenir par suite du second mode. Nous observons même à cet égard que nous venons de procurer tous les élémens suffisans pour combattre et repousser ces contestations, lorsqu'il ne résulte du contrat ni usure, ni vilité de prix, et qu'en définitive, si l'issue en devenait défavorable au bailleur de fonds, il ne peut en résulter contre lui que la conséquence suivante, celle de faire donner au contrat de vente à réméré la similitude du contrat pignoratif, et par suite l'assujétissement à l'action en rescision ou nullité du contrat, pendant un laps de temps assez considérable, celui de dix ans, soumis du reste à la condition de possession dont nous venons de parler ci-dessus. Mais alors le bailleur de fonds sera en droit d'exiger la restitution du prix, ainsi que nous l'avons démontré précédemment.

Quant au vice d'usure qui est susceptible d'être opposé dans l'un comme dans l'autre mode, nous observons qu'il est fort facile de l'éviter : le moyen le plus infaillible et le plus simple c'est de ne pas l'exercer, c'est ôter par suite tous moyens et élémens à la chicane. A cela on pourra nous dire que les circonstances peuvent se trouver telles qu'elles puissent donner lieu à l'apparence d'usure, sans que les parties aient voulu s'y prêter. Nous allons démontrer que ces circonstances peuvent être surmontées, par un exemple que nous allons poser dans un des cas qui peuvent le plus souvent se rencontrer. Nous supposons une maison de valeur de 100,000 francs, louée 6,000 francs par an, vendue à réméré, moyennant 80,000 francs ; cette somme, au taux d'intérêt conventionnel établi par la loi, cinq pour cent, ne devrait produire que 4,000 francs; si donc l'acquéreur à réméré était mis en jouissance de la totalité des loyers, nous conviendrions que le contrat serait entaché d'usure et par suite soumis à l'action en nullité ou rescision. Mais, dans cette circonstance, nous sommes d'avis qu'il ne soit attribué à l'acquéreur ou bailleur de fonds, dans le montant annuel des loyers, jusqu'à l'expiration du terme du réméré, que jusqu'à concurrence de 4,000, représentant l'intérêt à cinq pour cent du capital, pour le surplus être applicable, d'abord aux contributions de l'immeuble, ensuite aux réparations en tous genres de cet immeuble, enfin le restant, s'il y en a, revenir et appartenir au vendeur. Ce mode, aussi simple que fructueux, ôte, comme on le voit, toute apparence d'usure et par suite tout élément et moyen de chicane.

A l'égard de la vilité de prix, ce vice radical, qui peut également être opposé dans l'un comme dans l'autre mode, il peut aussi être facilement écarté, et la loi donne une assez grande latitude à cet égard. En effet, comme nous l'avons déjà dit précédemment, pour déterminer le degré de vilité de prix suffisant pour entacher la vente, il faut se reporter à l'art. 1674 du Code civil, applicable à la vente pure et simple, et cet article porte que, si le vendeur a été lésé de plus de sept douzièmes dans le prix d'un immeuble, il a le droit de demander la rescision de la vente, quand même il aurait expressément renoncé dans le contrat à la faculté de demander cette rescision et qu'il aurait déclaré donner la plus-value. D'après l'article 1675, pour savoir s'il y a lésion de plus de sept douzièmes, il faut estimer l'immeuble suivant son état et sa valeur au moment de la vente. Quoique, d'après l'art. 1674, la marge pour opérer la lésion soit grande, nous ne conseillons cependant pas aux parties d'en faire usage dans toute son extension, par deux motifs : le premier et le principal, parce qu'il doit répugner à la bonne foi de rester propriétaire du bien de son débiteur, pour près de la moitié de la valeur de ce bien, ce que la loi tolère cependant, ainsi qu'on le voit, mais par des motifs d'ordre et de considérations générales en matière de vente ; le second, que la sanction ou validité du contrat, s'il vient à être attaqué, étant soumise à la décision et au libre arbitre des juges, ils se trouvent prédisposés à réprouver l'acte et en prononcer la nullité, s'il en résulte un gain énorme pour l'une des parties. Ce gain, quoique toléré par la loi, peut être taxé de fraude à leurs yeux ; et, s'ils ne peuvent l'attaquer ouvertement avec la loi, il est en leur pouvoir d'anéantir ses effets en déclarant l'acte usuraire de fait.

Ceci va nous donner lieu à établir plusieurs modes de rédaction de contrats de ventes à réméré.

Formules de contrats de ventes a réméré.

PREMIE MODE.

N° 1. FORMULE DE VENTE A RÉMÉRÉ PURE ET SIMPLE.

Pardevant M^{e}.... et son confrère, notaires à...., soussignés,

Furent présens,

M. Claude-Pierre Thomas, propriétaire, et dame Constance Deschamps, son épouse, qu'il autorise, demeurant à.....,

mariés sous le régime dotal, ou sous celui de la communauté, suivant qu'il appert, etc. etc.;

Lesquels ont par ces présentes vendu, sous la garantie solidaire de tous troubles, dettes et empêchemens quelconques, et encore sous la réserve de réméré, ci-après stipulée,

à M. Eugène Lallemand, négociant, demeurant à...,

à ce présent et acceptant,

une maison située à....., rue....., composée de....,etc., etc.,

ainsi que ladite maison et dépendances se poursuivent et comportent, sans par les vendeurs en rien excepter ni réserver et comme et ainsi qu'elles se trouvent.

Lesdits vendeurs sont propriétaires de ladite maison du chef de ladite dame Thomas, tant en qualité d'héritière pour moitié du sieur Pierre Deschamps, son père, ainsi qu'il est constaté par l'intitulé de l'inventaire fait, après son décès, par M^e..., le..., que comme lui ayant été attribuée par l'acte de liquidation en partage de la succession dudit feu sieur Deschamps, passé devant le même notaire, le...; ce partage a été fait à la charge d'une soulte de 20,000 fr. par ladite femme Thomas envers la demoiselle Constance Deschamps, sa sœur et cohéritière, célibataire majeure, de laquelle somme lesdits sieur et dame Thomas se sont libérés, ainsi qu'il résulte de la quittance qui leur en a été donnée par cette dernière, suivant acte passé devant ledit M^e..., notaire, le....

Ledit feu Sr Deschamps était propriétaire de ladite maison, comme.... etc. etc. (Remonter l'origine de la propriété jusqu'à trente ans au moins; et, si les vendeurs sont mariés sous le régime dotal, faire ressortir que l'immeuble vendu ne s'en trouve pas frappé, par une analyse à cet égard du contrat de mariage.)

Ladite maison et dépendances sont louées, savoir: 1° une partie au sieur Jacques Michel, négociant, moyennant la somme de 3,000 francs; 2° une autre partie au sieur Etienne Pourra, marchand épicier, moyennant la somme de 2,000 francs; 3° une autre partie au sieur François Dumont, moyennant la somme de 1,200 francs; 4° et tout le surplus au sieur Etienne Villemer, moyennant 800 francs, le tout de loyer annuel, sans charge d'impôts et ainsi que d'ailleurs il en a été justifié par lesdits vendeurs audit acquéreur qui le reconnaît, par la remise en ses mains des grosses des baux, constatant lesdites locations et ci-après énoncés, savoir: celui fait au sieur..., etc. (énoncer ici tous les baux).

Pour par ledit acquéreur faire et disposer de ladite maison et dépendances comme de chose lui appartenante, au moyen des présentes, à compter de ce jour et commencer à en jouir par la perception des loyers, à compter du 1er avril dernier.

Il est cependant convenu que, jusqu'à l'expiration du terme ci-après fixé pour l'exercice du réméré ci-après stipulé, il ne lui reviendra personnellement, dans le montant annuel des loyers, que jusqu'à concurrence de...., et que le surplus desdits loyers sera employé d'abord à l'acquit des contributions de ladite maison, ensuite aux réparations en tous genres qui deviendront nécessaires, et enfin le surplus, si surplus il y a, reviendra et appartiendra aux vendeurs. Néanmoins, ledit acquéreur aura le droit de toucher et recevoir l'intégralité desdits loyers, sauf à en rendre compte auxdits vendeurs, si ces derniers viennent à exercer le réméré ci-après stipulé, dans le délai ci-après fixé.

Cette vente est faite aux charges et conditions ci-après énoncées que ledit acquéreur promet et s'oblige d'exécuter et accomplir en leur entier, à peine de toutes pertes, dépens, dommages et intérêts, savoir :

1° De payer, à compter du 1er avril dernier, les contributions de toutes natures desdits biens ;

2° D'exécuter les locations ci-dessus énoncées, de se conformer à cet égard aux conventions, lois et usages, et de faire en sorte que, pour raison de ce, lesdits vendeurs ne soient aucunement inquiétés, poursuivis ni recherchés ;

3° De souffrir et supporter les servitudes passives valablement établies, comme il profitera de celles actives, pourvu que les unes et les autres servitudes soient fondées en titres valables et non prescrites.

Et en outre cette vente est faite moyennant la somme de..... francs que ledit acquéreur promet et s'oblige payer auxdits vendeurs ou à leurs créanciers inscrits, dans quatre mois de ce jour, avec l'intérêt, à raison de cinq pour cent sans retenue, à compter dudit jour 1er avril dernier, le tout en espèces métalliques d'or ou d'argent ayant cours, aux titres et poids actuels de la monnaie de Paris, et non autrement, à peine de résolution de la présente vente.

Il est fait en conséquence toute réserve de privilége au profit desdits vendeurs contre ledit acquéreur pour raison dudit prix en principal et intérêts.

Sous ladite réserve de privilége et encore celle de réméré, lesdits vendeurs ont mis et subrogé ledit acquéreur dans tous les droits de propriété qu'ils ont sur ladite maison, voulant que ledit acquéreur en soit saisi et en possession en leur lieu et place.

Et, à l'appui de ladite subrogation, lesdits vendeurs s'obligent de remettre audit acquéreur, lors du paiement du prix de la présente vente, toutes les pièces et titres justificatifs de la propriété des biens présentement vendus.

Ledit acquéreur remplira, d'ici à quatre mois de ce jour, les formalités prescrites pour purger les hypothèques de toute nature pouvant grever les biens présentement vendus.

Si, à l'accomplissement desdites formalités, il y a ou survient des inscriptions, lesdits vendeurs s'obligent, sous ladite solidarité, d'en rapporter à leurs frais audit acquéreur les mainlevées à l'instant du paiement du prix de la présente vente, comme aussi de garantir et indemniser ledit acquéreur de tous frais et événemens auxquels donneraient lieu lesdites inscriptions et de faire en sorte qu'il ne soit tenu que de simples frais de transcription sans charge d'inscriptions.

Lesdits vendeurs font expressément réserve du droit et faculté d'exercer le rachat ou réméré à l'égard des biens présentement vendus, d'ici à cinq ans de ce jour, et par suite de rentrer dans la pleine propriété, possession et jouissance desdits biens d'ici à ladite époque, passée laquelle, sans que ledit réméré ait été exercé, ledit acquéreur sera et demeurera propriétaire incommutable de ladite maison.

Du reste, il est et demeure convenu que lesdits vendeurs ne pourront faire usage de ladite réserve et exercer ledit réméré avant. . .années de ce jour. En l'exerçant ils seront tenus de se conformer à l'art. 1673 du Code civil, en remboursant non-seulement le prix principal, mais encore les frais et loyaux coûts de la présente vente, ainsi que les réparations nécessaires qui auront été faites par ledit acquéreur. Il n'en sera pas de même à l'égard de celles qui, n'étant point nécessaires, n'auront fait qu'augmenter la valeur du fonds. Ledit acquéreur ne pourra exiger des vendeurs le remboursement des dépenses de cette dernière nature, dont ces derniers profiteront sans être tenus à aucune indemnité envers ledit acquéreur. Ils seront en outre tenus d'exécuter les baux et locations que ledit acquéreur se trouverait avoir passés et contractés de bonne foi et sans fraude, et généralement tous les actes d'administration et de bon père de famille. Ledit acquéreur sera assimilé à l'usufruitier pour la capacité qui lui est par ces présentes conférée relativement à ces actes, avec cette modification, relativement aux baux et locations, qu'ils seront valables vis-à-vis desdits vendeurs, quel que soit l'intervalle de temps qui se trouve entre la passation desdits baux ou locations et l'époque de l'exercice dudit réméré, et quoique lesdits baux ne soient pas enregistrés, pourvu toutefois que les locataires se trouvent en possession et jouissance avant ladite époque, ou que ne l'étant pas encore, lesdits baux soient enregistrés. Du reste, ces baux et locations ne pourront pas être de plus de... années, et leur exécution devra commencer dans l'année (ou dans les.... ans) du jour de leur passation.

Dans le cas où l'exercice du réméré aurait lieu avant le terme ci-fixé et où ladite maison ou une partie se trouverait occupée par ledit sieur acquéreur, alors et audit cas lesdits vendeurs seront tenus de suivre et observer l'usage à l'égard des locataires, pour l'en faire sortir. Le prix de la location sera déterminé à l'amiable, sinon à dire d'experts et tiers experts respectivement choisis.

Les frais et honoraires des présentes seront payés et acquittés par lesdits vendeurs.

Et pour l'exécution des présentes les parties élisent domicile, savoir : les vendeurs... et l'acquéreur...

Clause à l'égard des biens ruraux lorsqu'ils font l'objet de la vente.

Lesdits vendeurs venant à exercer le réméré avant le terme ci-dessus fixé et ledit acquéreur se trouvant personnellement en jouissance des biens qui font l'objet de la vente ci-dessus, alors et audit cas lesdits vendeurs seront tenus d'observer l'usage suivi à l'égard des locataires, pour lui faire quitter cette jouissance, et le prix de la location sera déterminé amiablement, sinon à dire d'experts et tiers experts respectivement choisis (ou est et demeure fixé audit cas, à raison de. . . par an); il est en conséquence modifié et dérogé quant à ce aux règles et usages sur l'usufruit, et lesdits vendeurs ne pourront prétendre par suite à profiter des labours, semences et récoltes sur pied existant à l'époque de l'exercice dudit réméré.

Clause concernant les bois. — Mode de jouissance à leur égard.

Les coupes de bois seront vendues aux enchères devant notaire, à la requête dudit acquéreur, après affiches dûment apposées, et on observera l'aménagement des bois, dans la vente desdites coupes, ainsi que les usages et réglemens pour les réserves qui en seront à faire.

N° 2. AUTRE FORMULE DE VENTE A RÉMÉRÉ PURE ET SIMPLE.

Pardevant M^e^. . . et son confrère, notaires à. . . , soussignés;

Furent présens

le sieur. . .et la dame. . . son épouse qu'il autorise, demeurant. . . . (*Voir, pour la suite, le n° 1.*)

Lesquels ont par ces présentes vendu, cédé et abandonné, promis et se sont obligés solidairement garantir de tous troubles, dettes et empêchemens quelconques et encore sous la réserve de réméré ci-après stipulée.

Au sieur....

Le quart indivis dans les biens immeubles ci-après désignés dont les vendeurs resteront propriétaires pour les trois quarts, lesquels immeubles se composent d'une maison située à .... rue .... etc., etc., etc., (*désigner ici la maison et ses dépendances*).

Lesdits vendeurs sont propriétaires de ladite maison et dépendances.

(*Etablir ici l'origine de la propriété et la remonter jusqu'à* 30 *ans au moins.*)

Pour par ledit acquéreur faire et disposer dudit quart indivis, comme de chose lui appartenant au moyen des présentes à compter de ce jour et commencer à en jouir par la perception des loyers à compter du 1er juillet prochain.

Il est ici observé et déclaré que ladite maison est louée, savoir : une partie au sieur .... moyennant deux mille francs de loyer annuel pour .... années, à compter du .... et le surplus au sieur .... moyennant quatre mille francs également de loyer annuel pour .... années à compter du ....

Les parties conviennent que sur le montant annuel desdits loyers il en sera partagé jusqu'à concurrence de .... entre elles, dans la proportion de leurs droits, et que le surplus sera employé d'abord à l'acquit des contributions de toute nature de ladite maison, ensuite aux réparations en tout genre qui deviendront nécessaires, et enfin le surplus, si surplus il y a, à des améliorations utiles à l'immeuble.

Cette vente est faite aux charges et conditions ci-après énoncées, que ledit acquéreur s'oblige d'exécuter et accomplir en leur entier à peine de toutes pertes, dépens, dommages et intérêts, savoir :

Premièrement, d'exécuter en ce qui le concerne, les locations dont est ci-devant parlé, et de faire ensorte que pour raison de ce lesdits vendeurs ne soient aucunement inquiétés, poursuivis, ni recherchés ;

Deuxièmement, de souffrir et supporter les servitudes passives auxquelles ladite maison et dépendances sont ou peuvent être assujéties, comme il profitera de celles actives, pourvu que les unes et les autres servitudes soient fondées en titres valables et non prescrites ;

Troisièmement, de participer à compter dudit jour, premier juillet prochain, à l'acquit des contributions de toute nature auxquelles ladite maison est et sera imposée.

En outre ladite vente est faite moyennant la somme de .... de prix principal que ledit acquéreur promet et s'oblige de payer auxdits vendeurs ou à leurs créanciers inscrits, ou enfin au porteur de leurs pouvoirs et de la grosse des présentes, dans quatre mois de ce jour, avec l'intérêt à raison de cinq pour cent sans retenue à compter dudit jour premier juillet prochain, le tout en espèces métalliques d'or ou d'argent ayant cours aux titres et poids actuels de la monnaie de Paris et non autrement, nonobstant toutes lois et ordonnances à ce contraires.

(*Pour la suite voir la formule n° 1, jusqu'à la clause de réméré inclusivement.*)

(*A insérer avant la clôture*).

Par ces mêmes présentes les parties donnent pouvoir à M. . . . . . de, pour elles et en leurs noms respectifs, gérer et administrer activement et passivement la maison et dépendances faisant l'objet de la vente ci-dessus; en conséquence toucher et recevoir tous loyers échus et à échoir, faire faire toutes réparations, employer à cet effet tous ouvriers et fournisseurs, faire avec eux tous marchés et conventions, régler ou faire régler leurs mémoires, en payer et acquitter le montant, faire et passer toutes locations verbales ou même par écrit, mais dont la durée ne pourra excéder . . . . années, passer et renouveler toutes assurances contre l'incendie.

De toutes sommes reçues ou payées pièces remises, ou délivrées, donner ou retirer toutes quittances et décharges valables, consentir toutes mentions et subrogations sans garantie.

A défaut de paiement, ou en cas de contestations faire toutes poursuites, contraintes et diligences nécessaires, obtenir, lever et faire exécuter tous jugemens, etc., etc., etc. (*Suite des pouvoirs ad lites.*)

Dans le cas où le mandat ci-dessus conféré audit sieur . . . . viendrait à cesser, par une cause quelconque, avant que l'indivision ait cessé entre les parties, alors et audit cas lesdites parties s'entendront sur la nomination d'une autre personne pour lui conférer les mêmes pouvoirs et reprendre cette gestion; et si elles ne s'entendaient pas sur la personne, la nomination en serait faite par le juge de paix du lieu de la situation de l'immeuble.

Lesdites parties conviennent encore de rester dans l'indivision à l'égard de l'immeuble dont le quart indivis est ci-dessus vendu pendant .... années.

Cette convention, de même que la stipulation du terme pour le réméré, ne peut avoir d'effet pour plus de cinq années, aux termes de l'art. 815 du Code civil, mais elle peut être renouvelée.

Les frais et honoraires des présentes seront acquittés par lesdits vendeurs; et pour l'exécution des présentes il est élu domicile, savoir : pour les vendeurs .... et par l'acquéreur ....

Observation à l'égard de l'emploi de la formule qui précède.

Nous supposons dans l'emploi de cette formule que la valeur de l'immeuble soit de.......		100,000 fr.
Diminuant pour faire face aux frais de justice, pour la licitation de l'immeuble, si elle vient à avoir lieu, le tout évalué à..................	4,000 fr.	
Droits d'enregistrement évalués.....................	6,000	10,000
Reste net..................		90,000
Dont le quart est de 22,500 francs....		22,500

Dans cette hypothèse, nous porterions le montant du prix à 18,000 francs. Cette somme serait, il est vrai, inférieure de beaucoup à celle formant le montant de la valeur approximative de l'objet vendu; mais on objecte qu'il peut survenir des dépérissemens à l'immeuble; ensuite que sans cette circonstance il peut arriver que l'immeuble soit vendu au-dessous de sa valeur, enfin que l'acquéreur doit plutôt courir des chances de gain que de perte, et que le vendeur ne doit s'en prendre qu'à lui, si n'exerçant pas le réméré, il laisse acquérir ce gain à son bailleur de fonds; d'ailleurs ce gain, ce bénéfice, jusqu'à cette concurrence ne sont pas réprouvés par la loi.

DEUXIÈME MODE.

N° 3. FORMULES DE VENTES A RÉMÉRÉ AVEC RELOCATION AU VENDEUR.

Pardevant M..... et son collègue, notaires à ..... soussignés.

Furent présens :

M. .... et madame .... son épouse, qu'il autorise, demeurant à.....

Lesquels ont par ces présentes vendu, cédé et abandonné, promis, et se sont obligés solidairement garantir de tous troubles, dettes et empêchemens généralement quelconques, sous la faculté de réméré ci-après stipulée, au sieur ....

Les biens ci-après désignés qui se composent, savoir : d'une maison située à.....

Consistant;

(*Etablir ici la désignation.*)

Ainsi que le tout se poursuit et comporte, sans par les vendeurs en rien excepter, retenir, ni réserver, comme aussi sans aucune garantie, quant à la mesure des terres labourables, prés et bois, dont le plus comme le moins, s'il s'en trouve, tournera au profit ou restera à la perte de l'acquéreur, quelle que soit la quantité, quand bien même elle excéderait la quotité fixée par le Code civil.

Lesdits vendeurs sont propriétaires desdits biens. (*Etablir ici la propriété et la remonter jusqu'à 30 ans au moins.*)

Pour par ledit acquéreur faire et disposer desdits biens comme chose lui appartenant, au moyen des présentes à compter de ce jour, et commencer à en jouir par la perception des loyers à compter de l'époque ci-après fixée.

Cette vente est faite aux charges, clauses et conditions ci-après énoncées, que ledit acquéreur promet et s'oblige d'exécuter et accomplir en leur entier, savoir :

Premièrement, de payer et acquitter les contributions de toute nature auxquelles les biens sont ou pourront être imposés à compter du jour de l'entrée en jouissance;

Deuxièmement, de souffrir et supporter les servitudes passives valablement établies comme il profitera de celles actives.

En outre ladite vente est faite moyennant ..... de prix principal que l'acquéreur s'oblige payer auxdits vendeurs, ou à leurs créanciers inscrits, ou au porteur de leurs pouvoirs et de la grosse des présentes, en l'étude dudit M. ..... l'un des notaires soussignés, aussitôt après les formalités de purge légale et de transcription dont il va être ci-après parlé, avec l'intérêt à raison de cinq pour cent sans retenue à compter du jour de l'entrée en jouissance.

(Pour la suite voir la formule n° 1 jusqu'à la clause de réméré inclusivement.)

(A insérer avant la clôture.)

Par ces présentes ledit sieur . . . . , acquéreur, a fait bail et donné à loyer pour . . . . années, à compter du . . . . , promis et s'est obligé faire jouir pendant ledit temps . . . . auxdits sieur et dame . . . . vendeurs qui l'acceptent, tous les biens compris en la vente ci-dessus.

Pour par ces derniers en jouir audit titre de locataires pendant ledit temps aux charges, clauses et conditions ci-après énoncées, qu'ils s'obligent d'exécuter et accomplir en leur entier sans aucune diminution du prix des loyers ci-après stipulé, et encore à peine de toutes pertes, dépens, dommages et intérêts, savoir :

1° D'habiter ladite maison et dépendances, de les tenir garnies de meubles meublans et effets mobiliers, en assez grande quantité pour répondre du prix desdits loyers, et d'entretenir et rendre lesdits lieux à la fin de leur jouissance, en bon état de réparations locatives et conformément à l'état qui en sera incessamment fait à la première réquisition des parties et à frais communs;

2° De ne pouvoir sous-louer, ni céder et transporter leur droit au présent bail à qui que ce soit, sans le consentement exprès et par écrit du bailleur ;

3° De payer la taxe des portes et fenêtres, et de satisfaire à toutes les charges de commune et police dont les locataires sont ordinairement tenus ;

4° De payer et acquitter comme dit est, sans aucune diminution du prix du présent bail à compter dudit jour...., les contributions de toute nature, ordinaires et extraordinaires auxquelles lesdits biens loués seront imposés pendant le cours du présent bail, même celles qui par toute loi quelconque seraient déclarées à la charge des locataires.

5° Et de ne pouvoir faire aucun changement à la distribution des lieux sans le consentement du bailleur.

(1) Et en outre ce bail est fait moyennant .... de loyer annuel que lesdits preneurs promettent et s'obligent sous ladite solidarité payer audit bailleur, en sa demeure, ou au porteur de ses pouvoirs et de la grosse des présentes de six en six mois, et en deux termes et paiemens égaux les premiers .... de chaque année; en sorte que le premier paiement pour les six premiers mois, à compter dudit jour que ledit bail prendra son cours, écherra et se fera le .... et ainsi de suite de six en six mois, jusqu'à l'expiration du présent bail. Et de convention expresse, le paiement desdits loyers ne pourra se faire qu'en espèces métalliques d'or ou d'argent ayant cours, et non autrement, nonobstant toutes lois et ordonnances à ce contraires.

Dans le cas où lesdits preneurs n'acquitteraient pas

---

(1) Il est important que le prix du bail ne dépasse pas le montant des intérêts à 5 p. °/₀ du prix de la vente, ou tout autre taux d'intérêt déclaré légal; autrement le contrat pourrait être taxé comme étant usuraire, et par suite serait susceptible d'être annulé.

exactement leurs loyers et se trouveraient devoir jusqu'à concurrence de trois termes échus, alors et audit cas ils seront de plein droit déchus du bénéfice de la réserve de réméré ci-dessus stipulée, par le seul fait de l'échéance de ce troisième terme, sans qu'il soit besoin de remplir par le bailleur aucune formalité, si ce n'est un simple acte extrajudiciaire, faisant connaître l'intention à cet égard par ce dernier de profiter du bénéfice de la présente clause, qui ne pourra être réputée comminatoire.

FORMULE N° 4.

Cette formule est applicable au cas où la vente à réméré ne concerne qu'une portion indivise de l'immeuble qui en fait l'objet.

Nous renvoyons pour cette formule à la précédente en y ajoutant la clause qui suit, avant la stipulation du bail.

Les parties conviennent de rester dans l'indivision à l'égard de l'immeuble faisant l'objet des conventions qui précèdent jusqu'à l'expiration du terme de réméré ci-dessus stipulé.

DEUXIÈME PARTIE.

EXAMEN DU RÉGIME HYPOTHÉCAIRE

ET

AMÉLIORATION DE CE RÉGIME ET DE LA LOI EN MATIÈRE D'ALIÉNATION ET CONVENTIONS A L'ÉGARD DES IMMEUBLES SOUS LE RAPPORT DE LA PUBLICITÉ.

Considérations générales.

Les considérations déjà produites en notre introduction nous conduisent encore à nous occuper d'apporter des améliorations à la loi sur le régime hypothécaire et la publicité en matière d'aliénation d'immeubles. Dans cette pensée, nous allons donc procéder à l'examen préalable de cette loi.

Ses défauts paraissent se réduire à cinq points principaux :

1° La publicité des priviléges et hypothèques de toute nature n'est pas absolue ;

2° Les formes de la spécialité prescrites par le Code civil demandent à être expliquées positivement, et une interprétation des articles de la loi à cet égard paraît devenir nécessaire ;

3° Il y a quelques lacunes, non dans les principes et la base mais dans les effets de la loi, lacunes qui causent des obscurités lorsqu'il s'agit de son application ; en certains cas,

4° Les formalités de purge ne sont pas uniformes pour les hypothèques de toutes natures ;

5° Enfin, la loi sur l'aliénation des immeubles et les contrats et conventions de toute nature, en matière d'immeuble, loi à laquelle se rattache celle sur le système hypothécaire, n'est pas assez revêtue de publicité.

Ces défauts sont-ils de nature à exiger la réforme du régime hypothécaire actuel ? Nous ne le pensons pas; nous disons au contraire que nous devons conserver la loi sur cette matière, loi toute moderne, faite par nos contemporains, appropriée à nos mœurs, identifiée avec nos habitudes, et qui plus est avec nos Codes.

Si on touche à cette partie du Code civil, il deviendra nécessaire de toucher au Code de procédure; ensuite, si les esprits aiment le nouveau en théorie, parce que toujours le nouveau, fruit de l'expérience du passé, peut présenter des améliorations, il n'en est pas de même en pratique; aux difficultés toujours inévitables du commencement d'application de théories nouvelles vient se joindre une puissance d'obstacles encore plus forts : l'empire des habitudes est contrarié. Ces derniers motifs ne seraient pas des objections s'il s'agissait de refaire une loi vieille, usée ou mauvaise. La loi actuelle sur notre régime hypothécaire n'est ni vieille ni usée; elle nous vient de nos contemporains.

Que l'on y prenne bien garde, la mobilité dans les lois use les nations. Le temps seul a le droit de changer et réformer les lois quand elles ne sont pas mauvaises, parce que le temps qui altère tout finit par apporter des changemens dans nos mœurs; mais nos mœurs ne sont pas changées depuis l'introduction de la loi actuelle. Cette loi n'est point mauvaise : si elle l'eût été, elle n'aurait pas subsisté jusqu'à présent; elle aurait passé comme tout ce que l'opinion réprouve.

Dans quelques projets de réforme soumis à la publicité, on a parlé du droit de prendre hypothèque sur soi-même, par voie de cédules hypothécaires, transmissibles par voie d'endossement; on a proposé la cession du privilége et de l'hypothèque par la voie de l'endos.

Que les capitaux viennent au secours de la propriété, de l'agriculture et du commerce, et les préservent par là du fléau de l'usure, c'est ce que l'on est en droit de désirer; mais que dans ce but on mobilise la propriété au point de la rendre flottante et de la livrer aux spéculateurs comme un objet de commerce, non seulement ce serait dépasser le but, mais ce serait encore encourir un plus grand mal en cherchant un remède. Une loi qui livrerait ainsi la propriété à la finance serait funeste à la société. Le jeu est bien plus fatal que l'usure chez nous; pourquoi? parce que nous avons l'usure en haine; nous la montrons au doigt; par suite elle se cache et ne peut agir que dans l'ombre; nos lois comme nos mœurs la répriment; elle est donc peu fréquente et par suite cause moins de mal. Mais si nous détestons l'usure, il est aujourd'hui dans nos mœurs et nos habitudes de nous laisser aller au jeu des spéculations, et la loi qui émettrait le système que nous signalons, mettrait infailliblement à la bourse nos propriétés. Gardons-nous donc d'adopter un pareil système et tachons au contraire de conserver celui que nous avons; en effet, s'il présente quelques imperfections que nous pouvons ôter, il doit au contraire servir de digue contre l'envahissement de la finance, qui ne doit pénétrer au milieu de la propriété et de l'agriculture que pour les alimenter sans pouvoir les envahir.

D'ailleurs, que l'on ne s'imagine point que la propriété et l'agriculture puissent jamais manquer de capitaux par le défaut d'institutions de ce genre. Il ne s'agit que de donner sécurité principalement à cette classe de particuliers aisés qui, retirés du commerce et des affaires, sont naturellement portés à confier leurs capitaux à la propriété et à l'agriculture sous la sauvegarde de garanties certaines. En résumé, il ne s'agit pas de chercher des institutions pour féconder des capitaux qui existent déjà, il importe seulement de donner une sécurité complète à ceux qui les possèdent; c'est ce qui fera l'objet du projet de loi que nous présentons ci-après.

Nous allons maintenant jeter un coup d'œil rapide sur les défectuosités que nous venons de signaler dans le régime hypothécaire.

§ Ier.

DU MANQUE DE PUBLICITÉ ABSOLUE.

1° Du privilége de vendeur.

D'après l'article 2108 du Code civil, le délai pour l'inscription du privilége du vendeur se trouvait être illimité, et sous l'empire exclusif de ce Code le vendeur se trouvait toujours à même de le conserver en quelque temps que ce fût, nonobstant les inscriptions des créanciers de son acquéreur, et les transcriptions des sous-acquéreurs ; du moins c'est l'opinion qui a prédominé. La cour de cassation a paru pencher pour ce système, et un assez grand nombre de cours royales l'ont embrassé, celle de Paris entre autres, par un arrêt du 29 août 1814, et un autre du 22 décembre 1817, contraires à un autre qu'elle avait rendu le 22 décembre 1809.

Est intervenu l'article 834 du Code de procédure, qui a introduit un changement dans la législation hypothécaire, d'après lequel le vendeur est déchu de son privilége lorsqu'il n'a pas pris ou renouvelé inscription dans la quinzaine au plus tard de la transcription de la revente. La cour de cassation a consacré ce principe par plusieurs arrêts dont entre autres un du 26 janvier 1813, un autre du 27 avril 1826, un autre du 26 mars 1828, et un autre du 24 août 1831. Ce principe est professé par MM. Tarrible, Persil et Grenier. Il en résulte que le vendeur peut perdre son privilége en moins d'un mois, car si, présumant que son acquéreur fera transcrire, il ne prend pas d'inscription lui-même, et si cet acquéreur au lieu de faire opérer la transcription qui doit faire acquérir inscription d'office à son vendeur, si, disons-nous, cet acquéreur au lieu de remplir cette formalité vient à revendre tout de suite, la purge que fera le deuxième acquéreur entraînera la déchéance du privilége du premier vendeur et le fera évanouir.

Pour remédier à des suites si graves pour ce privilége, on a introduit une jurisprudence qui paraît incontestable et qui émane des articles formels de la loi; on a accordé au vendeur le droit de demander la résolution du contrat faute de son exécution. Comme nous venons de le dire, ce droit nous paraît incontestable, mais il entraîne des inconvéniens bien grands, car il en résulte qu'un acquéreur n'a aucun moyen de purger cette action résolutoire qui peut être exercée après un temps très considérable. Pour prévenir les suites de cette action, on est dans l'usage d'exiger du vendeur la représentation des quittances de prix jusqu'à une époque de trente années. Par là on veut acquérir le droit d'opposer la prescription trentenaire. Nous pensons que l'acquéreur de bonne foi peut aussi opposer celle de dix ou vingt ans; mais cela est-il toujours suffisant? nous ne le pensons pas, car une action résolutoire est susceptible d'être exercée après trente ans et plus si le créancier a, en temps opportun, empêché la prescription de s'accomplir par un simple acte de demande dont l'existence est tout à fait cachée à l'acquéreur qui n'a pas les moyens de pouvoir s'en assurer.

Ainsi donc, en fait, l'article 834 du Code de procédure se trouve éludé à l'égard du privilége du vendeur, puisque, par les articles 1184 et 1654 du Code civil, on a introduit l'action résolutoire, et exposé l'acquéreur et les tiers qui peuvent traiter avec lui à une revendication qui n'a pas de terme, ou dont le terme ne peut pas toujours être connu.

2° Des hypothèques légales des femmes, des mineurs et des interdits.

L'article 2135 du Code civil dispense d'inscription l'hypothèque des mineurs et des interdits dans des termes absolus, et celle des femmes pour raison seulement de leurs dots et conventions matrimoniales, et pour les sommes dotales provenant de successions ou donations.

Point de publicité, point de système hypothécaire, c'est ici que le Code civil fait regretter la loi du 11 brumaire an VII. C'est déjà bien assez pour la conservation des droits de la femme, du mineur et de l'interdit, de leur remettre en gage tous les biens du mari et du tuteur, d'entraver ces derniers dans la libre disposition de leurs immeubles, sans encore apporter des inconvéniens funestes, ceux d'empêcher les tiers de traiter avec eux, dans la crainte d'être trompés ou de surprendre ceux qui traitent dans l'obscurité qu'il leur est impossible de dissiper. En effet le Code a bien donné aux tiers acquéreurs les moyens de purger l'hypothèque des femmes, des mineurs et des interdits en remplissant des formalités particulières; mais aucun autre ne peut s'en garantir, et tous les jours le capitaliste livre des fonds considérables sur prêt sans pouvoir acquérir la certitude que les biens de son débiteur ne sont pas soumis à cette nature d'hypothèque.

Pour parer aux inconvéniens que nous venons de signaler, il importe donc, non seulement d'assujétir l'hypothèque légale des femmes, des mineurs et des interdits à la formalité de l'inscription, mais encore de faciliter aux individus grevés de l'hypothèque de cette nature le moyen de demander mainlevée de l'inscription existante contre eux à l'époque de cette demande, soit en déposant au trésor public le montant des capitaux dont ils se trouveront comptables et débiteurs à ladite époque, soit en faisant tout autre emploi qui serait jugé à propos par les conseils de famille, soit enfin en justifiant qu'ils ne sont comptables et débiteurs d'aucuns capitaux à cette époque, et en se conformant à cet égard pour tous les cas ci-dessus aux formalités prescrites par les articles 2143 et 2144 du Code civil. De cette manière on obtiendra le double avantage de rendre publique l'hypothèque légale des femmes, des mineurs et des interdits, et de ne point entraver les maris et les tuteurs dans la libre disposition de leurs biens, en mettant à l'abri l'avoir mobilier qui se trouvera entre leurs mains, appartenant aux femmes, au mineurs et interdits. Du reste l'hypothèque légale continuera d'exister au profit de ces derniers dans tous les cas ci-dessus, mais elle n'aura d'effet que par de nouvelles inscriptions, qui pour lors pourront être prises du moment que les maris ou tuteurs reviendront comptables et débiteurs envers leurs femmes ou pupilles pour raison de nouvelles créances et capitaux reçus. Ces nouvelles inscriptions ne pourront être prises avant cette époque.

Il résultera donc de tout ceci que les droits de ceux qui jouissent des hypothèques légales seront conservés, et que ceux qui en seront grevés ne seront pas gênés dans la libre disposition de leurs biens, soit pour les aliéner, soit pour les hypothéquer, du moment qu'ils se libéreront vis-à-vis de ceux-là. (*Voir les articles* 2, 3, 6, 7, 8, 9 *et* 10 *du projet de loi.*)

§ II.

DE LA SPÉCIALITÉ.

Que l'hypothèque soit connue et rendue publique, c'est le point essentiel, et ce doit être le but principal que l'on doive exiger à peine de déchéance des droits du créancier sur l'immeuble qui forme son gage; mais que dans le mode de faire connaître cette hypothèque, c'est-à-dire d'en requérir l'inscription, on prescrive à ce créancier des formalités minutieuses dont l'inobservation, venant d'une simple inadvertance, entraîne cette même déchéance, c'est-à-dire la nullité de l'inscription, c'est dépasser le but d'un système d'équité et de raison; car l'objet principal est déjà accompli, c'est-à-dire que lorsque le créancier s'est fait connaître ainsi que sa créance, a indiqué son débiteur et précisé exactement ou du moins à peu près et de manière qu'on puisse le reconnaître, l'immeuble qui forme son gage, faut-il le priver de ses droits et anéantir son inscription pour une simple omission, une inadvertance? cela en vérité est d'une sévérité qui tous les jours peut entraîner des suites fâcheuses.

L'article 2148 qui prescrit les formes de l'inscription est rédigé en termes impératifs, et l'inobservation d'une seule de ces formes est susceptible d'emporter la nullité de l'inscription. Cependant la jurisprudence des arrêts n'est pas absolue à cet égard; elle a même varié et commence à se fixer.

Jamais peut-être aucun article de la loi n'a été le sujet d'un plus grand nombre de procès, non point tant par le trop de concision dans sa rédaction que par suite de la rigueur minutieuse de la jurisprudence à laquelle il donna lieu dès le principe. En effet qu'on se figure des créanciers se disputant les débris de la fortune de leur débiteur, ne trouvant point assez dans ces débris pour se remplir de ce qui leur est dû, ils se les arrachent et cherchent à se les enlever; alors malheur à celui qui n'a pas eu soin d'observer avec une exactitude minutieuse toutes les formalités les plus légères; alors les procès, les contestations, les déchéances s'ensuivent.

Il se forma, dès que la loi hypothécaire parut, un système de sévérité qui entraîna tant de déchéances d'hypothèques, que les tribunaux furent obligés de revenir sur leurs pas et de voir qu'il ne fallait pas donner une application aussi rigoureuse à l'article 2148, et en faire dériver des nullités absolues dans tous les cas. Depuis, le temps a fait surgir de nombreux arrêts sur la matière, et les cours souveraines pendant quelque temps incertaines, et quelquefois même en contradiction, ont en général fini par adopter une jurisprudence uniforme, qui maintenant explique la loi et ultérieurement peut servir à l'interpréter et la fixer invariablement. Une interprétation sur l'application de l'article 2148 peut donc être regardée comme étant nécessaire.

(*Voir l'article* 35 *du projet de loi.*)

§ III.

DES LACUNES DANS LES EFFETS OU L'APPLICATION DE LA LOI.

Nous avons dit qu'il y avait quelques lacunes, non dans les principes et la base mais dans les effets de la loi, lacunes qui causent des obscurités lorsqu'il s'agit de son application.

Il en est ici comme de la spécialité, les nombreux arrêts qui sont survenus depuis l'établissement de la loi vont encore nous servir à l'interpréter. Nous n'entrerons point ici dans des discussions de droit que le but de notre ouvrage ne nous permet pas de développer; nous allons seulement poser les questions auxquelles ces lacunes se trouvent donner lieu, et, dans le projet de loi ci-après, nous présenterons des articles additionnels à la loi, pour en fixer invariablement l'application, d'après l'interprétation qui en a été faite par la jurisprudence des arrêts.

1re QUESTION.

Les créances hypothécaires qui n'ont point été inscrites passent-elles avant les créances chirographaires sur le prix de l'immeuble?

(*Prévu par l'article* 1er *du projet de loi.*)

2e QUESTION.

L'inscription de l'hypothèque générale a-t-elle l'effet de frapper sur les biens échus au débiteur postérieurement à cette inscription?

(*Prévu par l'article* 27 *du projet.*)

3e QUESTION.

Lorsque le débiteur, en vertu de la faculté à lui accordée par l'article 2130, a, par suite d'insuffisance de sûreté, consenti hypothèque sur ses biens à venir, l'inscription requise sur les biens présens pourra-t-elle frapper sur les biens échus postérieurement?

(*Prévu par l'article* 28 *du projet.*)

4e QUESTION.

Le débiteur ne possédant aucun immeuble peut-il consentir hypothèque sur ses biens à venir, par analogie à la faculté qui lui est accordée par l'article 2130?

(*Prévu par l'article* 29 *du projet.*)

5e QUESTION.

Lorsque des hypothèques générales frappent en premier ordre sur des immeubles grevés ensuite diversement d'hypothèques spéciales, les créances jouissant d'hypothèques générales doivent-elles être colloquées de manière que celles jouissant seulement d'hypothèques spéciales soient remplies et acquittées par ordre de dates d'inscriptions?

Développement de la question.

Pierre, débiteur, possédait dans un même arrondissement, savoir :

Un château vendu moyennant....	100,000	fr. c.
Une ferme vendue moyennant....	150,000	»
Un moulin vendu moyennant....	50,000	»
TOTAL..	300,000	»

Jacques a hypothèque générale et en premier rang pour..............................	200,000	fr. c.
Paul a hypothèque spéciale venant en deuxième rang, mais seulement sur le château, pour........	100,000	»
Et Jean a une hypothèque spéciale, venant également après celle de Jacques, et seulement sur le moulin, pour..............................	50,000	»
L'inscription prise par ce dernier est postérieure en date à celle de Paul, mais, comme on le voit, ne frappe pas sur la partie de bien soumise à l'hypothèque de ce dernier.		
Montant des créances inscrites...	350,000	»

Il y a donc un déficit de 50,000 francs qui paraîtrait devoir retomber sur Jean, dernier créancier inscrit, qui par suite ne recevrait rien. Mais ce dernier ne serait-il pas reçu à dire que la créance de Jacques, reposant par hypothèque générale sur tous les immeubles ci-dessus, devrait être colloquée, d'abord sur la totalité du prix de la ferme qui n'est grevée que de cette créance, pour le surplus, s'élevant à 50,000 francs, être colloqué et prélevé au marc le franc et par contribution sur le prix des autres immeubles s'élevant à 150,000 francs? En sorte qu'il serait prélevé pour l'acquittement et solde de cette créance, savoir :

Sur le prix du château s'élevant à.	100,000 fr. c.
jusqu'à concurrence de deux tiers, c'est-à-dire.	33,334 »
Resterait applicable à la créance de Paul, frappant sur le château seulement.	66,666 »
Et sur le prix du moulin s'élevant à	50,000 »
le dernier tiers, c'est-à-dire.	16,666 »
En sorte qu'il resterait applicable à la créance de Jean frappant seulement sur le moulin.	33,334 »

Et que, récapitulation faite des collocations, Jacques, premier inscrit et ayant hypothèque générale, recevrait sa créance intégrale de. . . 200,000 fr. c.

Paul, deuxième inscrit par hypothèque spéciale sur le château. . . . . 66,666 »

Et Jean, également deuxième inscrit par hypothèque spéciale sur le moulin, ci....................	34,334 »
Total égal au montant des prix à distribuer, ci....................	300,000 »

Ce mode de collocation n'a pas été admis par la cour de cassation, qui a rejeté le système de partage au marc le franc ou contribution, par le motif que le créancier, ayant hypothèque spéciale et antérieure en date, ayant prêté sur la foi que les ressources du débiteur étaient moins épuisées, devait avoir la préférence sur celui qui n'avait prêté qu'après. Ce principe a été consacré par un arrêt du 16 juillet 1821.

Mais on va voir que l'application de ce principe peut être éludée par la force des choses et des circonstances qui peuvent être amenées par la volonté des parties: on suppose, dans l'espèce présentée ci-dessus, que les biens de Pierre, débiteur commun, ne soient pas encore vendus, et que Jacques, premier inscrit sur tous ces biens, dans le but de favoriser Jean, dernier inscrit en date, au détriment de Paul, deuxième inscrit, vienne à faire saisir et vendre seulement et d'abord le château, gage unique et seul objet de l'hypothèque de Paul. Par l'effet de son hypothèque, Jacques absorbera la totalité du prix de cet immeuble et la garantie de Paul, c'est-à-dire que l'hypothèque de ce dernier se trouvera entièrement évanouie, tandis que Jean, dernier inscrit en date, touchera plus tard l'intégralité de sa créance sur le prix des autres immeubles, la ferme et le moulin qui viendront à n'être vendus qu'après.

(*Les articles* 30 *et* 31 *du projet préviennent tous ces inconvéniens.*)

6e QUESTION.

Une fois que l'immeuble est vendu par le débiteur, il semble que ses créanciers doivent se trouver saisis, d'après leurs droits respectifs, de la propriété du prix de vente, à partir du jour que l'acquéreur a pris définitivement l'obligation de le payer, c'est-à-dire du jour de la notification et de la déclaration à eux faites, aux termes des articles 2183 et 2184 du Code civil, et que par suite il devient inutile d'astreindre ces créanciers *entre eux*, à compter de cette époque, à des renouvellemens d'inscriptions; car, de ce jour, leurs droits à l'égard de l'immeuble se trouvent reportés sur le prix qui le représente et qui, par sa nature, est meuble. Cependant ils ne sont pas formellement dispensés du renouvellement de leurs inscriptions.

Par le même principe, du moment que le débiteur est exproprié judiciairement et que l'immeuble dont il était propriétaire se trouve vendu, il paraît constant que le prix de cet immeuble devient la propriété exclusive de ses créanciers inscrits du jour de la vente. Il semble donc évident que de ce jour ils doivent être également dispensés de renouveler leurs inscriptions, et cependant la loi est muette à cet égard.

(*Prévu par l'article* 34 *du projet.*)

7e QUESTION.

D'après l'article 2146 du Code civil, il ne peut être pris inscription sur des immeubles dépendant d'une succession bénéficiaire. Le législateur paraît assimiler les biens d'une pareille succession à ceux d'un failli. On fait observer et on objecte qu'une succession très avantageuse échue à un mineur ne peut être assimilée à celle d'un failli; et cependant le même principe semble devoir être observé à l'égard de la succession échue au mineur, puisqu'il ne peut l'accepter que sous bénéfice d'inventaire. Il paraît donc qu'il y a ici absence et omission dans la loi.

D'après la jurisprudence établie et qu'on fait résulter des articles 802 et 2146 du Code civil, la séparation de patrimoine s'opérant de plein droit par l'effet de l'acceptation sous bénéfice d'inventaire, les créanciers et légataires du défunt sont dispensés de prendre, en aucun temps, inscription sur les biens dépendant de la succession, pour primer les créanciers personnels de l'héritier, ainsi que nous l'avons démontré sous l'article 5 du paragraphe VI de la première partie. Les inconvéniens qui résultent de cette jurisprudence sont trop graves pour ne pas y apporter une modification.

(*Prévu par les articles* 32 et 33 *du projet.*)

8e QUESTION.

Du conflit des priviléges.

L'action simultanée des priviléges de diverses natures, énoncés sous les articles 2108, 2109, 2110 et 2111, sur le prix d'un immeuble peut très bien s'exercer et les préférences être distribuées à ces diverses sortes de priviléges, chacune selon son rang, sans qu'il en résulte de conflit entre ces priviléges, si ce n'est à l'égard de celui du vendeur, lorsqu'il se trouve en contact avec celui de l'architecte ou de l'ouvrier, sur le prix de la revente d'un immeuble dont le montant se trouve insuffisant pour remplir à la fois et le vendeur et l'architecte, ou l'ouvrier de leurs créances respectives. — *Exemple* : —

Un immeuble est grevé du privilége d'un précédent vendeur, pour raison d'une somme de 18,000 francs, formant le montant du prix d'une première vente, ci..........................	18,000 fr.
Et du privilége d'architecte pour raison d'une somme de 6,000 francs, montant de la plus-value à l'époque de la revente, par suite de travaux et ouvrages faits précédemment à cet immeuble, ci.	6,000
Total......	24,000 fr.
Le prix de la revente de l'immeuble ne s'élève qu'à....................	21,000
Il en résulte un déficit de..........	3,000

On demande par qui et comment ce déficit sera supporté?

La solution de cette question nous paraît soumise à deux points de considération :

D'abord la concurrence doit-elle avoir lieu entre

les deux priviléges ? C'est ce qui nous paraît ne faire aucun doute, car ici la chose qui a été vendue, qui a produit la somme à distribuer, cette chose ne vient-elle pas de deux auteurs, de deux propriétaires distincts ? cela est certain. La confusion des deux parties qui la composent et qui viennent de deux auteurs différens peut-elle avoir eu pour effet d'augmenter le gage de l'un (nous voulons dire le gage du vendeur) au détriment de l'autre ? on ne peut le penser, et le deuxième paragraphe du n° 4 de l'article 2103 du Code civil repousse ce principe injuste. La concurrence paraît donc devoir être établie entre ces deux sortes priviléges, dans l'espèce en question.

Ensuite quelle sera la base à prendre pour établir la distribution de la somme à répartir et qui, comme on le voit, ne peut remplir entièrement ces deux priviléges ? Si le mode de fixation de la répétition se trouve déjà explicitement établi à l'égard d'un de ces priviléges, celui de l'architecte, par le IIe paragraphe du n° 4 de l'article 2103 que nous venons de citer, c'est-à-dire pour raison de la plus-value des travaux et ouvrages faits par ce dernier ; n'est-ce pas le cas d'appliquer la même règle à l'égard du privilége du premier vendeur, pour servir à déterminer et fixer le montant de sa répétition ? Si donc ici le montant de la répétition faite par l'architecte n'est point basé sur le montant de sa créance, mais bien sur la plus-value qui se trouve exister au moment de la revente, ne doit-on pas ici établir et baser la collocation du premier vendeur, non point d'après le montant du prix de la vente qu'il a faite de l'immeuble, mais eu égard à la valeur que cet immeuble aurait eue à l'époque de la revente, si les ouvrages faisant l'objet du privilége de l'architecte n'avaient pas été exécutés, car la valeur primitive de cet immeuble a pu changer depuis l'époque de la première vente, de même que les travaux qui y ont été faits ont, depuis l'époque de leur confection, pu varier dans leur plus value? Ne voit-on pas évidemment ici que de chaque côté on vient répéter non point tant une créance fixe mais plutôt la valeur de sa chose, de telle manière que chacun doit recevoir une partie de sa créance en proportion de la valeur respective de chaque chose au moment de la revente ?

Ces considérations, qui sont basées en partie sur le texte de la loi et encore sur l'équité, nous paraissent concluantes et de nature à faire donner à la loi l'interprétation que nous proposons.

Nous disons donc dans l'espèce ci-dessus présentée : la valeur estimative de l'immeuble au moment de la revente, d'après son ancien état, valeur qu'il aurait eue si les travaux et ouvrages n'y avaient pas été faits, cette valeur est portée à 15,000 francs, ci.................................... 15,000 fr.

Et la plus-value des travaux qui à l'époque de leur réception avaient été estimés 8,000 francs, cette plus value au moment de la revente et aliénation de l'immeuble n'existe plus que pour 6,000 francs, d'après estimation faite à cette époque ci . . . . 6,000 fr.

Total égal au prix à distribuer. . . . 21,000 fr.

Il en résultera que le premier vendeur créancier de 18,000 francs, mais ne pouvant exercer ses droits que d'après une valeur de 15,000 francs, ne répétera sur le prix que jusqu'à concurrence de cette somme; et que l'architecte créancier de 8,000 francs, mais ne pouvant exercer son privilége que jusqu'à concurrence de 6,000 francs, montant de la plus-value à l'époque de la revente, ne pourra répéter que cette dernière somme.

Lorsque le prix de l'immeuble ne se trouve pas porté à sa valeur, il résulte du principe ci-dessus qu'il doit s'établir une contribution entre le premier vendeur et l'architecte, sur le prix de la revente, et que chacun d'eux devra recevoir une partie de sa créance, dans la proportion non point du montant de sa créance, mais bien de la valeur de sa chose à l'époque de cette revente.

Ainsi dans le cas ci-dessus, en admettant que le prix de la vente n'ait été porté qu'à 18,000 francs, tandis que la valeur de l'immeuble se trouve être de 21,000 francs, ce qui fait un septième de différence en moins, le vendeur ayant droit à 15,000, et devant par suite perdre un septième de sa répétition ne recevra que. 12,857 fr. 15 c.

Et l'architecte ayant droit à 6,000 francs et devant également perdre un septième, n'aura plus droit qu'à 5,142 fr. 85 c.

Total égal à la somme à distribuer, 18,000 fr.

Il suit de ce principe que lorsque le contact du privilége du vendeur et de celui de l'architecte se trouve exister, et que le prix de l'immeuble n'est pas suffisant pour les remplir de leurs créances respectives, la première chose à considérer est de voir si le prix a été porté à la valeur de l'immeuble; car cette opération de répartition et collocation est faite entre les ayans-droit non point d'après la valeur nominale ou extrinsèque de leurs créances, mais bien d'après la valeur intrinsèque des objets, des choses qui les représentent, qui en font le gage, et qui formaient ci-devant la propriété de ceux qui ont droit à ce gage.

Le principe que nous venons de poser est, comme nous l'avons dit, basé en partie sur le texte de la loi et encore sur l'équité; du moins nous croyons l'avoir démontré. Les auteurs ne se sont pas occupés de l'approfondir et développer autant que nous venons de le faire, et la jurisprudence ne nous paraît pas encore bien fixée à cet égard; un arrêt du parlement de Rouen du 16 juin 1682, un autre de la cour royale de Paris du 1er août 1814 et un autre de la même cour du 13 mai 1815, tous paraissant se rapporter seulement à la première des deux hypothèses ci-dessus posées, semblent devoir consacrer ce principe qui a besoin d'être confirmé par un article interprétatif de la loi. (*Voir les articles* 24 *et* 25 *du projet.*)

9e QUESTION.

Du concours du privilége entre plusieurs architectes ou ouvriers.

Lorsque des architectes, entrepreneurs ou ouvriers auront fait successivement des réparations au même immeuble, chacun exercera-t-il son privilége jusqu'à concurrence de la plus-value de ses travaux respectifs au moment de l'aliénation? Si la plus-value des premiers travaux a disparu ou n'est plus appréciable, celle des derniers sera-t-elle préférée? on le pense.

Ce principe, qui doit dériver de l'application du deuxième paragraphe du n° 4 de l'article 2103 du Code civil, et se trouve implicitement consacré par cet article, n'a pas besoin de recevoir de développement, mais il a besoin d'être établi explicitement par un article interprétatif de la loi, pour ne point laisser de doute à cet égard. (*Voir l'article 26 du projet.*)

10e QUESTION.

Du délai de l'inscription du privilége des architectes et ouvriers.

Le délai dans lequel cette inscription doit être formée n'est point spécifié par la loi, et il peut en résulter des préjudices graves pour les créanciers postérieurs à la confection des travaux, qui peuvent contracter avec le débiteur propriétaire dans l'ignorance que ces travaux doivent jouir d'un privilége dont ils ne sont avertis que par une inscription tardive. Il est donc à propos de limiter un terme pour prendre l'inscription. (*Voir l'article 5 du projet.*)

§ IV.

DE LA PURGE DES HYPOTHÈQUES.

La purge des hypothèques, telle qu'elle est établie par le Code civil, présente deux défauts très distincts : la purge des hypothèques sujettes à l'inscription, manque de publicité. Il n'y a point d'uniformité à l'égard de cette purge et pour celle des hypothèques légales dispensées d'inscription.

Le défaut d'uniformité fait naître des inconvéniens : d'abord les formalités de notification et de surenchère postérieurement à la transcription paraissent inapplicables vis-à-vis des créanciers jouissant d'une hypothèque légale, lorsqu'ils n'ont pas requis inscription antérieurement à cette transcription, ce qui arrive le plus souvent. Ensuite la formalité de purge des hypothèques légales entraîne des frais beaucoup trop considérables, lorsqu'il s'agit d'acquisitions peu importantes qui ont lieu journellement dans les campagnes : et il en coûte autant et peut même en coûter encore plus par l'effet des circonstances, pour une acquisition de peu d'importance que pour une considérable. Ces frais sont tels, eu égard à ces acquisitions, que les particuliers se trouvent forcés d'y renoncer, malgré la nécessité contraire, et par là s'exposent à de fâcheuses conséquences.

Sans compliquer autant ces formalités, on pourrait arriver à un résultat aussi satisfaisant que celui que le législateur s'est proposé, en ramenant les formalités de purge des hypothèques de toute nature à un seul mode aussi simple que peu coûteux d'uniformité, celui de transcription ; et, pour obtenir une publicité réelle et plus grande, on pourrait exiger en plus une insertion sommaire du contrat dans un journal d'office. Cette mesure serait suffisante et bien plus efficace et moins coûteuse que l'exposition du contrat à l'auditoire et la signification au procureur du roi, formalités qui n'ont bien souvent aucun résultat. La signification à la femme ou au subrogé tuteur est, il est vrai, susceptible de servir; mais nous faisons observer que le mari vendeur, de concert avec son acquéreur, peut toujours écarter ces significations s'il a lieu d'en craindre les suites; car, en ce cas et pour dispenser l'acquéreur de les faire, on ne fera point connaître la femme, le mineur non plus que le subrogé tuteur, dans le contrat de vente. (*Voir l'article* 19 *du projet.*)

§ V.

DU DÉFAUT DE PUBLICITÉ DES CONTRATS ET CONVENTIONS EN MATIÈRE D'IMMEUBLES.

1° D'après l'article 1583 du Code civil, la vente est parfaite entre les parties, et la propriété est acquise de droit à l'acheteur à l'égard du vendeur dès qu'on est convenu de la chose et du prix, quoique la chose n'ait pas encore été livrée ni le prix payé.

2° D'après l'article 1703, l'échange s'opère par le seul consentement de la même manière que la vente.

3° D'après l'article 1714, on peut louer ou par écrit ou verbalement.

4° D'après les articles 690 et 691, les servitudes s'établissent par titre ou par la possession de trente ans.

5° L'usufruit et toutes autres espèces de charges réelles sur les immeubles ne sont pas non plus assujéties, pour la validité des actes qui les constituent, à des formalités plus particulières que la vente.

6° Le chapitre VI, livre III, du Code civil, sur la preuve des obligations, sous l'article 1328, porte que les actes sous seing privé n'ont de date contre les tiers que du jour où ils ont été enregistrés, du jour de la mort de celui ou de l'un de ceux qui les ont souscrits, ou du jour où leur substance est constatée dans des actes dressés par les officiers publics, tels que procès-verbaux de scellé ou inventaire.

7° Enfin, d'après l'article 939 du Code civil, lorsqu'il y a donation de biens susceptibles d'hypothèques, la transcription des actes contenant la donation et l'acceptation, ainsi que de la notification de l'acceptation qui aurait eu lieu par acte séparé, doit être faite aux bureaux des hypothèques dans l'arrondissement desquels les biens sont situés.

8° De la législation actuelle sur les contrats et conventions en matière d'immeubles, il résulte donc deux inconvéniens très graves : le premier, le défaut de publicité, qui met les tiers qui ont à traiter avec les propriétaires d'immeubles dans l'impossibilité de savoir ce qu'ils ont fait ou ce qu'ont fait les auteurs à l'égard de ces immeubles, et qui pourrait atténuer l'effet des conventions qu'ils viennent à contracter avec ces propriétaires ou même les anéantir ; le deuxième inconvénient encore plus grave, celui de mettre les acquéreurs de ces immeubles dans l'impossibilité de purger des droits acquis avant eux, droits qu'ils n'ont pas moyen de connaître, et qui peuvent ou grever ces biens ou même leur en soustraire la propriété qu'ils ont acquise.

9° Ces inconvéniens sont d'une nature si grave et tellement réels que les esprits alarmés, avec juste raison, demandent une institution nouvelle pour y remédier au plus tôt.

Mais pour apporter ce remède est-il nécessaire de refaire la loi et en créer une nouvelle qu'il sera difficile de faire coordonner parfaitement avec les autres parties de la jurisprudence et qui la compliquera? En un mot, faut-il détruire la jurisprudence actuelle sur le régime hypothécaire et lui en substituer une nouvelle, ou faut-il s'en tenir à conserver cette jurisprudence et l'améliorer en ajoutant à sa première publicité une publicité plus grande réclamée avec raison? Nous ne craignons pas d'affirmer que ce dernier parti est préférable et est de nature à satisfaire généralement, car il n'y aura pas un changement qui souvent contrarie; il y aura une amélioration et par suite introduction en cette partie de notre législation du dernier degré de publicité qui lui manque.

10° En cet état de choses, il suffirait donc d'assujétir les propriétaires de tous droits réels quelconques autres que ceux d'hypothèques sur un immeuble à faire transcrire sur les registres du bureau des hypothèques de sa situation, une copie ou extrait du contrat établissant la propriété à ces droits, faisant connaître la date et la nature du titre, ainsi que la nature du droit qui en dérive, la désignation de l'immeuble qui en est frappé, ainsi que des personnes qui ont contracté.

11° Pour éviter des frais, les conservateurs des hypothèques seront habiles à expédier ces extraits et les consigner sur leurs registres, sur la représentation du contrat, qui, dans tous les cas, aura été enregistré et reconnu devant notaire ou en justice, s'il a été fait sous seing privé, et afin de mettre les tiers à même d'avoir connaissance de ces actes, ils auront le droit de requérir des conservateurs des états de transcription des contrats contenant constitution de ces droits à l'égard des personnes qui les auront consentis ou des certificats qu'il n'en existe pas. Cette délivrance sera faite par les conservateurs, sur la désignation qui leur sera donnée des personnes et des biens par les requérans.

Afin de ne point engendrer des recherches trop grandes ni trop longues, et ne pas agrandir la responsabilité déjà si étendue des conservateurs, il sera à propos de ne pas faire remonter ces états au delà de trente années.

12° Pour perpétuer cette publicité on assujétira au renouvellement des titres et à la transcription de ces nouveaux titres, avant l'expiration de trente ans, tous les propriétaires de droits et charges quelconques sur immeubles autres que ceux dérivant de l'hypothèque et de la pleine propriété.

13° Les contrats de transmission de pleine propriété

d'un immeuble ne seront pas assujétis à ce renouvellement s'ils sont suivis d'exécution, car en ce cas la possession de fait équivaut à la publicité la plus réelle.

14° Du système que nous venons de présenter il résultera que les tiers seront toujours à même de connaître les droits réels de toute nature qui pourront exister à l'égard des immeubles appartenant aux individus avec lesquels ils auront à traiter, et que les acquéreurs de ces immeubles, en purgeant les hypothèques et priviléges de toute nature, purgeront à la fois et en même temps les droits de propriété et autres de toutes sortes qui ne se seraient pas fait connaître en temps utile.

Ce système, aussi simple et uniforme qu'utile, ne fera qu'ajouter à la publicité de la propriété et du régime hypothécaire actuel, sans toucher et rien changer à la loi qui les régit; ce système nouveau, reposant sur quelques articles seulement additionnels à cette loi, mettra au grand jour tous les actes et contrats qui toucheront à la propriété et au régime hypothécaire, et cette combinaison, aussi simple dans son application que grande dans son résultat, procurera, il nous semble, tout ce que l'on peut désirer en fait d'amélioration à cet égard.

15° En assujétissant les propriétaires de droits réels sur immeubles à les faire connaître, il est convenable de leur donner un terme vis-à-vis des tiers détenteurs ou nouveaux propriétaires pour les faire inscrire; car si la publicité des actes qui grèvent les biens transmis est introduite en faveur de ces derniers, la publicité des actes d'aliénation doit être aussi apportée en faveur des créanciers. Le délai de quinzaine à compter du jour de la transcription, fixé par l'article 834 du Code de procédure, nous paraît trop court, et celui de deux mois nous paraîtrait plus convenable, surtout lorsque l'on considère qu'il devra s'appliquer aux créanciers de toute nature, notamment les femmes mariées, les mineurs et les interdits. (*Voir les articles* 11 *à* 23 *inclusivement du projet.*)

§ VI.

RÉSUMÉ ET COMPARAISON DU SYSTÈME PRÉSENTÉ AVEC CEUX ANTÉRIEURS.

D'après le système de la loi du 11 brumaire an 7, loi trop dure et rigoureuse, la transcription seule et sans aucune modification opérait la transmission, en sorte que de deux acquéreurs ayant acquis le même bien, le plus diligent, quoique ayant acquis en dernier, se trouvait en avoir la propriété, s'il avait le premier porté son contrat au bureau des hypothèques.

Ce principe, bon en lui-même puisqu'il favorisait la publicité, mais trop exclusif, se trouvait cependant favoriser la mauvaise foi en présentant l'inconvénient que nous venons de signaler, inconvénient qui peut être écarté par une modification introduite en notre système.

Malgré cette publicité absolue, la transcription sous ce régime ne se trouvait cependant pas encore purger les droits qui sont susceptibles de modifier celui de propriété, tels que ceux résultant d'un bail ou tout autre acte qui, sans le transmettre, se trouvent le subordonner à des conditions. Ensuite, cette transcription n'était établie qu'en faveur du tiers détenteur, et la publicité qui en résultait ne servait qu'à *consolider* sa propriété et purger *ipso facto* les droits des créanciers non encore inscrits, et au lieu de prévenir ces derniers, leur ôtait au contraire tout moyen de venir exercer leur hypothèque, qu'elle purgeait radicalement.

Est venu le Code civil, qui, en déclarant par l'article 1583 que la vente était parfaite entre les parties et la propriété acquise de droit à l'acheteur à l'égard du vendeur dès qu'on était convenu de la chose et du prix, a non seulement ôté aux créanciers non inscrits au jour de la vente toute espèce de recours hypothécaire sur le prix, mais encore a dispensé l'acquéreur de la publicité de transcription, et par là a privé les tiers des moyens de parvenir à connaître les contrats et conventions à l'égard des biens immeubles, comme aussi des moyens de purger les droits qui en pouvaient résulter.

Le régime hypothécaire établi par le Code civil et institué postérieurement à l'article 1583 (qui a été introduit sous le régime de la vente) devait donc, pour se trouver en harmonie avec cet article, ne prescrire au nouveau propriétaire ou tiers détenteur qu'une simple formalité matérielle, dans le seul but de le faire parvenir à se libérer régulièrement de son prix vis-à-vis des créanciers inscrits au moment du contrat, sans du reste consacrer aucun principe de publicité en faveur des tiers. C'est ce qui est en effet résulté de la formalité de transcription prescrite par ce régime, qui a été plus loin; il a introduit des hypothèques occultes et dispensé de la publicité celles en faveur des femmes mariées et des mineurs et interdits, à l'égard desquels le législateur s'est par suite trouvé forcé d'introduire une formalité particulière en faveur des tiers détenteurs, pour parvenir à les mettre à même de purger les hypothèques de cette nature, formalité qui a entraîné le défaut d'uniformité dans la purge des priviléges et hypothèques.

Ainsi donc, du système hypothécaire, établi par la loi du 11 brumaire an 7, il résultait que le contrat n'était rien, n'opérait pas la transmission, et que la transcription qui seule l'effectuait, en étant rigoureuse et absolue, n'était pas encore en elle-même suffisante et ne satisfaisait pas entièrement aux intérêts de tous; bien loin de là, elle ne laissait pas le temps aux créanciers hypothécaires d'assurer leurs droits.

De la jurisprudence dérivant de l'article 1583 du Code civil et du régime hypothécaire consacré par ce Code, il résultait au contraire que le contrat était tout, opérait la transmission, pouvait rester ignoré, et que la formalité de transcription ne servait qu'au tiers détenteur et seulement pour parvenir à le préserver de l'effet des priviléges et hypothèques et opérer, vis-à-vis des créanciers auxquels ils profitaient, la libération régulière de son prix. Une seule exception a été faite à l'égard des actes emportant donation, pour lesquels cette formalité a été prescrite par l'article 939, à peine de nullité vis-à-vis de toute personne ayant intérêt.

Ces deux systèmes opposés font voir bien évidemment qu'on a été d'un extrême à l'autre.

Les inconvéniens du dernier régime établi par le Code civil furent cause qu'on essaya d'y apporter une amélioration lors de l'institution du Code de procédure. En effet, on intercala et on glissa (expression dont se sert M. Locré en parlant des articles 834 et 835, *Loco citato*, pages 57 et 58) sous le titre de la surenchère sur aliénation volontaire, les articles 834 et 835 qui apportèrent un changement dans la jurisprudence hypothécaire. L'article 834 porte : « Les « créanciers qui ayant une hypothèque, aux termes « des articles 2123, 2127 et 2128 du Code civil, n'au- « ront pas fait inscrire leurs titres antérieurement aux « aliénations qui seront faites à l'avenir des immeubles « hypothéqués, ne seront reçus à requérir la mise « aux enchères, conformément aux dispositions du « chapitre VII, titre XVIII du livre III du Code civil, « qu'en justifiant de l'inscription qu'ils auront prise « depuis l'acte translatif de propriété, et au plus tard « dans la quinzaine de la transcription de cet acte.

« Il en sera de même à l'égard des créanciers ayant « privilége sur des immeubles, sans préjudice des « autres droits résultant au vendeur et aux cohéritiers « des articles 2108 et 2109 du Code civil. »

L'article 835 porte : « Dans le cas de l'article précé- « dent, le nouveau propriétaire n'est pas tenu de faire « aux créanciers dont l'inscription n'est pas antérieure

« à la transcription de l'acte les significations pres-
« crites par les articles 2183 et 2184 du Code civil ; et
« dans tous les cas, faute par les créanciers d'avoir
« requis la mise aux enchères dans le délai et les for-
« mes prescrites, le nouveau propriétaire n'est tenu
« que du paiement du prix, conformément à l'article
« 2186 du Code civil. »

Nous ne nous livrerons point à des commentaires sur les difficultés auxquelles donnèrent lieu, dès le principe, l'interprétation et l'application de l'article 834, et surtout le deuxième paragraphe de cet article; cette discussion nous écarterait de notre sujet. Nous nous en tenons à observer que l'objet principal et direct de l'article 834 est le droit de surenchère, et que le législateur, en accordant directement et explicitement ce droit, a accordé indirectement et implicitement un droit d'une nature plus grave, celui de prendre inscription jusqu'après la transcription aux créanciers ayant des droits antérieurs au contrat transcrit. Ainsi, en résumé, le législateur, en traitant directement d'un droit de procédure, a traité indirectement d'un droit bien plus grave. Il avait le droit de le faire, mais était-ce d'une manière implicite qu'on devait retoucher à une institution comme celle du régime hypothécaire?

Toujours est-il maintenant que la jurisprudence paraît s'être fixée, et que de l'article 834 il résulte que la transcription est devenue nécessaire pour le tiers détenteur ou nouveau propriétaire, et que tant que cette formalité n'a pas été remplie par lui, les créanciers ayant des droits acquis antérieurement à son contrat peuvent utilement et au plus tard dans la quinzaine de la transcription former des inscriptions.

Cette amélioration au régime hypothécaire est grande sans doute, quoique introduite de cette manière et dans des termes pas assez précis ; mais est-elle suffisante ? nous ne le pensons pas, car il n'en est pas même resté que le contrat est encore tout, que le nouveau propriétaire n'est pas tenu de se faire connaître aux tiers par la formalité de transcription, qui n'est toujours restée que facultative pour lui et point substantielle ; qu'en outre il ne peut au moyen de cette formalité purger que les priviléges et hypothèques et point les droits de toute autre nature ; enfin, il ne peut parvenir qu'à se libérer régulièrement de son prix sans pouvoir consolider d'une manière certaine la propriété de la chose acquise.

L'article 835 du Code de procédure est encore venu ajouter au défaut d'uniformité de purge résultant du Code civil, en dispensant le nouveau propriétaire de faire aux créanciers seulement inscrits dans la quinzaine de la transcription les notifications prescrites par les articles 2183 et 2184 du Code civil.

En résumé et au milieu de ces imperfections que faut-il faire ? Supprimer l'amélioration apportée par l'article 834 du Code de procédure, attendu qu'elle est imparfaite et y substituer une amélioration plus grande et complète, premièrement en établissant une publicité absolue, publicité qui peut très bien s'adapter à nos Codes et à notre régime hypothécaire; secondement, en basant la propriété sur cette publicité, sauf à apporter une modification et exception en faveur de l'acquéreur premier en date, vis-à-vis d'un acquéreur subséquent du même bien, si dans un délai déterminé et de courte durée il fait connaître son contrat, de telle manière que l'on satisfera à la publicité et que l'on favorisera en même temps la bonne foi; troisièmement, en prescrivant un seul mode pour purger non seulement les priviléges et hypothèques, mais encore les autres droits réels de toute nature grèvant les immeubles, et en indiquant à cet effet le mode prescrit par le chapitre VIII du titre XVIII du Code civil, mode qui sera suffisant au moyen de quelques additions de publicité; quatrièmement, et enfin en établissant quelques articles additionnels à la loi sur le régime hypothécaire, pour servir à fixer et interpréter d'une manière invariable ses dispositions; tel est, en résultat, le système d'amélioration que nous présentons, et nous pouvons dire en sa faveur que ce n'est pas tant un système nouveau que l'achèvement et le perfectionnement de celui résultant du Code civil.

§ VII.

CONSIDÉRATIONS PARTICULIÈRES SUR LE PRÊT SUR IMMEUBLE PAR FORME DE VENTE A RÉMÉRÉ.

En nous livrant à l'étude de cette matière, nous avons reconnu que dans certains cas le contrat de vente à réméré était susceptible de venir singulièrement au secours du prêt sur immeuble et de surmonter des obstacles et inconvéniens auxquels le régime hypothécaire ne peut parer. Et nous avons encore reconnu et sommes arrivé à ce point de conclusion que là où le régime hypothécaire ne peut plus être employé avec succès, ne peut plus suffire, là le contrat de vente à réméré pourra satisfaire. Ces cas du reste ne sont pas de ceux qui se présentent le plus fréquemment, et nous allons les citer; *exemple*: un laboureur est propriétaire d'un héritage de valeur de 1,000 francs; il désire emprunter et ne peut trouver une somme modique, serait-elle de 2 ou 300 francs. On lui objecte que s'il survenait une saisie immobilière par défaut de paiement ou une vente judiciaire entre mineurs par suite de son décès, la majeure partie du prix serait absorbée par les frais de justice et que le prêteur courrait la chance de perdre sa créance ou du moins une partie. *Autre exemple*: un particulier peu répandu dans la société et propriétaire d'immeubles d'une valeur beaucoup plus que suffisante pour répondre d'une somme qu'il voudrait emprunter, pourrait éprouver des difficultés à se la procurer par suite de l'incertitude qui existerait sous le rapport des hypothèques légales dispensées d'inscriptions qui pourraient grever sa personne et ses biens. On lui objecterait avec raison que le prêteur n'a à sa disposition aucun moyen pour parvenir à connaître et purger les hypothèques de cette nature.

L'organisation actuelle du régime hypothécaire ne

peut parer aux inconvéniens qui se rencontrent dans les deux cas ci-dessus; ce régime, de telle manière qu'il soit organisé, ne peut obvier à ceux qui se présentent dans le premier cas. Ces circonstances nous font donc encore proposer ici l'emploi du contrat de vente à réméré. Le prêt par forme de vente à réméré, de la manière dont nous l'avons présenté et proposé dans notre ouvrage, se trouve prévenir les inconvéniens que nous venons de signaler. Il se trouve présenter encore d'autres avantages que ce n'est pas ici le lieu de faire connaître, afin de ne pas interrompre le sujet principal qui nous occupe. Nous observons seulement que de la manière dont nous présentons ce genre de placement, il est dégagé de toute espèce d'usure et de vilité de prix, en sorte qu'il ne peut être réprouvé par la loi.

Mais ce genre de prêt entraîne des frais beaucoup trop considérables, par suite du droit d'enregistrement de cinq et demi pour cent et le dixième qui est perçu sur le montant du prêt, qui pour lors est considéré comme un prix réel d'acquisition. On a donc rarement recours à ce genre de prêt, qui, par suite de ces droits, contribue à obérer encore plus l'emprunteur.

Il serait donc à propos d'établir une distinction pour l'application des droits du fisc, entre une vente ordinaire qui est réelle, et une vente à réméré qui n'est bien souvent au fond, lors de sa réalisation, qu'un simple acte de prêt, et par suite de n'exiger qu'un droit proportionnel d'un pour cent, comme en matière d'obligation, à l'égard du montant du prix de la vente à réméré sur lequel il serait perçu un supplément de droit, si à l'époque du terme du réméré il venait à n'être pas exercé. Cela faciliterait singulièrement ce genre de prêt, dans l'hypothèse dont nous venons de parler, le fisc y gagnerait et le particulier; car, comme nous l'avons dit, plus on facilitera le prêt sur immeuble, plus on empêchera l'usure, qui en se cachant détourne des droits à l'état.

Nous proposerons donc une disposition législative qui aura pour but de réduire le droit d'enregistrement sur les actes de cette nature, et de les assimiler à de simples obligations, sauf à percevoir ultérieurement le droit de vente, si à l'expiration du terme pris pour le réméré il n'est pas exercé.

§ VIII.

CONCLUSION.

Maintenant que nous avons fait apercevoir les défauts qui existent dans la loi sur les priviléges et hypothèques, nous allons proposer un moyen d'y remédier, c'est-à-dire une loi additionnelle qui, d'abord et de rigueur, se trouve en harmonie avec la loi actuelle, et ait ensuite pour but d'y ajouter les dispositions réclamées par suite de ces défauts. Au résumé c'est donc vouloir apporter une amélioration au Code civil et en même temps nous instituer son défenseur. Si nous osons entreprendre cette tâche aussi belle qu'utile, ce n'est pas sans redouter que nos travaux ne soient pas dignes de soutenir un ouvrage qui, étant le fruit de nos premières libertés, et le chef-d'œuvre de nos contemporains, doit servir à nos petits-neveux.

§ IX.

PROJET DE LOI ADDITIONNELLE AU TITRE 18 DU CODE CIVIL, SUR LES PRIVILÉGES ET HYPOTHÈQUES.

§ Ier. Addition de publicité à la loi sur les priviléges et hypothèques.

ARTICLE 1er.

Les priviléges et hypothèques sont et demeurent maintenus et conservés, comme et de même qu'ils sont établis sous le titre XVIII du Code civil, et les dispositions qui vont suivre ne concerneront que la publicité, sans du reste rien changer à la nature, à l'ordre et aux principes fondamentaux des priviléges et hypothèques.

Ils n'auront d'effet qu'autant qu'ils seront inscrits.

ARTICLE 2.

Le vendeur ne jouira du privilége à lui accordé par l'article 2108 qu'autant qu'il l'aura rendu public et fait inscrire dans les 60 jours du contrat translatif de propriété, passé lequel terme ce privilége n'aura d'effet et rang vis-à-vis des tiers inscrits, comme aussi d'effet vis-à-vis des tiers acquéreurs, que du jour de son inscription; et le vendeur ne pourra exercer au préjudice des tiers inscrits et tiers acquéreurs l'action en résolution du contrat de la vente qu'il aura faite; à l'effet de quoi il est dérogé, quant à ce, à la disposition de l'article 1654 du Code civil.

(*Voir l'article 1er du paragraphe Ier de l'Examen.*)

ARTICLE 3.

Les procureurs du roi près les tribunaux de première instance sont spécialement chargés de veiller à ce qu'il soit requis inscription de privilége, pour raison des prix de ventes et licitations qui auront lieu devant les tribunaux et qui concerneront des immeubles appartenant à des mineurs, en tout ou en partie; ils sont autorisés à diriger toutes poursuites à cet effet contre les tuteurs ou subrogés tuteurs, et à requérir inscription par eux-mêmes.

ARTICLE 4.

Les priviléges énoncés en l'article 2101 seront assujétis à la formalité d'inscription, comme et de même que le privilége du vendeur et dans le même terme. Il est fait exception à l'égard des frais de justice et de ceux funéraires, qui seuls ne seront pas astreints à la formalité de l'inscription.

ARTICLE 5.

Le privilége des architectes, entrepreneurs et ouvriers, énoncé en l'article 2110, n'aura d'effet vis-à-vis des tiers que du jour de l'inscription du procès-verbal de constat des lieux où les ouvrages et travaux doivent se faire, et il n'aura rang vis-à-vis des créanciers postérieurs à ces travaux et ouvrages qu'à compter du jour de l'inscription de ce procès-verbal.

Cette inscription devra précéder ces ouvrages.

(*Voir le paragraphe III de l'Examen* 10ᵉ *question.*

ARTICLE 6.

L'hypothèque légale accordée aux femmes mariées, aux mineurs et aux interdits par les articles 2121, 2122 et 2135, n'aura d'effet et rang vis-à-vis des tiers inscrits, tiers acquéreurs et tous autres, qu'à compter du jour de l'inscription qui aura été prise à leur profit. Il est donc dérogé à l'article 2135, en tant qu'il se trouve contraire à la disposition ci-dessus.

ARTICLE 7.

En expliquant et interprétant cet article, il est bien entendu que l'hypothèque légale de la femme mariée existe à compter seulement du jour de la célébration du mariage devant l'officier de l'état civil, et non à partir de celui du contrat contenant les conditions matrimoniales.

(*Voir l'article* 2 *du paragraphe* Iᵉʳ *de l'Examen pour le développement des deux articles ci-dessus.*)

ARTICLE 8.

Les maris et les tuteurs auront le droit de demander et obtenir main-levée des inscriptions prises contre eux, au profit des femmes et des mineurs et interdits, soit en déposant au trésor public le montant des capitaux dont ils se trouveront comptables et débiteurs à l'époque de leur demande, soit en faisant tout autre emploi qui serait jugé à propos par les conseils de famille, soit enfin en justifiant qu'ils ne sont comptables et débiteurs d'aucuns capitaux à cette époque.

ARTICLE 9.

Pour obtenir cette main-levée et parvenir à la radiation des inscriptions, ils se conformeront aux formalités prescrites par les articles 2143 et 2144 du Code civil.

ARTICLE 10.

Les nouvelles inscriptions à requérir ensuite, contre les maris et les tuteurs, ne pourront l'être que du jour qu'ils seront redevenus comptables et débiteurs.

(*Voir l'article 2 du paragraphe Ier de l'Examen pour le développement des art.* 8, 9 et 10 *ci-dessus.*)

ARTICLE 11.

Les contrats et conventions constituant des droits réels sur immeubles n'auront d'effet que du jour qu'ils seront rendus publics, par suite de leur transcription ou de leur inscription sur les registres du bureau des hypothèques de l'arrondissement dans lequel sont situés les immeubles soumis à ces droits.

Ils n'auront également d'effet qu'autant qu'ils seront antérieurs à la transcription du contrat du nouveau propriétaire, et pourvu qu'ils soient inscrits ou transcrits dans les soixante jours au plus tard de la transcription qui aura été opérée par ce dernier.

ARTICLE 12.

Il est fait exception en faveur de l'acquéreur premier en date, lequel aura le droit d'opposer son contrat à un acquéreur subséquent du même bien, lorsque ce contrat aura été transcrit dans les soixante jours de sa date; à l'effet de quoi le contrat deuxième en date, quoique transcrit le premier, et la transcription qui en aura été opérée, seront en ce cas comme nuls et non avenus.

Il est également fait exception à l'égard des priviléges qui seront inscrits dans les termes et délais fixés à leur égard.

(*Voir le paragraphe V de l'Examen, articles* 10 *et* 15 *et l'article* 14 *ci-après pour le développement des articles* 11 *et* 12 *ci-dessus.*)

ARTICLE 13.

Les baux et autres actes qui, sans constituer des droits réels, constituent cependant le droit à la jouissance de l'immeuble, ou apportent des conditions, charges ou servitudes à la propriété ou possession de la chose, sont assimilés à des actes constituant des droits réels et seront assujétis à la formalité prescrite par l'article 11 ci-dessus.

(*Voir le paragraphe* 5 *de l'Examen, articles* 3 *et* 8.)

ARTICLES 14.

Les contrats ne constituant que des titres de créances emportant hypothèque ou privilége seront seulement inscrits dans les formes et de la manière prescrites par le Code civil, et leur renouvellement continuera d'avoir lieu conformément à l'article 2154.

Les contrats de toute autre nature concernant les immeubles seront transcrits, soit en entier, soit sommairement, d'après réquisition et par extrait faisant connaître la date et la nature du titre ainsi que la nature du droit qui en dérive et la désignation telle qu'elle sera portée au contrat de l'immeuble qui en fera l'objet et des parties contractantes.

ARTICLE 15.

Les conservateurs des hypothèques seront habiles à expédier ces extraits et les consigner sur leurs registres, sur la représentation du contrat qui dans tous les cas aura été enregistré et reconnu devant notaire, ou en justice, s'il a été fait sous seing privé.

(*Voir le paragraphe V de l'Examen, articles* 10 *et* 11 *pour le développement des articles* 14 *et* 15.)

ARTICLE 16.

Les contrats établissant des charges et droits réels quelconques sur immeuble, ceux compris et désignés sous l'article 13 qui précède, et généralement tous autres que ceux emportant hypothèque ou droit de pleine propriété à l'immeuble, seront renouvelés et reconnus par le propriétaire de cet immeuble avant l'expiration des trente années du jour de leur date, et à compter de la vingt-septième année; et la transcription du nouveau titre sera opérée avant l'expiration de ces trente années, le tout à peine de nullité vis-à-vis des tiers.

ARTICLE 17.

Il est fait exception en faveur des contrats de la nature ci-dessus énoncée qui se trouveront avoir plus de trente années de date à l'époque de la promulgation de la présente loi, ou qui se trouveront acquérir leur trentième année avant l'expiration de la première année du jour de cette promulgation, et à l'égard desquels la prescription ne serait pas acquise. Ces contrats conserveront leur effet vis-à-vis des tiers, si dans le cours de la première année du jour de la promulgation de la première loi ils sont revêtus de la formalité ordonnée par l'article qui précède.

(*Voir le paragraphe V de l'Examen*, *article* 12, *pour le développement des art.* 16 *et* 17 *ci-dessus.*)

Article 18.

Les contrats de transmission de pleine propriété d'un immeuble ne seront pas assujétis à la formalité prescrite par l'article 16, s'ils ont reçu leur exécution.

(*Voir le paragraphe V de l'Examen, article* 13.)

Article 19.

Les articles 2193, 2194 et 2195 du Code civil, et ceux 834 et 835 du Code de procédure, sont et demeurent pleinement et entièrement abrogés ; et le mode prescrit sous le chapitre VIII, titre 18 du Code civil sera le seul à employer à l'avenir pour purger, sur aliénation volontaire et autrement que par expropriation forcée, les immeubles aliénés, non seulement de priviléges et hypothèques, mais encore des droits réels et autres désignés sous l'article 13, qui pourront les grever.

Seulement et de plus, le nouveau propriétaire sera tenu de faire faire dans la quinzaine du jour de son contrat l'insertion sommaire de ce contrat dans le journal des avis et annonces judiciaires, institué à cet effet dans chaque arrondissement. Cette insertion contiendra la date et la nature du contrat, les noms, prénoms, professions et domiciles des parties contractantes, la désignation de la nature et de la situation des biens et le montant du prix de l'aliénation.

(*Voir le paragraphe V de l'Examen.*)

ARTICLE 20.

Le nouveau propriétaire ne sera pas tenu de faire aux créanciers inscrits la notification prescrite par l'article 2183 avant les deux mois et quinze jours de celui de la transcription qu'il devra mettre à fin et remplir dans pareil terme du jour de la sommation qui lui sera faite.

(*Voir l'article* 2183 *du Code civil*, *paragraphe Ier et l'article XI ci-dessus.*)

ARTICLE 21.

Les formalités remplies sur saisie immobilière, conformément au Code de procédure, auront l'effet de purger non seulement les priviléges et hypothèques de toute nature qui n'auront pas été inscrits, mais encore tous droits réels quelconques dont les contrats n'auront pas été transcrits au jour du jugement d'adjudication définitive.

(*Confirmation de la jurisprudence et conséquence du système présenté.*)

ARTICLE 22.

A la suite des états d'inscriptions qui seront délivrés sur transcription, les conservateurs des hypothèques seront tenus de délivrer encore s'il est requis, et en forme de mentions, états des transcriptions opérées des contrats consentis par les propriétaires qui leur seront désignés et concernant les biens à l'égard desquels la formalité de transcription sera opérée. Ces mentions feront connaître la date et la nature du titre, ainsi que la nature du droit qui en dérive, et la désignation telle qu'elle sera portée au contrat de l'immeuble qui en fera l'objet et des parties contractantes.

Les conservateurs des hypothèques seront en outre tenus de délivrer de pareils états à ceux qui les en requerront dans tous les autres cas.

(*Voir le paragraphe V, article* 11 *de l'Examen.*)

ARTICLE 23.

Ces états ne remonteront jamais à plus de trente ans, non compris le jour de leur délivrance au requérant, et le salaire des conservateurs est et demeure fixé à un franc par mention, indépendamment du droit de recherche qui leur sera dû, savoir : jusqu'à concurrence de trois francs pour la première période de dix ans, c'est à dire la plus reculée, de deux francs pour la deuxième période et d'un franc pour la troisième et dernière.

(*Voir le paragraphe V de l'Examen, article* 11.)

§ II. Interprétation de la loi sur les priviléges et hypothèques.

ARTICLE 24.

Le privilége énoncé en l'article 2108 et celui énoncé en l'article 2110 venant à être exercés simultanément sur le prix de la revente d'un immeuble, insuffisant pour remplir le montant des créances respectives donnant droit à ces deux sortes de priviléges, il sera fait et établi une ventilation de l'immeuble d'après son état avant les ouvrages et travaux qui y auront été faits et sa valeur (à part de ces ouvrages) à l'époque de la vente qui en aura eu lieu.

Le montant de la valeur estimative que l'immeuble aurait eue, si les ouvrages n'avaient pas été faits, déterminera le montant de la répétition du vendeur, le surplus fixera le montant de la plus value à répéter par l'architecte ou l'ouvrier.

(*Voir le paragraphe III de l'Examen*, 8e *question.*)

ARTICLE 25.

Le vendeur et l'architecte ou l'ouvrier viendront concurremment et contributoirement sur le montant du prix à distribuer, pour se faire remplir de ce qui leur sera ou restera dû, d'après les bases ci-dessus, de telle manière que chacun recevra une partie de sa créance dans la proportion de la valeur de sa chose à l'époque de la revente.

(*Voir le paragraphe III de l'Examen*, 8e *question*).

ARTICLE 26.

Lorsque des architectes, entrepreneurs ou ouvriers auront fait successivement des réparations au même immeuble, chacun exercera son privilége jusqu'à concurrence de la plus value de ses travaux respectifs au moment de l'aliénation. Si la plus value des premiers travaux a disparu ou n'est plus appréciable, celle des derniers sera préférée. Le privilége sera exercé par tous simultanément et sans ordre de date.

(*Voir le paragraphe III de l'Examen*, 9ᵉ *question.*)

ARTICLE 27.

Les inscriptions d'hypothèques générales ont l'effet de frapper non seulement sur les biens appartenant au débiteur lors de l'inscription, mais encore sur ceux dont il devient propriétaire postérieurement, à partir du jour qu'ils lui appartiennent.

(*Voir le paragraphe III de l'Examen*, 2ᵉ *question.*)

ARTICLE 28.

Les inscriptions à requérir en conséquence de l'article 2130 ne jouissent point de cette faveur; elles ne frappent que sur les biens appartenant au débiteur à l'époque où elles sont requises, et les nouveaux biens qui adviennent depuis à ce dernier, ne sont frappés que par une nouvelle inscription et à partir seulement du jour de son existence.

(*Voir le paragraphe III de l'Examen*, 3ᵉ *question.*)

ARTICLE 29.

Le débiteur ne possédant aucun immeuble peut consentir hypothèque à la sûreté et garantie de sa dette, sur ceux dont il deviendra propriétaire postérieurement à la reconnaissance de cette dette.

Cette hypothèque est et demeure assimilée à celle permise par l'article 2130, et comme dérivant implicitement de la faculté accordée au débiteur par cet article. En conséquence le créancier sera tenu de se conformer à la disposition établie sous l'article qui précède.

(*Voir le paragraphe III de l'Examen*, 4e *question.*)

ARTICLE 30.

Lorsque des hypothèques spéciales sont établies par distinction sur des immeubles différens, situés dans le même arrondissement et frappés déjà d'hypothèques générales, les créances donnant lieu à ces dernières hypothèques sont colloquées de manière que celles jouissant seulement d'hypothèques spéciales soient remplies et acquittées par ordre de date d'inscription.

(*Voir le paragraphe III de l'examen*, 5e *question.*)

ARTICLE 31.

En cas de vente d'une partie de ces immeubles et d'insuffisance de leurs prix, pour leur dégrèvement intégral, tout créancier jouissant d'une hypothèque spéciale, qui n'arriverait pas en ordre utile pour la totalité de la somme à lui due, a le droit de demander, avant la clôture de l'ordre, l'expropriation du surplus de ces immeubles, pour ensuite être procédé à un seul ordre, sur la généralité des prix, conformément à la disposition ci-dessus.

Cette expropriation doit être poursuivie à la requête du premier inscrit des créanciers ayant hypothèque générale ou de tout autre créancier qui, à son défaut, se fera subroger à son lieu et place et autoriser à cet effet, par simple voie de requête, au président du tribunal.

(*Voir le paragraphe III de l'examen*, 5e *question.*)

ARTICLE 32.

Sont valables les inscriptions prises sur les immeubles dépendant d'une succession acceptée sous bénéfice d'inventaire et échue en tout ou partie à des mineurs, à moins que le défunt n'ait été antérieurement ou postérieurement à son décès déclaré en état de faillite.

(*Voir le paragraphe III de l'Examen*, 7e *question.*)

ARTICLE 33.

Les créanciers et légataires du défunt dont la succession a été acceptée sous bénéfice d'inventaire sont et demeurent astreints à remplir la formalité prescrite par l'article 2111, pour conserver leurs priviléges sur les immeubles de cette succession à l'égard des créanciers personnels ou représentans de l'héritier.

(*Voir le paragraphe III de l'examen*, 7e *question.*)

ARTICLE 34.

Tout créancier inscrit est et demeure dispensé vis-à-vis du nouveau propriétaire et des créanciers de l'ancien propriétaire du renouvellement d'inscription exigé par l'article 2154, à l'égard de l'immeuble faisant l'objet de l'aliénation, à partir du jour de la notification faite en conséquence de l'article 2183.

En cas d'expropriation forcée, cette dispense a lieu et effet à partir du jour même du jugement d'adjudication définitive.

La dispense ci-dessus n'a du reste d'effet qu'entre

les dénommés ci-dessus, et ne peut être opposée à tous autres.

Voir le paragraphe III de l'examen, 6e *question*.)

ARTICLE 35.

L'article 2148 du Code civil est et demeure interprété comme il suit :

L'inobservation de la partie de cet article comprise sous le n° 2 et de celle comprise sous le n° 5, c'est-à-dire le défaut de désignation, telle qu'elle est déterminée par la loi, de la personne du débiteur et du bien soumis à l'hypothèque, emporte la nullité radicale de l'inscription ; les formalités prescrites sous ces numéros étant tout à fait substantielles.

Toute erreur comme toute omission dans toute autre partie de l'inscription n'en entraîne pas la nullité absolue ; cette nullité n'est que relative et ne peut être invoquée que par ceux auxquels les erreurs ou omissions auraient porté préjudice.

A défaut d'élection de domicile dans une inscription, les notifications au créancier inscrit seront faites au procureur du roi du tribunal de l'arrondissement.

Lorsque le débiteur hypothèque tous ses biens sur une commune, la désignation peut n'être que sommaire, en faisant connaître la nature ou l'espèce des biens et l'indication d'une manière générale. En ce cas seulement la situation de ces mêmes biens peut n'être indiquée que par la dénomination de la commune, sans désignation particulière de chaque objet hypothéqué.

On ne peut hypothéquer d'une manière générale tous ses biens dans tel arrondissement.

Lorsque le débiteur n'hypothèque qu'une partie de ses biens sur une commune ou qu'il n'exprime pas dans l'inscription que les biens par lui hypothéqués forment la totalité de ce qu'il possède sur une commune, en ce cas la désignation doit être individuelle, détaillée et doit préciser la nature ou l'espèce et la quantité de chaque objet hypothéqué ainsi que l'indication non seulement de la commune, mais encore du numéro attribué à cet objet sur le cadastre, si la commune est cadastrée, sinon des tenans et aboutissans ou du lieu particulier de la commune où se trouve situé cet objet pareillement et dans le cas ci-dessus; lorsqu'il s'agit d'une maison ou d'un bâtiment, il est à propos d'en faire connaître la rue et le numéro, ou les propriétaires limitrophes s'il n'existe pas de numéro.

(*Voir le paragraphe II de l'examen.*)

§ III. Disposition de finance.

ARTICLE 36.

Les ventes faites à titre de réméré, conformément à l'article 1659 du Code civil, seront vis-à-vis du fisc réputées comme des actes de prêt sur hypothèque jusqu'à l'expiration du terme pour le réméré, et par suite ne seront passibles que du droit proportionnel d'enregistrement de un pour cent, sur le montant du prix et des charges, et seront affranchies du droit proportionnel de transcription.

Si à l'expiration du terme de cinq ans, fixé par l'article 1660 ou d'un terme moins long qui aurait été, convenu, la faculté de réméré n'a pas été exercée par le vendeur, et, à défaut, par l'acquéreur d'en justifier, il sera perçu un droit supplémentaire de quatre et demi pour cent, qui sera payé par ce dernier dans le mois de l'expiration du terme; il paiera le double droit passé ce terme.

(*Voir le paragraphe VII de l'Examen.*)

§ IV. Disposition transitoire.

Article 37 et dernier.

La présente loi n'aura d'effet qu'à partir de l'expiration de l'année du jour qu'elle aura été rendue. Du reste les contrats qu'elle régit, quoique non revêtus des formalités qu'elle prescrit, n'en seront pas moins valables entre les parties contractantes; mais ils ne pourront être opposés aux tiers que du jour que ces formalités auront été accomplies à l'égard de ces contrats.

---

§ X et dernier.

DE LA PUBLICITÉ SUR L'ÉTAT OU CAPACITÉ DES PERSONNES EN MATIÈRE D'IMMEUBLES.

Ce n'est pas encore assez d'avoir établi une publicité entière à l'égard des contrats et conventions de toute nature, concernant les immeubles. En effet la capacité de ceux qui les ont consentis peut être mise en question, et même ne pas exister. Une publicité absolue peut donc encore être réclamée avec raison, à l'égard de cette capacité, dans l'intérêt de ceux qui contractent avec les propriétaires de biens immeubles.

Nous ne reconnaissons et on sera forcé d'avouer avec nous qu'il n'existe que deux moyens ou modes pour arriver à ce but, et entre lesquels il faut choisir et se décider : le premier de prescrire une publicité sur l'état civil de tous les citoyens et à l'égard de tous les jugemens et actes embrassant cette capacité ou la modifiant et annulant; ce premier mode entraînera pour ainsi dire l'inscription de l'historique de l'état civil de chaque citoyen isolément ; et le deuxième de n'exiger cette publicité qu'à l'égard de l'incapacité absolue ou relative de ceux qui l'auront encourue, c'est à dire l'inscription des actes et jugemens qui l'établiront.

Ces deux modes, qui ont pour effet d'arriver au même résultat, à quelques nuances près, diffèrent tout à fait dans leur exécution. En effet pour l'application du premier mode, les obstacles surgissent et ils ne deviennent insurmontables qu'en prescrivant une foule de formalités qui n'existent que déjà trop dans nos lois et qui en les compliquant engendrent des frais à chaque instant. Le deuxième mode, aussi simple que lucide, nous paraît obtenir la préférence, et si on parvenait à démontrer qu'il n'approche pas autant de la perfectibilité humainement possible et qu'il présente encore quelques imperfections, nous répondrions que ces inconvéniens se trouvent bien et au delà balancés par l'avantage qu'il présentera, d'éviter l'énormité et la multiplicité des formalités minutieuses et en même temps dispendieuses, qu'entraînerait infailliblement le premier mode.

En cet état de choses nous présentons le projet de loi suivant:

De la publicité sur l'état ou capacité des personnes en matière d'immeubles.

ARTICLE 1er.

Les actes et jugemens quelconques qui entraînent l'incapacité des personnes, ou modifient leur capacité, n'auront d'effet à l'égard des tiers que du jour qu'ils seront inscrits sur les registres du bureau des hypothèques dans l'arrondissement desquels les incapables se trouveront posséder des biens.

Cette inscription sera renouvelée tous les trente ans, à peine de nullité.

ARTICLE 2.

Il est seulement fait exception à l'égard des effets produits par les dispositions du Code de commerce, qui continueront de recevoir leur application. Cependant l'article 443 n'aura d'effet que lorsqu'il y aura preuve de fraude de la part de celui qui aura contracté avec le failli (1).

ARTICLE 3 ET DERNIER.

La présente loi n'aura d'effet qu'à partir de l'expiration de l'année du jour qu'elle aura été promulguée.

---

(1) NOTA. Ces dispositions sont susceptibles d'être modifiées par suite d'un projet de loi porté en ce moment devant les chambres.

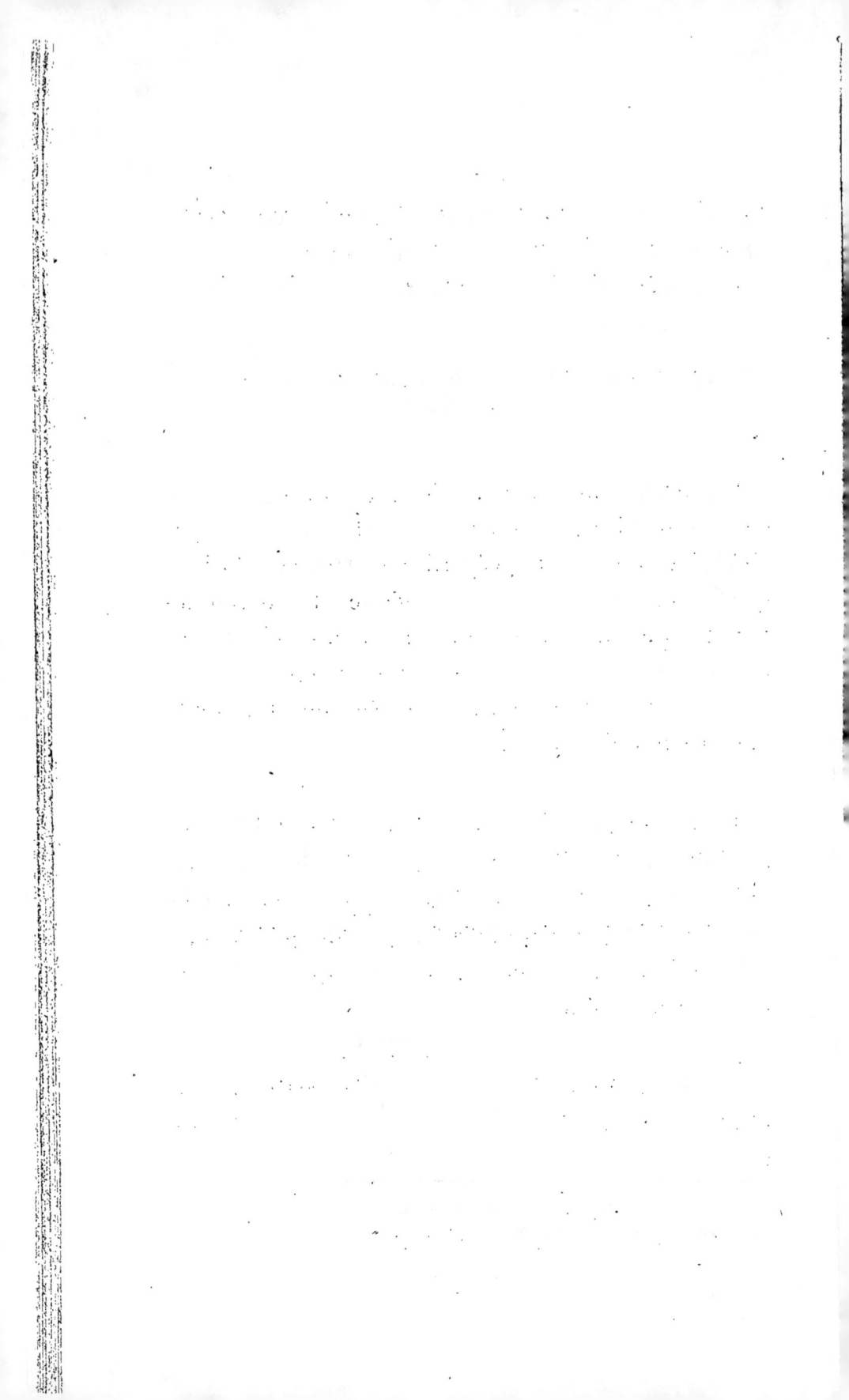

TABLE DES MATIÈRES.

PREMIÈRE PARTIE.

DU PRÊT SUR HYPOTHÈQUE.

DEUXIÈME PARTIE.

EXAMEN DU RÉGIME HYPOTHÉCAIRE.

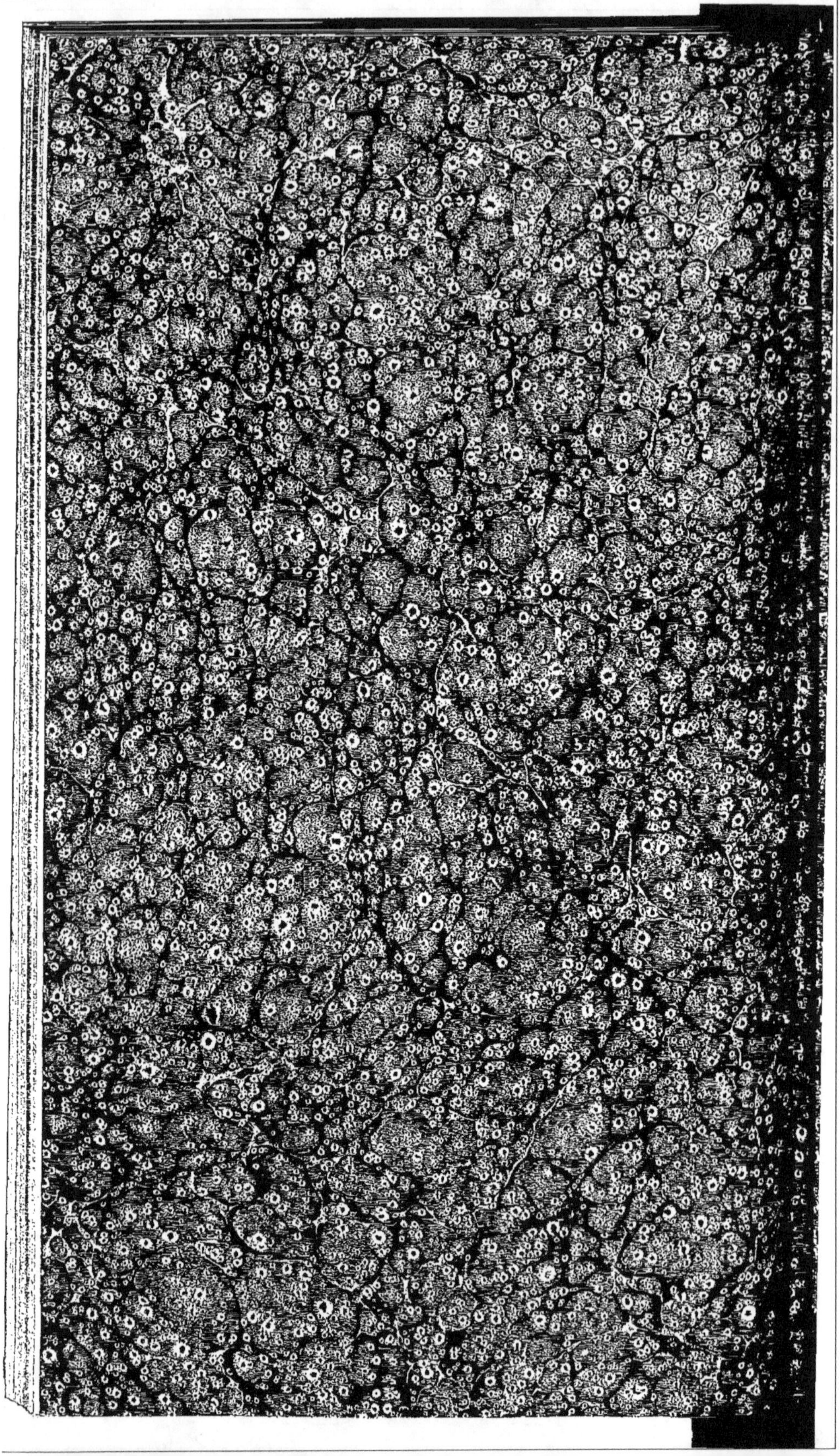

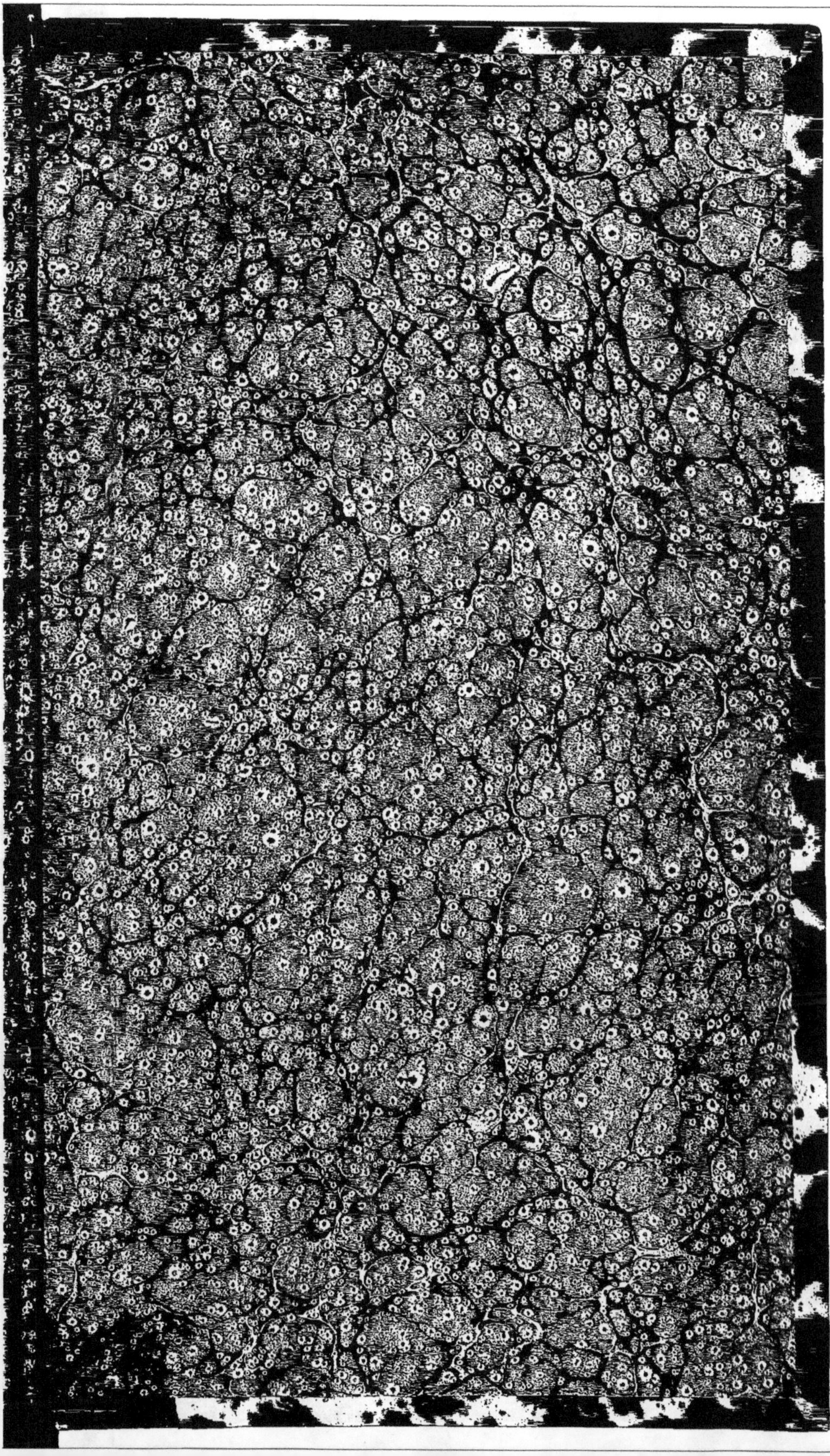

www.ingramcontent.com/pod-product-compliance
Lightning Source LLC
Chambersburg PA
CBHW060949220326
41599CB00023B/3640